地方議員あいさつ例文集

第1次改訂版

地方議会例文研究会［著］

JN139016

学陽書房

第一次改訂にあたって

本書は、平成一九（二〇〇七）年の初版以来、早いもので九年目になります。

この間、社会経済環境が変化するなかで、地方行政に寄せられる期待と地方議会の役割は、変わることなく、むしろ従来にもまして重要になっております。

こうした中で、本書は構成をそのままとし、今回、第一部の「年中行事豆知識」と第二部の「年中行事 祝辞・挨拶例文」について、新規追加や一部書き換えなどの見直しを行ないました。

さて、地方分権型社会の到来により、住民生活に第一義的に責任を負うべき地方議会の役割は、重要になっております。

こうした中で、地域のさまざまな行事やイベントに参加が求められる地方議会議員にとって、あいさつの機会はますます避けてとおることのできないものとなっております。

そこで本書は、あらゆる場面を想定した二七九にわたるあいさつ例文を掲載し、地方議会議員の活動の広がりに、できるだけ対応できるように工夫いたしました。

本書は、三部構成といたしました。

第一部では、文例のあるなしにかかわらず、できるだけ公的な行事の項目を増やし、その根拠・由来・目的等内容の充実をはかりました。あいさつや話題づくりにヒントや資料として活用していただければと考えたからです。

また、第二部では、「月別行事等」と「季節的行事等」に分類整理し、さらに、巻末に第一部・第二部の年中行事別の索引を設けるなど、利便性を高める工夫を行ったほか、第二部、第三部ともに時勢の変化に沿った例文の収集、掲載につとめました。

本書が、地域住民と最も身近に接し活動されている地方議会議員各位にとって、必携の書となり、その諸活動の一助となることを願っております。

平成二八年六月

著者

目次

第1部　年中行事豆知識

★原則、公的なものを対象として取り上げ、月別行事等と季節的行事等に分けて整理した。なお、民間行事等も国民生活に定着しているものは、公的なものに準じて取り上げてある。
また、例文がある事項には、※印を付してある。

月別行事等

六月＝水無月（みなづき）　28

七月＝文月（ふづき・ふみつき）　35

◆里親月間（里親を求める運動）
（十月一日〜三十一日）……58
◆臓器移植普及推進月間（十月一日〜三十一日）……58
◆骨髄バンク推進月間（十月一日〜三十一日）……59
◆魚食普及月間（十月一日〜三十一日）※……59
◆都市緑化月間（十月一日〜三十一日）※……60
◆３Ｒ（リデュース・リユース・リサイクル）
推進月間（十月一日〜三十一日）※……60
◆国際協力の日（十月六日）……61
◆体育の日（十月第二月曜日）※……61
◆古紙リサイクル週間（十月第二週）……62
◆目の愛護デー（十月十日）……62
◆全国地域安全運動（十月十一日〜二十日）※……63
◆四〇歳からの健康週間
（十月第二月曜日から一週間）……63
◆統計の日（十月十八日）※……64
○その他恒例行事等……64

十一月＝霜月（しもつき）　65

◆計量記念日（十一月一日／計量強調月間
＝十一月一日〜三十日）※……65
◆子ども・若者育成支援強調月間
（十一月一日〜三十日）※……65
◆文化財保護強調週間（十一月一日〜七日）※……66
◆技能の日（十一月十日／
職業能力開発促進月間＝十一月一日〜三十日）※……66
◆伝統的工芸品月間（十一月一日〜三十日）……67
◆文化の日（十一月三日）※……67
◆津波防災の日（十一月五日）※……68
◆一一九番の日（十一月九日）……68
◆税を考える週間（十一月十一日〜十七日）……69
◆女性に対する暴力をなくす運動
（十一月十二日〜二十五日）……69
◆家族の日（十一月第三日曜日／家族の週間
＝家族の日を挟んだ前後各一週間）……70
◆世界子どもの日（十一月二十日）……70
◆勤労感謝の日（十一月二十三日）※……71
○その他恒例行事等……71

十二月＝師走（しわす）　71

◆世界エイズデー（十二月一日）……71
◆雪崩防災週間（十二月一日〜七日）……72
◆大気汚染防止推進月間（十二月一日〜三十一日）……72

季節的行事等

《春》

《夏》

《秋》

《冬》

《月　月間　週間》

第2部　年中行事　祝辞・挨拶例文

■月別行事等

一月＝睦月（むつき）　92

第3部　式典等　会合等　祝辞・挨拶例文

○○周年記念式　276

開所・起工・竣工式　294

大会・総会

表彰・祝賀会　348

議員活動　364

第1部

年中行事豆知識

■月別行事等

※印は、例文がある事項。

一月＝睦月（むつき）

◆元日（一月一日）

年の初めを祝う国民の祝日。法案提案趣旨説明によると、「それまでの「四方拝」が返り咲いたのではなく、全国民がお互いに年の初めを祝う」ことを趣旨とし、昭和二十三（一九四八）年公布・施行の「国民の祝日に関する法律」（以下「祝日法」と略す。）で、国民の祝日と定められた。

なお、「四方拝」とは、平安時代初期に制定された宮廷行事の一つで、明治に四方節または四方拝と呼ばれ祝祭日の中の四大節（紀元節・四方節・天長節・明治節）の一つとされてきた。戦後は国家行事から天皇家の私的な行事となった。行事は、天皇が元旦の「午前五時半（昔は寅の刻）束帯を着し、神嘉殿の南座（昔は清涼殿の東庭）に出御、皇大神宮・豊受大神宮・天神地祇・天地四方・山陵を拝し、宝祚の無窮、天下太平、万民安寧を祈る儀式」（広辞苑・第五版）である。

◆食を考える月間（一月一日～三十一日）

食生活の改善や食の安全に対する関心が高まっていることを受けて、国民一人ひとりが正しい食習慣を身につけ、「食」の選び方や組み合わせ方などを主体的に判断できるように、平成十五（二〇〇三）年から農林水産省が推進している月間。平成十七（二〇〇五）年六月の食育基本法制定を踏まえ、子どもから大人、消費者・生産者・事業者などが幅広く参加した国民的な運動に発展するよう取り組んでいる。

◆御用始め／仕事始め（一月四日）※

明治憲法下では、一月四日に、総理大臣、各大臣、枢密院議長、会計検査院長、警視総監、東京府知事などが内閣に集合し、陛下が「万機の政《まつりごと》」を聞こし召す「政始《まつりごとはじめ》」の式礼が、明治三（一八七〇）年から行われていた。新憲法下の戦後は、公式には行われなくなったが、公官庁等の執務開始（御用始め）にあたって、礼辞や年頭の挨拶などの形で慣習として残っている。

なお、一般に「仕事始め」とは、一月二日に年が明けて初めて仕事をすることをいい、「書初《かきぞめ》」「初荷」「売初《うりぞめ》・買初《かいぞめ》」「魚河岸の初売」「弾初《ひきぞめ》」「舞初《まいぞめ》」など本来はその年の仕事をあらかじめ祝い祈願する予祝行事であった。一方で、大手企業などでは一月四日に「初商《はつあきない》」とか「初手合《はってあい》」と称するご祝儀が行われていた。

◆消防出初め式（一月六日／概ね一月上旬）※

明治八（一八七五）年一月四日、第一回東京警視庁消防出初式が行われ、鍛冶橋門内の東京警視庁練兵場に東京の全消防組を集めて、川治大警視が検閲を行い、式後、余興として梯子乗りが行われて、明治維新後中断していた出初《でぞめ》が復活した。一月上旬に行われていた東京消防出初式の実施の日は、昭和二十八（一九五三）年から、一月六日が恒例となり、全国的にも統一されつつある。

消防出初の起源は、明暦三（一六五七）年の大火（振袖火事）で、壊滅的な被害を被った幕府（四代家綱）が、四人の旗本に命じて、飯田橋、市ヶ谷、お茶の水、麹町の四か所に火消役の屋敷をつくり、これが「定火消《じょうびけし》」といわれるわが国初の常設消防組織となったが、万治二（一六五九）年一月四日、この定火消四隊を、老中稲葉伊予守正則が率いて、上野東照宮前で出初を行い、明暦大火後の江戸市民を勇気づけたのが始まりといわれる。

その後、次第に儀式化され、恒例行事となり、六十年後の享保三（一七一八）年、南町奉行大岡忠相が作った町人のための本格的な消防組織である「町火消」にも伝わり、定火消と区別して初出《はつで》と称し、木遣《きやり》歌や梯子乗りをそれぞれの組の町内で行い、明治以降の「消防組」に引き継がれていった。（参考／東京消防庁「消防マメ知識」www.tfd.metro.tokyo.jp/libr/qa/）

◆一一〇番の日（一月十日）

ダイヤル「一一〇番」は、急を要する事件・事故などが発生した場合に利用する緊急通報専用電話で、一刻も早く警察活動を開始するために重要な通報である。緊急でない各種相談などでの「一一〇番」利用は、緊急事態発生への対応の遅れの原因にもなるため、全国共通の警察相談専用電話「♯九一一〇」を利用するなど、適切な一一〇番通報について理解と協力を呼びかけている。また、一一〇番通報では次のことを尋ねるので、落ち着いて正確に話すよう要請している。①何があったか＝盗難被害、喧嘩《けんか》、交通事故など、②いつ・どこで＝発生時刻・場所、その場所の目標物、③逃げた方向＝〇〇通りへ、〇〇方向へなど、④何で逃走し、その特徴など＝徒歩、自転車、自動車など。人相や車のナンバーなどの特徴等。

なお、一月十日は一一〇の語呂合わせであるが、緊急通報専用電話は、昭和二十三（一九四八）年十月一日に主要都市で誕生し、東京は一一〇番、大阪・京都は一一〇番、名古屋は一一八番など都市により番号が不統一であった。昭和二十九（一九五四）年に全国統一され、今や警察の代名詞になっている。

◆成人の日（一月第二月曜日）※

祝日法では、「おとなになったことを自覚し、みずから生き抜こうとする青年を祝いはげます」ことを趣旨としている。昭和二十三（一九四八）年の制定から平成十一（一九九九）年までは、毎年一月十五日であったが、ハッピーマンデー制度導入に伴い、平成十二（二〇〇〇）年から一月第二月曜日（その年の一月八日から十四日までのうち月曜日に該当する日）に変更された。

なお、旧来十五日であったのは、この日が小正月であり、「昔の元服式が宮中や公家の間では一月五日までに、武家の間では概ね一月十一日の「鏡開き」の日にそれぞれ行われたことを考慮したものである。しかし国民の祝日という建前から公家や武家の行った日を避け、かつ元旦に余りくっつかない松の内の日から選んで十五日とした」と制定当時の法案提案趣旨説明で述べられている。

◆左義長《さぎちょう》／どんど焼（一月十四日～十五日）※

小正月に行われる火祭り行事。長い竹を数本を立て、正月の門松・七五三飾り・注連《しめ》飾り・書き初めなどを持ち寄って焼く。その火で焼いた餅を食べればその年の病を除くといわれる。また、地方によっては、地域の大きな集団行事として行われ、三本の竹または木を結んで三脚にし、栗や楢《なら》の木を中心に据えてこれに門松や注連飾りを結わえて焼くなど、この煙に乗って正月様が帰ると考えられた。

なお、古くは、三毬杖《さぎちょう》と書いた。毬杖《ぎちょう》とは、古来正月の行事で童子の遊びである毬《まり》打《ぎちょう》に使用する、毬を打つ長柄の槌《きづち》のことである。室町時代の宮中では十五日および十八日に清涼殿の東庭で天皇の吉書（年始など物事が改まったのちに吉日を選んで奏聞された文書）を焼いた（吉書揚《きっしょあげ》）。その際、毬杖を三つ立てたことが語源で「吉書の三毬杖」といわれた。また、毬打の囃子《はやし》声から、三毬杖を「とんど・どんと・どんどん焼き」とも言うようになった。毬杖は近世になって、彩色を施し、金銀泥を加えて正月の飾り、祝い棒となった。

◆防災とボランティアの日（一月十七日／防災とボランティア週間＝一月十五日〜二十一日）

平成七（一九九五）年一月十七日に発生した阪神・淡路大震災において、各種のボランティア活動および住民の自発的な防災活動についての防災上の重要性が広く認識された。これを機に改正された災害対策基本法には、国や地方公共団体の責務として、ボランティアによる防災活動の環境を整備することが盛り込まれた。また、平成七年三月二十八日に設置された防災問題懇談会（座長諸井虔）が取りまとめた「防災問題懇談会提言（同年九月十一日）」の中で、防災ボランティアの重要性やそのための普及啓発活動の必要性が指摘された。こうしたことを受けて、同年十二月十五日、閣議了解により、防災とボランティアの日並びに防災とボランティア週間が創設された。

◆全国学校給食週間（一月二十四日〜三十日）※

学校給食は、明治二十二（一八八九）年山形県鶴岡町の私立忠愛小学校で貧困児童を救済する目的で始められ、大正十二（一九二三）年の関東大震災の頃から東京など大都市の一部で実施された。国の援助で行われるようになったのは昭和七（一九三二）年で、政府補助の下に促進されたが、昭和十九年に戦争激化のため中断。今日の義務教育諸学校の学校給食は、昭和二十一（一九四六）年十二月二十四日から、アメリカ政府とララ（ＬＡＲＡ＝アジア救済公認団体）の援助で、東京・神奈川・千葉の三都県の全児童を対象に試験給食が行われたのが始まりである。これを記念して、冬休みと重ならない一月二十四日から一週間が全国学校給食期間と定められた。当初は米軍放出物資等に頼っていたが、漸次自前の材料でメニューを組むようになり、昭和二十九（一九五四）年「学校給食法」が制定され今日に至っている。期間中は、学校給食の意義や役割について児童生徒や教職員、保護者、地域住民の理解と関心を深めるためのさまざまな行事が行われている。

◆文化財防火デー（一月二十六日）※

昭和二十四（一九四九）年一月二十六日、奈良県斑鳩《いかるが》町の法隆寺の金堂《こんどう》から出火し、世界的至宝といわれた金堂外壁十二面に描かれた仏画の大半が焼損した。当時壁画の模写をしていた関係者が保温用に使った電気座布団が原因といわれる。この事件はわが国だけでなく海外の研究者に強い衝撃を与え、翌二十五（一九五〇）年に「文化財保護法」が制定されるきっかけとなり、昭和三十（一九五五）年からこの日が「文化財防火デー」に定められた。国家消防本部と文化財保護委員会が連名で出した趣旨説明では、「一月二十六日は、昭和二十四年に法隆寺金堂が罹災した日にあたり、また火災の多い時節でもあるので、毎年この日を文化財防火デーとし、全国的に文化財防火運動を展開し、文化財を火災から護ろうとするにある」とされている。

その他恒例行事等

○初詣（一日）○爪切りの日（七日）○七草の節句（七日）○鏡開き（十一日）○スキー記念日（十二日）○ボーイスカウト創立記念日（二十四日）○国旗制定記念日（二十七日）

二月＝如月（きさらぎ）

◆省エネルギー月間（二月一日～二十八日）

昭和四十八（一九七三）年のオイルショックに端を発しエネルギー危機が叫ばれ、特に年間を通して二月が一番エネルギーを消費することから、昭和五十二（一九七七）年二月から実施された。オイルショックから四十年以上が経過したが、不安定な中東情勢など、再びエネルギー情勢は緊迫しており、省エネに対する国民の意識啓発はこれからも重要となっている。

なお、昭和五十三（一九七八）年の実施にあたって、総理府総務長官は「エネルギーその他の資源の殆どを海外に依存している我が国にとって資源エネルギー問題は特に重要であります。」とし、「国民の皆様一人一人がエネルギーその他の資源の重要性を理解し、無駄をなくし、効率的に使用するよう心がけていただきますことは、豊かな社会を築くため、国民の一人一人が、新しい資源やエネルギーを生み出すのと同じ意味をもっています。この省エネルギー月間を機会に、エネルギーや資源を有効に活用するよう努められることを期待してやみません。」との談話を発表（一月三十一日）している。

◆節分（二月三日）※

古代、中国から伝えられたもので、立春・立夏・立秋・立冬の前夜（四季の節）を指すが、今は「春の節分」のみが一般化して定着している。四季のうち冬から春になる時を一年の境と見て「年越し」と称し越年行事を行う所もある。陰陽道《おんみょうどう》では季節の変わり目にあたり、陰と陽とが対立して邪気を生じ災禍をもたらすと考えられ、これを追い払うため南北朝時代（十四世紀中後期）頃から朝廷の年中行事として追儺《ついな》（鬼やらい）が行われたという。その後次第に社寺・民間でも行われるようになり、近年ではこの夜、柊《ひいらぎ》の枝に鰯《いわし》の頭を刺したものなどを戸口に挟み、節分豆と称して炒《い》った大豆を撒《ま》いて厄払いの行事を行う。方々の寺では、人気稼業の人達が年男となり麻裃《かみしも》をつけて三方に載せた豆を撒く。撒かれた豆を歳の数だけ拾うのを縁起よしとする。

◆北方領土の日（二月七日）※

昭和五十六（一九八一）年一月六日の閣議において、この日を「北方領土の日」とすることが了解された。二月七日に設定された由来は、安政元（一八五四）年十二月二十一日、伊豆下田において日露通交条約が調印され、この条約で日本とロシアの国境は得撫島《うるっぷ》と択捉島《えとろふ》の間とされ、得撫島より北の千島（クリル）列島はロシア領、択捉島より南は日本領とされた。この日を太陽暦に換算すると一八五五年の「二月七日」にあたることによる。すなわち、北方四島（歯舞《はぼまい》群島・色丹《しこたん》島・国後《くなしり》島・択捉《えとろふ》島）は、古来から日本領土であることが初めて法的に両国で確認された日であり、その歴史的意義と平和的な話し合いの中で領土返還を求めている運動の趣旨に照らして、最もふさわしい日とされた。

　毎年、この日には、東京において「北方領土返還要求全国大会」が、内閣総理大臣、衆参両院議長、各政党代表、民間団体代表などの出席のもとに開催される。また全国各地でも多彩な行事が行われている。

（参照、八月／北方領土返還運動全国強調月間）

◆建国記念の日（二月十一日）※

この日は、日本書記に神武天皇が橿原《かしはら》の宮に即位した日と記述されている「辛酉《かのととり》の年春五月庚辰朔《かのえたつついたち》」を、太陽暦に換算した日といわれ、戦前は「紀元節」といい、四方節（拝）・天長節・明治節と並んで四大節として祝われた。紀元節は、明治五（一八七二）年に制定され、昭和二十三（一九四八）年に廃止されていたが、昭和四十一（一九六六）年十二月九日、祝日法の定めにより「建国記念の日となる日を定める政令」が公布され、この日が「建国記念の日」として復活した。

　なお、政令公布に際し、「…この日が建国記念の日と定められ、国民が民族としての共同体意識と日本人としての自覚を持ちつつ遠くわが国の成り立ちをしのび、先人の文化遺産の恩恵を思い、国を愛し、国の発展を願う心を養うよすがともなりますことを、国民のみなさまとともに心から期待するものであります。」との内閣総理大臣談話が公表されている。

◆旅券の日（二月二十日）

明治十一（一八七八）年二月二十日に「海外旅券規則」が外務省布達第一号として制定され、「旅券」という言葉が初めて法令上使われた（それまでは「御印章」「海外行免状」と呼ばれていた）。これを記念して、平成十（一九九八）年に制定された。

今日、有効な日本の旅券（パスポート）は約三千万冊といわれ、国民の約四人に一人が所持していることになる。一方で、紛失・盗難された旅券数は年間約三万八千冊にものぼり、これらの旅券は、闇ルートを通じて国際的な犯罪組織等に渡り、偽変造されるケースが増えている。特にアメリカの「九・一一事件」の教訓から、ＩＣＡＯ（国際民間航空機関）では、旅券の偽変造を防ぐためのＩＣ旅券の国際標準（生体として顔画像・指紋・虹彩の採用）を定めている。

なお、わが国では、平成十八（二〇〇六）年三月二十日以降申請の旅券から、顔画像を採用し、バイオメトリクス（生体認証技術）によるＩＣ旅券となっている。

その他恒例行事等

○テレビ放送記念日（一日）○バレンタインデー（十四日）○世界友情の日（二十二日）○富士山の日（二十三日）

三月＝弥生（やよい）

◆女性の健康週間（三月一日〜八日）

平成十九（二〇〇七）年に策定された「新健康フロンティア戦略〜健康国家への挑戦〜」で、「女性の健康力」が大きな柱の一つに位置付けられ、平成二十（二〇〇八）年に、厚生労働省策定の「女性の健康週間実施要綱」により、毎年三月一日から八日（国際女性デー）までの期間を設定し、国民の健康寿命の延伸にむけて、予防を重視した運動が展開されてきた。

しかし、平成十四（二〇〇二）年制定の「健康増進法」に基づく基本方針が全部改正され、平成二十五（二〇一三）年度から十年間の「二十一世紀における第二次国民健康づくり運動（健康日本21（第二次））」が策定されたことに合わせ、「女性の健康週間実施要綱」が改正され、平成二十六（二〇一四）年から、妊娠中の喫煙が妊婦と胎児に健康被害を与えること、子宮頸がんや乳がんの予防や早期発見が重要であることなど、女性特有の健康問題への対策が必要とされていることを踏まえた国民健康づくり運動を展開することとなった。

◆桃の節句（三月三日）

平安時代からの式日で、五節句（人日《じんじつ》、上巳《じょうし》、端《たん》午《ご》、七夕《たなばた》、重陽《ちょうよう》）の一つである陰暦三月三日「上巳」が起原。現代では、雛《ひな》祭りとして広く一般に定着し、お七夜やお宮参りと同じく女の赤ちゃんのすこやかな成長を願う行事となっている。

平安時代、五節句は貴族の間ではそれぞれ季節の節目の身のけがれを祓《はら》う大切な行事であった。上巳の節句では、人々は野山に出て薬草を摘み、その薬草で身のけがれを祓って健康と厄除けを願っていた。この行事が、後に宮中の紙の着せ替え人形で遊ぶ「ひいな遊び」と融合し、自分の災厄を代わりに引き受けさせた紙人形を川に流す「流し雛」へと発展していった。室町時代になるとこの節句は三月三日に定着し、紙の雛ではなく豪華な雛人形を飾って宮中で盛大にお祝いするようになり、やがて武家社会へひろがり、さらに裕福な商家や名主の家庭へと広がっていった。

なお、雛壇に白酒を備える風習は、中国の古風俗に、三月上巳の日に水辺に出て災厄を祓う行事があり、これが「曲水の宴」となり桃の酒を飲む風習となったが、後に三月三日に行うようになり「重三《ちょうさん》」「桃花節」などといわれた。わが国では、古くは宮中で節宴を行い、供え物をし、「鶏合わせ」や「曲水の宴」を催した。平安時代から草餅で、中世には桃花酒で祝った。中世末には民間にも広まり白酒で祝ったが、江戸時代になって雛祭りが盛んになるにつれて白酒や草餅を雛壇に供えるようになった。

◆耳の日（三月三日）

人々が健康な耳を持っていることに感謝し、また、耳の不自由な人々に対し社会的な関心を持つことを目的として、昭和二十九（一九五四）年に制定された。最近はテレビや車の音など生活の中での多様な騒音の影響や、高齢化の進行もあって難聴者対策がクローズアップされている。

なお、この日が記念日とされたのは、三月三日が「みみ」に通じること、三重苦のヘレンケラーにサリバン女史が指導を始めた日（一八八七年）であり、電話の発明や聴覚障がい児の教育研究で功績のあったアレグザンダー・グレアム・ベルの誕生日（一八四七年）でもあることによる。

◆消防記念日（三月七日）※

昭和二十三（一九四八）年三月七日に「消防組織法」が施行され、わが国の消防は警察から独立し、市町村による「自治体消防」として新たに出発することとなった。この日を記念し、同法施行二周年を迎えた昭和二十五（一九五〇）年に設定された。地方自治に徹した消防の精神、すなわち「自らの地域を自らの手で火災や災害から守る」ということに対する理解と認識を深めてもらうことが設定の趣旨である。消防庁では、毎年、記念式典を開催し、防災思想の普及や消防活動に貢献のあった人を表彰している。

◆国際女性デー（三月八日）

明治四十一（一九〇八）年のこの日にアメリカの女性労働者たちがニューヨークでパンと参政権を要求して集会とデモを行った。明治四十三（一九一〇）年、これに感嘆したドイツの社会主義者クララ・ツェトキンが、コペンハーゲンで行われた国際社会主義女性会議で「女性の政治的自由と平等のために闘う」記念日とするよう提唱して始まった。また、国際共産主義女性会議でも、この日がロシア革命のきっかけとなった大正六（一九一七）年のペトログラードでの「女性デー」にあたることから、大正十（一九二一）年に「国際女性デー」として認めた。わが国では大正十二（一九二三）年のこの日、日本初の女性による社会主義団体「赤瀾会《せきらんかい》」（この日、「八日会」に改組）が、種蒔き社の後援で、東京神田のキリスト教青年会館で初の集会を開催したのが最初である。

なお、国連では昭和五十（一九七五）年以来この日を「国際女性デー」と定め、国連事務総長が、「女性の十全かつ平等な社会参加の環境を整備」するよう、加盟国に呼びかける日となっている。

◆春分の日（三月二十日前後）※

昭和二十三（一九四八）年、「自然をたたえ、生物をいつくしむ」ことを趣旨として定められた国民の祝日。戦前は「春季皇霊祭」として皇霊を祭る日（明治十一（一八七八）年六月「秋季皇霊祭」とともに制定）であったが、法案提案趣旨では「皇霊祭とは関係なく昼夜等半の日であり、「暑さ寒さも彼岸まで」といわれるように、これを境に水はぬるみ、木の芽はふくらみ、地の虫も次第に這い出すなど、自然のありとあらゆるものが生き生きと盛り上がることから、若々しい生命の力を讃える日として設けられた。「春分の日」は未来の日であり希望の日であるとされ、制定当時敗戦による荒廃からの再建途上にあった我が国には、このような日が殊に必要である」と説明されている。

仏教各派ではこの日は「彼岸の中日」で、「春季彼岸会」が行われる。この中日は、真西に沈む太陽が極楽の東門に入るといわれ、その太陽を拝むことは浄土の東門を拝むことになり、また、この日が、十万億土にある極楽浄土に最も近くなる日と考えられている。この日に故人の霊を供養すると、迷わず極楽浄土に成仏できるといわれており、家庭でもおはぎ（ぼたもち）、草餅、五目寿司、稲荷寿司等を作って仏に供養し、寺参り・墓参りが行われる。

なお、「春分の日」の日付は、前年の二月一日に国立天文台が作成する「暦象年表」に基づいて閣議で決定し官報で発表されるが、現在の天文計算では、平成三十七（二〇二五）年までは閏《うるう》年とその翌年が二十日となり、その他の年は二十一日と計算が可能となっている。

◆世界水の日（三月二十二日）

平成四（一九九二）年十二月、第四十七回国連総会本会議で議決され、この日に水資源の保全・開発や「アジェンダ21」の勧告の実施に関し普及啓発活動を行うことが提唱された。

平成二十八（二〇一六）年の「世界水の日」に、潘基文国連事務総長は、水や衛生施設の利用が最も困難な人々は、医療や安定した雇用にもアクセスできないことが多くなっているとし、平成二十七（二〇一五）年九月、「国連持続可能な開発サミット」が採択した「持続可能な開発のための2030アジェンダ―我々の世界を変革する」から「開発目標6」を引用し、次のメッセージを寄せている。

「私たちは「持続可能な開発のための2030アジェンダ」実現に向けた取り組みの一環として、水関連の格差に大胆な対策を講じることができます。すべての人に水と衛生施設の入手可能性や持続可能な管理を確保するという開発目標6は、このアクセスの必要性に取り組むものです。

今年の「世界水の日」にあたり、私たちがすべての人に尊厳ある暮らしを実現するための歴史的なキャンペーンの一環として、水資源の質、管理、保護を改善する決意を新たにしようではありませんか。」

（参照、六月／水道週間）

◆世界気象デー（三月二十三日）

昭和二十五（一九五〇）年のこの日、気象観測や資料の交換、観測通報の調整など気象事業の国際協力体制を整備強化する目的で世界気象機関条約（日本の加盟は昭和二十八（一九五三）年）が発効したことを記念し、発足十周年の昭和三十五（一九六〇）年に制定された。世界気象機関（WMO）では、毎年キャンペーンテーマを設けて、気象知識の普及や国際的な気象業務への理解の促進に努めている。近年では、地球温暖化などの中で、世界的に異常気象が報告されている。気象の国際協力の必要性はますます不可欠なものとなってきている。

◆世界結核デー（三月二十四日）

明治十五（一八八二）年三月の二十四日はロベルト・コッホが結核の発見を学会に発表した日で、平成九（一九九七）年の世界保健総会で世界結核デーに制定された。

かつて日本で長く死因の第一位を占めていた結核も、医学の進歩で今では多くの人がその恐ろしさを忘れかけているが、平成二十六（二〇一四）年のWHO推計によると、世界で新たに結核を発病する人は年間九六〇万人、結核で命を落とす人は一五〇万人と推定されている。

人々の活動がグローバルに展開している今日、呼吸をしていれば、世界のどこにいても結核に感染する危険性がある。このような状況の中、平成二十七（二〇一五）年九月、国連で採択された「持続可能な開発目標」の中では、平成四十二（二〇三〇）年までに結核の世界的流行を終息するという大きな目標が掲げられている。

◆電気記念日（三月二十五日）

明治十一（一八七八）年のこの日、東京銀座木挽町に開設された中央電信局の開局祝賀会が虎ノ門の工部大学校（現・東京大学工学部）の講堂で開かれた。この時、工部卿伊藤博文に命じられたイギリス人エアトンが、学生を指導し、グローブ電池五十個を使って式場天井のアーク灯を点灯させ、これが、日本で電灯が公の場で初めて点灯された瞬間となった。この日を記念するため、昭和二（一九二七）年に開催された日本電気協会の総会において、三月二十五日を「電気記念日」と定めた。

その他恒例行事等

○子ども予防接種週間（一日～七日）　○ビキニデー（一日）　○ホワイトデー（十四日）　○国立公園指定記念日（十六日）　○さくらの日（二十七日）

四月＝卯月（うづき）

◆世界保健デー（四月七日）

昭和二十一（一九四六）年国連が招集した国際社会会議において「すべての人々が可能な最高の健康水準に到達すること」を目的とした世界保健機関憲章が調印され、昭和二十三（一九四八）年四月七日発効し、世界保健機関（ＷＨＯ）が国連に設立された。この日を記念し、「世界保健デー」が定められ、世界各国で健康的な生活について考えるためのさまざまなイベントが開催される。日本の加盟承認は昭和二十六（一九五一）年で、本部はスイスのジュネーブにある。

ＷＨＯは、「健康」を基本的人権の一つととらえ、その達成を目的としている。憲章の前文でも、「完全な肉体的、精神的及び社会福祉の状態であり、単に疾病又は病弱の存在しないことではない。」と「健康」を定義している。なお、かつては「世界保健機構」の名で親しまれたが、現在では「世界保健機関」が正式名称。

◆花祭り（四月八日）※

仏教の開祖釈迦牟尼仏《しゃかむにぶつ》（お釈迦様）の生誕を祝福する行事（灌仏会《かんぶつえ》）。降誕会《ごうたんえ》、仏生会《ぶっしょうえ》、浴仏会《よくぶつえ》、龍《りゅう》華《げ》会《え》、花会式《はなえしき》の別名もある。「花祭り」の名称は、明治時代に浄土宗が元祖で、以来、宗派を問わず用いられている。寺々では花御堂《はなみどう》を作り、蓮華草の花をはじめ草花で屋根を葺き、浴仏盆の中に誕生仏の像を安置し、参詣人に甘茶を濯《そそ》がせる。

釈迦（ゴータマ・シッダッタ）の誕生は西暦紀元前五六〇年頃といわれる。母の摩耶《まーや》夫人が出産のため生家に帰る途中ルンビニー（藍毘尼）の花園で無優樹《むゆーじゅ》の花びらに手を触れられた時、急に産気づき釈迦を産み落としたといわれる。また、釈迦は生まれるとすぐに東西南北の四方にそれぞれ七歩あゆみ、右手で天を、左手で地を指し「天上天下唯我独尊」と叫び、この時、龍（八大龍王）が天から飛来し香湯（ソーマ、アムリタ）を濯いだと伝えられる。花御堂は藍毘尼《るんびにー》の花園を象《かたど》ったもの。香湯にあたるものとして甘茶を産湯《うぶゆ》に見立て釈迦像に濯ぐのもこの伝説に基づく。なお、「天上天下唯我独尊」とは「生きとし生けるものみな尊い命をもっている」という意味で、「この世に生まれてきたことを尊び祝う」ことが、子ども中心の祭りにふさわしいことから民族や宗教を超えて広く一般に受け入れられる行事となっている。

◆女性の日（四月十日／女性週間＝四月十日～十六日）※

わが国の女性が初めて参政権を行使した昭和二十一（一九四六）年四月十日を記念して、昭和二十四（一九四九）年に労働省（現・厚生労働省）が、この日を「婦人の日」とし、この日から一週間を「婦人週間」とすることが定められた。この期間、女性の地位向上のための啓発運動などさまざまな行事が、関係団体や市町村を中心に全国各地で実施される。なお、平成十（一九九八）年から名称中の「婦人」が「女性」と変更された。

◆メートル法記念日（四月十一日）※

大正十（一九二一）年のこの日、改正度量衡法が公布され、度（長さ）量（体積）衡（重さ）の単位としてメートル法が採用され、これを記念して「度量衡記念日」が制定された。昭和二十六（一九五一）年、度量衡法が計量法に切り替わったことから、公布日の六月七日を「計量記念日」と改めた。その後、平成五（一九九三）年の新計量法の施行に伴い、それまでの六月七日から十一月一日に変更された。一方、従来の「度量衡記念日」は、尺貫法からメートル法に切り替わった記念すべき日であることから「メートル法記念日」と名称を改め存続することとなった。

一七九一年フランス科学アカデミーが長さの単位として規定したメートルは、明治八（一八七五）年に国際条約で世界統一が決まり、わが国が条約に加盟したのは明治十八（一八八五）年である。また、一メートルの標準は、フランスのダンケルクからスペインのバルセロナまでの実測値を基にして「子午線の長さを算出し、北極から赤道までの距離を割り出し、その一千万分の一」と定められた。明治十二（一八七九）年作成の白金製のメートル原器はパリの度量衡万国中央局にあり、わが国がメートル条約加盟の際に受け取った副原器は経済産業省中央計量検定所にある。

なお、最新技術で子午線を計測した結果、標準器の長さが短いことや原器自体が温度差で変化することも判明した。昭和三十五（一九六〇）年に、クリプトン元素が発する光の波長を基にし「一秒の二億九、九七九万二、四五八分の一の時間に、光が真空を進む距離」と新たな定義が制定された。

◆発明の日（四月十八日／科学技術週間＝発明の日を含む一週間）

特許法の前身である「専売特許条例」が明治十八（一八八五）年四月十八日に公布され、わが国の近代的な工業所有権制度が確立されたのを記念して、昭和二十九（一九五四）年から、産業財産制度の普及・啓発を図り、科学技術及び知的財産権制度に対する一般の関心を高める目的で各種の行事が実施されている。昭和三十五（一九六〇）年からは、この日をはさんで、科学技術について国民の関心と理解を深め、わが国の科学技術の振興を図ることを目的に「科学技術週間」が実施されている。

◆子ども読書の日（四月二十三日）／こどもの読書週間＝四月二十三日〜五月十二日）

平成十三（二〇〇一）年十二月に「子どもの読書活動の推進に関する法律」が制定され、広く子どもの読書活動についての関心と理解を深めるとともに、子どもが積極的に読書活動を行う意欲を高める目的でこの日が設けられた。法律制定の背景には、近年、子どもの「活字離れ」や国語力の低下、対話による問題解決能力の低下等が指摘されている。

読書活動は、子どもが、言葉を学び、感性を磨き、表現力を高め、創造力を豊かなものにし、人生をより深く生きる力を身につけていく上で欠くことのできないもので、この日から始まる「こどもの読書週間」では、学校・地域・家庭を通じ、子どもたちが「本っておもしろい」と思える環境づくりを提唱している。ちなみに、国際児童図書館評議会（IBBY）は、アンデルセンの誕生日である四月二日を「国際子どもの本の日」に制定している。

◆昭和の日（四月二十九日）

平成十六（二〇〇四）年第一五九回国会で議員立法として提案され、継続審議を経て平成十七（二〇〇五）年第一六二回国会で成立。平成十九（二〇〇七）年から施行された。祝日法による趣旨では「激動の日々を経て、復興を遂げた昭和の時代を顧み、国の将来に思いをいたす」となっている。

昭和六十四（一九八九）年一月七日の昭和天皇崩御によって、従来の天皇誕生日（祝日）が存続できなくなり、その改正論議中で「昭和」に因《ちな》んだ新祝日として存続させようという意見があったが見送られ、「みどりの日」という名称の祝日に改められた。なお、「昭和の日」の制定に伴い、「自然に親しむとともにその恩恵に感謝し、豊かな心をはぐくむ」ことを趣旨として十八年間続いた「みどりの日」は、新緑の季節である五月四日とする改正が行われた。

（参照、五月／みどりの日）

その他恒例行事等

○世界宇宙飛行の日（十二日）○地図の日（十九日）○清掃デー（二十日）○青年海外協力隊の日（二十日）○図書館記念日（三十日）

五月＝皐月（さつき）

◆メーデー（五月一日）※

明治十九（一八八六）年五月一日、アメリカの労働者が八時間労働制獲得のための統一デモを行ったのが始まり。その後、明治二十二（一八八九）年パリで開かれた第二インターナショナル創立大会において、この日に万国の労働者を動員してメーデーを行うことが決議され世界的規模に広がった。わが国の第一回メーデーは大正九（一九二〇）年五月二日の日曜日、東京市（現・東京都）上野公園で友愛会・信友会等十五労働団体の主催で四千人が集まって行われ、治安警察法第十七条撤廃・失業防止・最低賃金法の制定・八時間労働制・シベリア即時撤兵・公費教育の実現を決議。以後毎年官憲の弾圧に抵抗しながら各地で行われたが、戦時体制が強化された昭和十一（一九三六）年以降中絶し、戦後復活した。

サンフランシスコ講和条約発効後初のメーデーとなった昭和二十七（一九五二）年には、デモ隊の一部が皇居前広場で武装警官隊と衝突「血のメーデー」と化した事件もあったが、最近は家族ぐるみの行楽色が強くなり、名実ともに労働者のお祭りとなりつつある。

◆憲法記念日（五月三日／憲法週間＝五月一日〜七日）※

五月三日は「日本国憲法の施行を記念し、国の成長を期する」ことを趣旨として定められた国民の祝日。昭和二十二(一九四七)年のこの日に、国民主権・基本的人権の尊重・平和主義の三つを基本原則とする日本国憲法が施行された。毎年、この日を中心とした五月一日から七日は「憲法週間」として、憲法の精神や司法の機能に対する理解を促すため、全国の裁判所で講演会や無料法律相談などさまざまな行事が開催される。なお、憲法公布の十一月三日は、憲法が平和と文化を重視していることから「文化の日」になっている。（参照、十一月／文化の日）

◆消費者の日（五月三十日／消費者月間＝五月一日〜三十一日）※

昭和四十三（一九六八）年五月三十日、消費者の憲法ともいうべき「消費者保護基本法」が制定施行され、施行十周年を迎えた昭和五十三（一九七八）年に「消費者の日」が定められた。その後、昭和六十二（一九八七）年十二月の第二十回消費者保護会議において、消費者保護基本法制定二十周年を記念して、昭和六十三（一九八八）年から五月を「消費者月間」とすることが定められた。なお、消費者保護基本法の名称は平成十六（二〇〇四）年に「消費者基本法」と改正された。

月間中は、消費者問題への関心を高める目的で、毎年統一テーマを定めてさまざまな行事が行われている。近年は、インターネット関連をはじめとする契約トラブルの増加、食品の安全に関する問題など、暮らしの安全・安心にかかわる問題が増加傾向にある。

◆水防月間（五月一日〜三十一日／北海道は六月）※

昭和六十一（一九八六）年八月の台風一〇号によ

る洪水を契機に、翌年から毎年出水期前のこの月が水防月間として定められた。わが国は、自然的・社会的環境から洪水等による災害を受けやすく、このため毎年のように豪雨や台風による洪水が各地で発生している。月間中は水害から国民の生命と財産を守るため、水防の重要性と水防思想の普及徹底を図り、国民の理解と協力を深めるため、水防演習や水防フェア・シンポジウムなどさまざまな行事が実施されている（北海道は六月一日～三十日）。

なお、台風一〇号は八月一日にルソン島の東で発生し、四日午前九時には室戸岬南方に達して、毎時五五キロの速度で北東に進み、四日午後九時に石廊崎の南で温帯低気圧に変わったものの、勢力を維持しながら房総半島をかすめ、六日午前九時に仙台湾沖に達した。各地の連続雨量は太平洋沿岸部を中心にして、三〇〇ミリを超え、特に仙台市における連続雨量四〇二ミリは明治二十一（一八八八）年観測開始以来過去最大となった（その後、観測史上最大の連続雨量記録は、平成十八（二〇〇六）年七月の豪雨で鹿児島県紫尾山アメダス観測局の一、二三七ミリがある）。

◆みどりの日（五月四日）※

祝日法では「自然に親しむとともにその恩恵に感謝し、豊かな心をはぐくむ」ことを趣旨としている。もともとこの「みどりの日」は平成十八（二〇〇六）年まで毎年四月二十九日であった。その由来は、この日が昭和天皇の誕生日であり祝日法制定当時から、「天皇誕生日」として国民の祝日とされていたが、昭和六十四（一九八九）年、天皇崩御により「天皇誕生日」は維持できないことから、昭和天皇が自然を愛したことに因《ちな》んで「みどりの日」と改められた経緯がある。平成十七（二〇〇五）年の祝日法の改正により、平成十九（二〇〇七）年以降、四月二十九日は「昭和の日」となり、「みどりの日」は、新緑の季節でゴールデンウィークを構成する五月四日となっている。

（参照、四月／昭和の日）

◆こどもの日（五月五日）※

「こどもの人格を重んじ、こどもの幸福をはかるとともに、母に感謝する」ことを趣旨として定められた国民の祝日で、昭和二十四（一九四九）年に制定された。法案提出趣旨では「五月五日は端午の節句つまり男の子の日に当たるが、男の子と女の子の両方を含めた「こどもの日」とする。子供は将来国を背負って立つ者なのにとかく大人に煩《うるさ》がられ除け者にされ無視されがちである。しかし子供といえども人間でありその人権は尊重しなければならない。今でも端午の節句や桃の節句、七・五・三などがあって子供もこの日だけは主客扱いされるがそれも民間での話であって国を挙げて子供を祝うということではない。民間の一部有志のことではなくまた保健・栄養といった限られた目的からでなく日本国民全体が子供の人格を重んじ子供の幸福を図ろうとする日である。同時に子供を育てるのはなんといっても母親の力が主であるから母親も感謝しようとするものである」と説明されている。

なお、こどもの日が制定された二年後の昭和二十六（一九五一）年五月五日に中央児童福祉審議会の提案で「児童憲章」が制定された。

◆児童福祉週間（五月五日〜十一日）※

児童福祉の理念を普及するため厚生省（現、厚生労働省）と全国社会福祉協会が主唱し昭和二十二（一九四七）年からスタートした。「こどもの日」から一週間の期間中は、国や地方公共団体、家庭、学校、地域社会全体が一体となって、次代を担う子どもたちが健やかに生まれ育つ環境づくりについて考えることを目指し、児童福祉の啓発事業やさまざまな行事が展開される。

近年、児童を取り巻く環境は、少子化の進行や児童虐待の増加など大きく変化している。家庭や地域における子育て機能が低下するなかで、夢や希望を持ちながら子育てできる環境を整えるためには、社会全体での取組みが重要になってきている。

◆母の日（五月第二日曜日）※

母の愛情に感謝する日。明治四十（一九〇七）年アメリカのフィラデルフィアに住むアンナ・ジャーヴィスという女性が五月の第二日曜日にウエストバージニアで行われた亡き母の追憶式に、花言葉で「母の愛情」を意味する白いカーネーションを捧げたのが始まりといわれる。大正三（一九一四）年にW・ウィルソン大統領が祝日に定めた。

わが国には大正時代に伝わったが、昭和に入ってその日は、貞明皇后（大正天皇の皇后）誕生日の三月六日となった。戦後、生活の安定とともに復活し、日付も本家アメリカに合わせ五月第二日曜日となった。近年では、すっかり一般に定着した習慣行事となっている。

◆愛鳥週間（五月十日～十六日）※

戦後アメリカから伝わった野鳥愛護のための週間で、バードウイークとも言う。日本では、昭和二十二（一九四七）年四月十日に、鳥類愛護運動の推進母体として日本鳥類保護連盟が結成されたのを契機に、第一回「バードデー」が実施されたのが始まりである。しかし東北地方などはまだ積雪の時期であることから、昭和二十五（一九五〇）年に、一か月ずらした五月十日から十六日の一週間が、「愛鳥週間」と改められ、以後今日まで、国民の愛鳥思想の高揚を図るため各種の行事が全国で行われている。

なお、発端は、明治二十七（一八九四）年、アメリカのペンシルバニア州オイルシティーの教育長バブコック氏が、森林の保護者である小鳥を守るために「バードデー」を考えたことが始まりである。その後アメリカ全土に拡大し、毎年四月十日が「バードデー」となった。

◆看護の日（五月十二日／看護週間＝五月十二日を含む週の日曜日～土曜日）※

平成二（一九九〇）年八月八日看護の日の制定を願う会の要望書を受けた旧厚生省が、同年十二月「看護の日の制定に関する懇談会」の報告を経て決定し、平成三（一九九一）年から実施された。五月十二日としたのは、近代看護の創始者といわれるフローレンス・ナイチンゲールの誕生日であることに因《ちな》んでいる。この日は、アメリカでは「看護師の日」また、ジュネーブに本部のある国際看護師協会では「国際看護師の日」と定めているが、わが国の「看護の日」制定は、それらを包含しもっと大きな国民的広がりの中で、病院や老人ホームなどでの一日体験ボランティア活動やふれあい看護体験など、国民一人ひとりがケアの心・看護の心を理解するためのさまざまな行事が行われる。

◆沖縄本土復帰記念日（五月十五日）※

第二次世界大戦において、国内で唯一地上戦を経験し、二十万の人々が命を落とし焦土と化した沖縄は、戦後も二十七年間アメリカの施政権下にあった。沖縄の復帰は、昭和四十六（一九七一）年六月、日本国とアメリカ合衆国との間で署名された「琉球諸島及び大東諸島に関する日本国とアメリカ合衆国との間の協定」に基づき昭和四十七（一九七二）年五月十五日をもって実現し、沖縄県が誕生した。この本土復帰を記念して設けられた。

◆国際生物多様性の日（五月二十二日）

国連の提唱する国際デーの一つで、平成五（一九九三）年のこの日、地球上の生物の多様性の保全などを目的とした「生物の多様性に関する条約」が採決されたことを記念して設けられた。

生物は、約四十億年に及ぶ進化の過程で多様に分化し、生息場所に応じた相互関係を築いてきた。こうした生物の多様性は、生態系のバランスを維持するうえで重要であるだけでなく、人類の生存にも計り知れない恵みを与えている。しかし、人間活動による生息地の破壊や乱獲などにより、生物多様性は急速に失われつつある。

地球規模の環境問題に対する高まりとともに、二十一世紀の人類の繁栄に向けて、遺伝子資源の確保や環境保全の基盤として、生物の種多様性、また生態系の多様性に注目があつまっている。わが国も条約の目的を実現するために、平成七（一九九五）年に「生物多様性国家戦略」を策定した。その後三度の見直しが行われてきたが、平成二十四（二〇一二）年九月十三日の中央環境審議会答申を踏まえて、同年九月二十八日、「生物多様性国家戦略二〇一二―二〇二〇」が閣議決定された。

◆世界禁煙デー（五月三十一日）

昭和六十三（一九八八）年、「たばこをすわないことが一般的な社会習慣となるようさまざまな対策を行おう」というＷＨＯ（世界保健機関）の決議により定められ、各国はＷＨＯが毎年定めるスローガンに応じてキャンペーンを行っている。

わが国では、平成四（一九九二）年から厚生省（現・厚生労働省）が毎年「世界禁煙デー」からの一週間を「禁煙週間」と定め一層の啓発普及を進めている。

（参照、季節的行事／禁煙週間）

その他恒例行事等

○世界赤十字デー（八日）　○国際博物館の日（十八日）　○ガールスカウトの日（二十二日）　○国際アムネスティ記念日（二十八日）

六月＝水無月（みなづき）

◆気象記念日（六月一日）※

明治八（一八七五）年のこの日、東京で気象と地震の観測が開始されたことを記念し、気象庁により昭和十七（一九四二）年に制定された。

わが国の気象業務開始は、東京・横浜間鉄道敷設のためイギリスから来日した御雇外国人ジョイネル（Joyner）が、気象観測の必要性を建議し、明治六（一八七三）年五月工部省測量司が東京気象台の設置を決定したことが発端である。明治八年五月内務省地理寮構内でイギリス製の気象器械とイタリア製の地震計を据付け、六月一日から観測が開始された。

なお、工部省が計画し内務省によって実現した東京気象台は、明治二十（一八八七）年に中央気象台と改称、昭和三十一（一九五六）年に気象庁となった。この間所管は、文部省（明治二十八年）、運輸通信省（昭和十八年）、運輸省所管（昭和二十年）と変遷し、平成十三（二〇〇一）年一月国土交通省の外局となった。

◆人権擁護委員の日（六月一日）※

昭和二十四（一九四九）年六月一日に施行された「人権擁護委員法」を記念して、昭和五十七（一九八二）年から実施された。人権擁護委員制度を広く国民に知ってもらうとともに広く人権尊重思想の普及高揚を呼びかけている。人権擁護委員制度は、法律事務に精通した弁護士、人権擁護に理解のある有識者等で市町村長から推薦された者を法務大臣が委嘱、その協力を得て官民一体となって国民の基本的人権の擁護を図るもので、諸外国には例をみない、わが国独自の制度である。人権擁護委員の役割は、法第二条で「国民の基本的人権が侵犯されることのないように監視し、若し、これが侵犯された場合には、その救済のため、すみやかに適切な処置を採るとともに、常に自由人権思想の普及高揚に努めることをもつてその使命とする」と定められている。

◆電波の日（六月一日）※

昭和二十五（一九五〇）年六月一日に電波三法（「電波法」「放送法」「電波監理委員会設置法」）が施行され、電波が一般に開放されたことに因《ちな》み、国民の電波に関する知識の普及・向上と電波利用の発展に役立てる目的で、電波監理委員会が「電波記念日」と制定したのが始まりである。その後、昭和二十七（一九五二）年八月一日に電波監理委員会が廃止され旧郵政省が電波行政を継承した。昭和二十九（一九五四）年になって、旧郵政省がこの日を新たに「電波の日」として制定し今日に至っている。毎年この日には、電波行政への協力者や通信技術の発展・向上に貢献した人を功労者として表彰する記念式典が開かれている。

なお、電気通信市場の自由化が行われた昭和六十（一九八五）年に、六月一日～十五日を「テレコム旬間」と定めたが、平成六（一九九四）年から、五月十五日～六月十五日の一か月間に拡充し「情報通信月間」と改められた。

（参照、季節的行事／情報通信月間）

◆水道週間（六月一日～七日）※

水道は、健康で文化的な日常生活を支える最も重要な施設として、なくてはならないものである。その水道について、広く国民の理解と関心を深めるため昭和三十四（一九五九）年に厚生省（現・厚生労働省）によって設けられた。期間中は、厚生労働省、都道府県をはじめ各市町村の水道事業体等によって、安全で良質な水を安定的に供給するため、さまざまな取組みが行われる。（参照、三月／世界水の日）

◆環境の日・世界環境デー（六月五日／環境月間＝六月一日〜三十日）※

昭和四十七（一九七二）年六月五日から二週間、スウェーデンのストックホルムで開催された「国連人間環境会議」を記念し、日本の提案により国連総会で六月五日が「世界環境デー」と定められ、翌四十八年から世界の国々で環境問題の啓発運動が行われている。わが国でも六月五日を初日とする一週間を「環境週間」（平成二（一九九〇）年度まで）とし、毎年テーマを定めて国・地方公共団体・民間団体などによる種々の催しが行われてきた。なお、「環境週間」は環境庁（現・環境省）の主唱により平成三（一九九一）年度から「環境月間」に拡大され、また、平成五（一九九三）年十一月に制定された「環境基本法」により、広く環境保全について関心と理解を深め、積極的に活動を行う意欲を高めるため、この日が「環境の日」と定められた。

◆食育月間（六月一日〜三十日／食育の日＝毎月十九日）

国民の食生活をめぐる環境の変化に伴い、国民が生涯にわたって健全な心身を培い、豊かな人間性を育むために、平成十七（二〇〇五）年七月、食育基本法が施行され、翌十八（二〇〇六）年三月に食育推進基本計画が決定された。この基本計画により、今後、国民運動として食育を推進していくために毎年六月を「食育月間」と設定し、また、継続的に食育推進運動を展開するために、毎月十九日を「食育の日」とし「家族そろって食卓を囲むことを呼びかける」ことなどが定められた。

なお、食育基本法に基づく「食育推進基本計画」は、第１次及び第２次と五年毎に政府の食育推進会議（会長は内閣総理大臣）で見直されている。平成二十八（二〇一六）年三月、これまでの成果と食をめぐる状況等を踏まえつつ、平成二十八（二〇一六）

年度から平成三十二（二〇二〇）年度までの五年間を期間とする第3次食育推進基本計画が決定されている。

◆男女雇用機会均等月間（六月一日〜三十日）

昭和六十（一九八五）年六月一日、「雇用の分野における男女の均等な機会及び待遇の確保等女子労働者の福祉の増進に関する法律」（男女雇用機会均等法）が「勤労婦人福祉法」の全部改正法として公布されたことを記念して、厚生省（現・厚生労働省）が定めた（平成十一（一九九九）年の改正で「雇用の分野における男女の均等な機会及び待遇の確保等に関する法律」と改題）。期間中は、事業主、使用者団体、労働団体等に対する法の周知および女性労働者の雇用管理改善のための啓発・指導を図るとともに、特に、雇用の分野における男女の均等な機会および待遇の確保を妨げている諸要因の解消を図るため、さまざまな啓発活動が全国的に実施される。

◆まちづくり月間（六月一日〜三十日）

生きることに喜びと生きがいを味わえる生活空間を形成していくためには、地域住民の積極的な参加と協力の下に、創意と工夫を生かしたまちづくりを推進することが必要である。このため、昭和五十八（一九八三）年度から毎年六月を「まちづくり月間」と定め、さまざまな広報活動や行事を通じて、まちづくりに関する啓発活動が幅広く実施されている。

◆測量の日（六月三日）

昭和二十四（一九四九）年に「測量法」が制定されてから四十周年にあたる平成元（一九八九）年に、測量およびその成果である地図の意義や重要性について、国民の理解と関心を一層高めるために、建設省（現・国土交通省）によって、この日が記念日として定められた。

「測量」という言葉は、中国の「測天量地」という言葉から考案されたとされる。測量とその結果は、国土の利用や社会資本整備などの基礎資料を提供するなど重要な役割をはたしているが、あまりにも身近すぎてその大切さは忘れがちである。記念日は、みんなが関心を寄せ考えていく機会となっている。

◆歯と口の健康週間（六月四日〜十日）※

歯の衛生についての正しい知識の普及・啓発、歯科疾患の予防処置の徹底および早期発見・早期治療の励行により歯の寿命を延ばし、健康の保持増進に寄与することを目的に、厚生省（現・厚生労働省）、文部省（現・文部科学省）、日本歯科医師会が、昭和三十三（一九五八）年から共催で実施している。

由来は、昭和三（一九二八）年から十三（一九三八）年まで、日本歯科医師会の提唱で六四（むし）をもじって「虫歯予防デー」として、歯科疾患の早期発見・早期治療・予防措置の励行を呼びかけたのが発端である。これを復活させて昭和二十四（一九四九）年に「口腔衛生週間」が制定された。

その後、「口腔衛生強調運動」（昭和二十七年〜）、再度「口腔衛生週間」（昭和三十一年〜）と名称変更があった。そして、昭和三十三（一九五八）年に「歯の衛生週間」となり、平成二十五（二〇一三）年から歯だけでなく口腔及びその周囲等の健康を増進していくため約五十年ぶりに現在の名称になった。

◆時の記念日（六月十日）※

大正九（一九二〇）年に生活改善同盟会が当時の日本人に欧米人なみに時間を尊重する意識を持ってもらうことを目的に定めた。日付は、日本書紀による天智天皇十（六七一）年の四月二十五日（太陽暦六月十日）に、漏刻《ろうこく》（水時計）が置かれ宮中に時を知らせた日が選定されている。なお、漏刻の設置は斉明天皇六（六六〇）年五月に中大兄皇子（後の天智天皇）が命じているが日付が不明なために、天智天皇十年が採用されたといわれている。

わが国の「時」は、漏刻のように夏でも冬でも一定の時を刻む定時法から始まったが、戦国時代の混乱で運営できなくなり、代用として太陽時（太陽が天球上で最も高い位置に達した時刻を正午とする）による各種の不定時法が登場した。近世には十二辰刻法が普及し定着したが、明治六（一八七三）年の改暦とともに定時法に改められた。その後、明治十二（一八七九）年に東京における平均太陽時に変わったが、明治十九（一八八六）年七月十三日の勅令により明治二十一（一八八八）年一月一日から、世界時（グリニッジ子午線を基準とする平均太陽時）に九時間加えた時刻となる東経百三十五度の子午線上における地方平均太陽時と定義された。しかし、天文観測による世界時は地球の回転ブレにより不安定なため、世界時昭和三十三（一九五八）年一月一日0時0分0秒を原点に出発した原子時と〇・九秒以上離れないように協定世界時（ＵＴＣ）が定められた。今日では、情報通信研究機構（ＮＩＣＴ）のセシウム原子時計で求めた協定世界時を九時間進めた時間が日本標準時（ＪＳＴ）となっている。

◆小さな親切の日（六月十三日）※

昭和三十八（一九六三）年のこの日は、茅誠司《かやせいじ》氏をはじめとする八名の提唱者が「小さな親切」運動を発足させた日である。この年の三月二十八日東京大学卒業式で、茅総長は「小さな親切を、勇気をもってやっていただきたい。そしてそれがやがては、日本の社会の隅々まで埋めつくすであろう、親切という雪崩の芽としていただきたい。」という言葉を卒業生に贈り、その告辞が契機となった。

◆父の日（六月第三日曜日）※

アメリカの国の記念日で、父に感謝を捧げる日。明治四十三（一九一〇）年ワシントン州スポーケンのドット夫人が、男手一つで育ててくれた亡き父の誕生月に、牧師に父の日礼拝をしてもらったのが発端といわれる。その後、彼女は「母の日のように父に感謝する日を」と牧師協会に嘆願し、大正五（一九一六）年、大統領がスポーケンを訪れて父の日の演説を行い全米で認知されるようになった。その後、昭和四十一（一九六六）年に大統領告示で父の日に定められ、昭和四十七（一九七二）年に合衆国の記念日に制定された。わが国では、戦後の昭和二十五（一九五〇）年頃から知られるようになり、「母の日」ほどではないが、定着しつつある。

◆慰霊の日（六月二十三日）※

昭和二十（一九四五）年六月二十三日に沖縄戦の組織的戦闘が終結したことに因《ちな》んで、沖縄県が昭和四十九（一九七四）年六月に制定した。「沖縄県慰霊の日を定める条例」の第一条に「我が県が、第二次世界大戦において多くの尊い生命、財産及び文化的遺産を失つた冷厳な歴史的事実にかんがみ、これを厳粛に受けとめ、戦争による惨禍が再び起こることのないよう、人類普遍の願いである恒久の平和を希求するとともに戦没者の霊を慰めるため」と目的が述べられている。

なお、平成七（一九九五）年に糸満市摩文仁《まぶに》の平和記念公園に「平和の礎《いしじ》」が設けられ、「礎」には、米軍上陸の昭和二十（一九四五）年三月二十六日から降伏文書に調印した同年九月七日までの沖縄戦で亡くなったすべての人々が、国籍を問わず刻名されている。また、「礎」には除幕以来、毎年追加刻銘が行われており平成二十七（二〇一五）年六月現在、二十四万一千三百三十六名の方が刻銘されている。

◆男女共同参画週間（六月二十三日～二十九日）

平成十一（一九九九）年六月二十三日に「男女共同参画社会基本法」が公布・施行されたことを踏まえて、定められた。男女が、互いにその人権を尊重しつつ喜びも責任も分かち合い、職場で、学校で、地域で、家庭で、それぞれの個性と能力を発揮できる「男女共同参画社会」形成促進のために、期間中は、国、地方公共団体、女性団体などが協力し、国民の理解と関心を高めるためのさまざまな行事が実施される。

◆貿易記念日（六月二十八日）

徳川幕府が鎖国政策を改め、アメリカ、イギリス、フランス、ロシア、オランダの五か国と修好通商条約を結び、横浜、長崎、箱館（函館）で自由貿易を許可する旨を布告したのが、安政六（一八五九）年の旧暦五月二十八日である。昭和三十八（一九六三）年、この日を新暦に直した六月二十八日を記念日とすることが閣議決定された。日本が近代自由貿易にのりだすことを宣言した日と位置づけ、わが国が資源を輸入し製品を輸出することで経済を支えていることなど、広く国民が輸出入の重要性について認識を深める日としている。

その他恒例行事等

○母親大会記念日（七日）○ケーブルテレビの日（十六日）○世界砂漠化・干ばつ対処の日（十七日）○ベースボール記念日（十九日）○国際薬物乱用・不正取引防止デー（二十六日）

七月＝文月（ふづき・ふみつき）

◆国民安全の日（七月一日）※

昭和三十五（一九六〇）年五月六日の閣議了解で総理府（現・内閣府）により、「全国安全週間」の初日である七月一日をあて創設された。その背景には、昭和三十年代前半の、生産活動の活発化に伴う産業災害の増加、自動車の激増に伴う交通災害の続発など、国民生活の安全が脅かされる事態に陥りつつある情勢があった。

この日は、国民の一人ひとりが、交通災害、火災、学校や職場での事故など、生活のあらゆる面で身の回りの安全について改めて見直し、これを習慣化する気運を高め、事故や災害の発生を防ぎ、安全安心な社会を築くため、さまざまな行事が実施されている。

◆更生保護の日（七月一日）※

昭和二十七（一九五二）年七月一日、「犯罪者予防更生法」の施行（昭和二十四年七月一日）を記念して東京日比谷で開かれた更生保護大会で、犯罪の予防と犯罪者の更生を見守る司法保護司や保護機関の働きについて広く多くの人々の理解を得るために、昭和八（一九三三）年司法保護事業団が設けた「司法保護記念日」（九月十三日）と「少年保護デー」（四月十七日）を統合して定められた。

なお「犯罪者予防更生法」は平成十九（二〇〇七）年六月に廃止され、「更生保護法」となっている。

◆全国安全週間（七月一日〜七日）※

「全国安全週間」は、労働省（現・厚生労働省）と中央労働災害防止協会の主唱により、昭和三（一九二八）年から実施された。この間、「人命尊重」という崇高な理念のもと、「産業界での自主的な労働災害防止活動を推進し、広く一般の安全意識の高揚と安全活動の定着を図ること」を目的に、一度も中断することなく続けられている。

わが国の労働災害は長期的に減少し、平成二十七（二〇一五）年は統計を取り始めて以来初めて、年間の死亡者数が千人を下回った。一方で、拡大を続ける第三次産業等においては未だに安全に関して自ら取り組む意識が十分とは言い難い現状にある。平成二十六（二〇一四）年六月に労働安全衛生法が改正され、①事業者に、リスクアセスメントを義務付けるなど、化学物質管理のあり方の見直し、②事業者に、医師、保健師などによるストレスチェックの実施を義務付ける等の制度創設、③受動喫煙防止策の推進、④大臣勧告や企業名の公表など、重大な労働災害を繰り返す企業への対応、⑤外国に立地する検査機関などへの対応、⑥規制・届出の見直しなど、労働災害を未然に防止するための仕組みの充実が図られている。

◆「社会を明るくする運動」強調月間（七月一日〜三十一日）

すべての国民が、犯罪や非行の防止と罪を犯した人たちの更生について理解を深め、それぞれの立場で力を合わせ、犯罪や非行のない明るい社会を築こうと、昭和二十六（一九五一）年から法務省が主唱する全国的な運動で、第五十回を迎えた平成十二（二〇〇〇）年から、「更生保護の日」である七月一日から一か月間を強調月間として実施することが閣議報告・了承された。

なお、この運動の発端は、昭和二十四（一九四九）年七月一日更生保護制度の基本法である「犯罪者予防更生法」が施行されたとき、かねてから街にあふれた子ども達の将来を危惧していた東京銀座の商店街有志が、この法律の思想に共鳴して「犯罪者予防更生法実施記念フェアー（銀座フェアー）」を自発的に開催し、この銀座フェアーが刺激となって、翌年の一周年記念に「矯正保護キャンペーン」が全国的に実施された。こうした啓発活動を将来とも継続して一層発展させる必要があると認識した法務府（現・法務省）が、「社会を明るくする運動」と名づけて国民運動として世に広げることにしたといわれている。

◆海の日（七月第三月曜日／海の月間＝七月一日〜三十一日）

「海の恩恵に感謝するとともに、海洋国日本の繁栄を願う」趣旨で制定された祝日。従来七月二十日は昭和十六（一九四一）年に当時の逓信大臣の提唱により「海の記念日」に制定されていたが、平成八（一九九六）年に「海の日」として国民の祝日となった。七月第三月曜日となったのは、平成十五（二〇〇三）年の祝日法改正（ハッピーマンデー制度）による。

縁起となった「海の記念日」は、明治九（一八七六）年、明治天皇の東北地方巡幸の際に、初めて軍艦を使用せずに汽船「明治丸」（灯台巡視船）で航海をし、七月二〇日横浜港に帰着したことに因んでいる。

◆「愛の血液助け合い」運動強調月間（七月一日～三十一日）※

昭和三十五（一九六〇）年、日本赤十字社と厚生省（現・厚生労働省）の共催で、血液事業に対する正しい理解と認識の普及と献血者・預血者並びに献血予約者の確保を目的として、五月の一か月間実施した「赤十字愛の献血運動」が始まりである。翌年から、運動月間を献血者が不足する九月とし、昭和四十（一九六五）年からは、各都道府県が加わり三者共催となった。その後、昭和四十五（一九七〇）年から現在の七月に運動期間が変更され、各都道府県持ち回りで「献血運動推進全国大会」が開催されることになった。

現在わが国では、輸血に必要な血液はすべて献血によって確保されている。しかし、少子化によって献血可能な人口が減少するなど血液の需要は増加しており、全国各地で献血への理解と協力を呼びかけている。

なお、平成二十三（二〇一一）年「安全な血液製剤の安定供給の確保等に関する法律施行規則」の一部改正があり、四〇〇ミリリットル採血の献血年齢が男性に限り十七歳に引き下げられた。また、血小板成分採血の献血年齢は男性に限り六十九歳まで可能となっている。

◆海岸愛護月間（七月一日〜三十一日）

国民の共有財産である海岸を、いつまでも良好な状態に保ち、安全で適正に利用することを目的に昭和四十七（一九七二）年から実施されている。期間中は、豊かな海岸環境を守り、国民の海岸に対する愛護思想の普及と啓発に努めるための広報活動が展開される。

◆河川愛護月間（七月一日〜三十一日）

国土建設週間（七月十日〜十六日）の一環として、河川に対する国民の理解と関心を深めるとともに、河川愛護の思想を周知徹底するため国土交通省が定め、昭和四十九（一九七四）年から実施されている。

期間中は、河川環境の保全・再生を積極的に推進するとともに、河川の美化、水面の利用、川の指導者などの人材育成の支援や河川愛護団体の育成・支援、イベントなどさまざまな運動が、地域住民、市民団体、河川愛護団体、関係行政機関等の協力を得て行われる。

◆青少年の非行・被害防止全国強調月間（七月一日〜三十一日）※

昭和五十四（一九七九）年の国際児童年を契機に、総理府（現・内閣府）が、非行や問題行動に陥りやすい夏休みに入る時期をとらえて「青少年の非行問題に取り組む全国強調月間」を定め、青少年の健全育成に取り組んできた。平成二十二（二〇一〇）年度から社会環境の変化を踏まえて、児童買春や児童ポルノといった福祉犯罪被害の防止を視点に加えて運動の名称が変更された。

近年では、次の七課題を重点にして集中的に実施されている。①インターネット利用に係る非行及び犯罪被害防止対策の推進、②有害環境への適切な対応、③薬物乱用対策の推進、④不良行為及び初発型非行（犯罪）等の防止、⑤再非行（犯罪）の防止、

⑥いじめや暴力行動などへの対応、⑦青少年の福祉を害する犯罪被害の防止。

◆ユネスコ加盟記念日（七月二日）※

昭和二十六（一九五一）年七月二日第六回のＵＮＥＳＣＯ（United Nations Educational, Scientific and Cultural Organization）総会で、わが国の加盟が承認されたことを記念して設けられた。ユネスコ（国際連合教育科学文化機関）は、諸国民の教育、科学、文化の協力と交流を通じて国際平和と人類の福祉の促進することを目的とした国連の専門機関である。昭和二十（一九四五）年十一月十六日に「戦争は人の心の中で生まれるものであるから、人の心の中に平和のとりでを築かなければならない」という前文で始まる「ユネスコ憲章」が採択され、翌年十一月四日、本部をフランス・パリに置いて創設された。

わが国のユネスコ加盟は昭和二十二（一九四七）年七月十九日設立の「仙台ユネスコ協力会」の活動が原動力となっている。世界最初の民間ユネスコ団体の「発会声明」文（「戦争を拒絶し、平和をもりたてる運動は、国家の指導者や少数の人々に委ねるべきではなく、心の中に平和のとりでを築いた人々によって進められるべきだ」との趣旨）がパリ本部へ送られ、同年十一月メキシコシティで開かれた第二回ユネスコ総会で紹介されて各国に大きな反響を呼び起こした。この仙台で生まれた「民間ユネスコ運動」は、敗戦の荒廃と混乱の中にあった多くの日本人に復興への光明として受けとめられ、国内に燎《りょう》原《げん》の火の如く広がり昭和二十三（一九四八）年には五十を数え、翌年には七十を越えるユネスコ協会が設立された。そして、ユネスコ加盟への念願は、わが国の国連加盟（昭和三十一（一九五六）年）より一足早く、第六十番目の国として実り、日本国中が歓喜に沸いたと言われている。なお、平成二十七（二〇一五）年十月現在のユネスコ加盟国数は南スーダン共和国の加盟により百九十三か国となっている。

◆川の日（七月七日）

国土交通省が定め平成八（一九九六）年度から毎年実施している。七月七日とした理由は、七夕伝説の「天の川」のイメージがあること、七月が河川愛護月間であること、季節的に水に親しみやすいことと説明されている。制定の趣旨は、近年、都市の発展、治水事業の発展などを契機に、希薄化した人と河川との関係を見直し、河川に対する人々の関心を取り戻すこと、および、地域の良好な環境づくりなどについて流域の住民・自治体が一緒になって考え、取り込む、といった地域の活動を支援することとされている。

◆世界人口デー（七月十一日）

昭和六十二（一九八七）年のこの日、世界の人口が五十億を超えたことを機に、人口問題への関心を深めてもらおうと、国連人口基金（ＵＮＦＰＡ）が平成元（一九八九）年に世界人口デーを提案し、平成二（一九九〇）年の国連総会で正式に国際デーとなった。

一六五〇年に約五億人といわれた世界の人口は、十九世紀前半に十億人を超え、一九六〇年に三十億人、一九七五年に四十億人と増加のテンポを速めてきた。その後、人口増加率は次第に低下しているが、一九八七年に五十億人、一九九〇年に六十億人を超え、二〇一〇年では六十八億九千六百万人となっている。今後、増加率は低下していくと予想されているが、人口そのものは増加が続き、国連が発表した平成二十六（二〇一四）年の予測では、二〇五〇年までに九十七億人になると推計されている。

◆森と湖に親しむ旬間（七月二十一日〜三十一日）

国民に森や湖に親しみ、心身のリフレッシュを図るとともに、森林やダム・河川等について理解を深めてもらうことを目的に昭和六十二（一九八七）年度に林野庁・建設省（現・国土交通省）共催で設けられた。森林やダムは、国土を保全し災害を未然に防ぐという大切な役割を担っている。期間中は、森林やダムなどが水を育むはたらきや、水源地の保全の重要性について理解を深めるためのさまざまなイベントなどが、全国各地の管理ダムを中心に展開される。

その他恒例行事等

○七夕（七日）　○日本標準時制定記念日（十三日）
○検疫記念日（十四日）　○光化学スモッグの日（十八日）　○政治を考える日（二十七日）

八月＝葉月（はづき）

◆水の日（八月一日／水の週間＝八月一日～七日）※

わが国の水需要は、生活水準の向上、経済の進展等に伴って著しく増大してきたが、一方、水資源の開発は次第に困難になっており、渇水時には水不足が生じることが予想される。こうした状況にかんがみ、昭和五十二（一九七七）年五月三十一日の閣議で「水資源の有限性、水の貴重さ及び水資源開発の重要性について国民の関心を高め、理解を深めるため」、年間で最も水の使用量が多く、水について関心が高まっている八月上旬の初日、すなわち一日を「水の日」とし、この日を初日とする一週間を「水の週間」とすることが決められた。期間中は、限りある水資源の重要性や有効利用を促すために各地でさまざまな行事が実施されている。

◆観光週間（八月一日〜七日）※

内外の観光が活発化している中で、観光地の汚れ、観光資源の汚損破壊等、いわゆる観光公害が大きな問題となってきたことにかんがみ、昭和四十（一九六五）年五月十八日の閣議了解に基づき、毎年「観光道徳の高揚と観光資源の保護週間（観光週間）」を実施することが決められた。

期間中は、観光の意義や重要性の啓発と普及、観光資源の保護、地域の魅力に対する自信と誇り、観光マナー・もてなしの心などの意識の喚起、観光地の美化、連続休暇の意義の普及などを促進する目的で、各地でそれぞれの特性や地域に応じたさまざまなイベントが行われている。

◆道路ふれあい月間（八月一日〜三十一日）※

第二次道路整備五か年計画の初年度である昭和三十三（一九五八）年に「道路をまもる月間」として実施され、昭和三十九（一九六四）年までは「国土建設週間」（七月十日〜十六日）に合わせて七月十日から八月九日の一か月間であったが、昭和四十年以降から現行の月間となった。また、平成十三（二〇〇一）年からは、道路利用者や地域住民等に広く参加をもとめ、開かれた道路行政を進めるため「道路ふれあい月間」と名称が改められた。安全で快適な道路環境を保持するため、交通安全施設等の点検と整備を推進するとともに、道路の正しい利用の啓発と道路愛護思想の普及を図り、道路を常に広く、美しく、安全に利用する機運を高めるために実施されている。

（参照、八月／道の日）

◆食品衛生月間（八月一日〜三十一日）

森永ヒ素ミルク事件や雪印集団食中毒事件、BSE問題の発生、偽装表示、残留農薬問題など食品に関するさまざまな問題が多発し、消費者の「食の安全・安心」に対する信頼が揺らぐ中で、平成十五（二〇〇三）年五月二十三日に食品の安全性確保に関する基本理念を定めた「食品安全基本法」が公布され、同年七月一日施行された。また、飲食によって生ずる危害の発生防止を目的とする「食品衛生法」が制定以来初の大改正を行い同年五月三十日に施行された。これを踏まえて平成十五年から、これまで食中毒が多発する夏の時期に食品衛生関係営業者、一般家庭に対する食品衛生思想の普及啓発を行うため、厚生労働省・都道府県・政令市および特別区が主催で実施してきた「食品衛生週間」をさらに強化充実し、「週間」が「月間」に改められた。

◆**原爆の日（広島八月六日／長崎八月九日）**

昭和二十（一九四五）年八月六日広島に原子爆弾が投下され、爆心地の相生橋を中心に半径二キロ圏内の木造建築は全壊、鉄骨建築は残骸となり、推計二十万人の死者を出した。次いで同月九日長崎にも投下、瞬時にして十五万人の死傷者を出し、市街の三分の一を失った。以来広島は「平和のメッカ広島」として世界に知られ、長崎も広島と並んで原水爆禁止・世界平和呼びかけの中心となっている。広島・長崎でそれぞれの日に、爆心地に建てられた供養塔の前で、犠牲者の冥福を祈る法要と原水爆禁止のアピールが行われるほか、日本全国各地で祈りを捧げ同趣旨の催しが行われる。

◆**道の日（八月十日）**

昭和五十七（一九八二）年の道路審議会の建議および昭和六十一（一九八六）年の全国道路利用者会議の提言を受けて、同年建設省（現・国土交通省）が制定した。大正九（一九二〇）年のこの日にわが国で最初の道路整備の長期計画がスタートしたこと、また「道路をまもる月間」（現・道路ふれあい月間）中であることなどが由来でこの日が定められた。

道路は国民生活に欠くことのできない基本的な社会資本であり、人や物資を運ぶ交通の場であることはもちろん、人と人とがふれあう生活の場であり、また、電気・上下水道・ガス等のライフラインや情報通信網の収容の場、火災等の緩衝地帯でもある。この日、道路に対する正しい認識と理解を広めるため全国各地でさまざまな行事が展開される。

（参照、八月／道路ふれあい月間）

◆山の日（八月十一日）

「山に親しむ機会を得て、山の恩恵に感謝する」ことを趣旨として、平成二十六（二〇一四）年第一八六回国会で、「国民の祝日に関する法律」が改正され、平成二十八（二〇一六）年から施行された。

国民の祝日として新たに加わった。「八月十一日」については、山に因む明確な由来はない。

平成二十五（二〇一三）年四月、日本山岳会など山岳関係者や自然保護団体の意見を受けて、超党派の国会議員による「山の日」を祝日に制定する議員連盟が設立され、当初、お盆休みと連続させやすい十二日を祝日とする案が採用されていた。

しかし、この日は、日本航空一二三便墜落事故（御巣鷹山事故）が起きた日で「お祝いは違和感を覚える」との見直しを求める意見があり、最終的にその日を避け、一日前倒して八月十一日に決定された経緯がある。

◆国際青少年デー（八月十二日）

ポルトガル政府と国連の協力の下、平成十（一九九八）年八月八日～十二日、リスボンで開催された第一回「青少年に関する世界閣僚会議」で、八月十二日を「国際青少年デー」と宣言する決議が採択された。第五十四回国連総会は、「青少年に関する政策と計画」と題する決議（平成十一（一九九九）年十二月十七日）の中で、これを支持し、「二〇〇〇年まで及びそれ以降のための青少年に関する世界行動計画」に対するあらゆる広報活動を展開するよう勧告した。

世界行動計画前文には、「青少年は大きな社会的変革を引き起こす当人であり、受益者であり、また犠牲者である。また総じて、既存の秩序に組み込まれようとしながら、一方ではその秩序を変革する原動力となるという矛盾に直面している。青少年は、世界のあらゆる場所で、さまざまに異なる発展段階の国々、そしてさまざまに異なる経済社会的状況に住んでおり、社会生活への完全な参与を熱望している」と記されている。また、世界行動計画では、教育、雇用、飢餓と貧困、健康、環境、薬物乱用、青少年の非行、余暇の活動、少女と若い女性、社会生活並びに意思決定における青少年の完全かつ効果的な参加の十の優先分野を定めている。

◆水泳の日（八月十四日）

公益財団法人日本水泳連盟が平成二十四（二〇一二）年に、中断していた「国民皆泳の日」を改めて「水泳の日」として制定した。その記念すべき第1回目のイベントが平成二十七（二〇一五）年八月十四日に東京辰巳国際水泳場で開催されている。日本水泳連盟は、今後、日本スイミングクラブ協会、日本マスターズ水泳協会、日本障がい者水泳協会と力を合わせ、長期的なスパンで「水泳の日」のイベントを開催していくとしている。

なお、「国民皆泳の日」は、昭和十三（一九三八）年に始まり、戦争で中断後昭和二十八（一九五三）年に復活していた。また、日本水泳連盟は、占領下の昭和二十四（一九四九）年に国際水泳連盟復帰が認められ、その年ロサンゼルスで行われた全米水上選手権で、古橋広之進、橋爪四郎等が大活躍し、九つの世界記録を打ち立て世界を驚かせた。この活躍は敗戦直後の日本国民に自信を取り戻させ、復興へ大きな力を与えた。

◆終戦記念日（八月十五日）※

昭和二十（一九四五）年八月十五日、わが国はポツダム宣言を受諾し、昭和天皇がラジオを通じて太平洋戦争の終結を国民に伝えた。この日は終戦を記念する日とし、二度と再び同じ過ちの起こらないよう戒めるとともに国の再建を誓って設けられた。中央で天皇・皇后両陛下ご臨席の下に全国戦没者追悼式が挙行されるほか、全国各地で戦没者に対する追悼の催しが行われる。

その他恒例行事等

○公害対策デー（三日）　○国際青少年デー（十二日）　○専売特許の日（十四日）　○高校野球記念日（十八日）　○交通信号の日（二十日）　○献血の日（二十一日）　○気象予報士の日（二十八日）

九月＝長月（ながつき）

◆防災の日（九月一日）※

昭和三十四（一九五九）年九月二十六日伊勢湾台風が来襲し、死者・行方不明者が五千人を超える未曽有の風水害をもたらしたことを契機として翌三十五（一九六〇）年に定められた。九月一日の由来は大正十二（一九二三）年の関東大震災がこの日に発生したことによる。わが国は、自然的条件から、地震や台風、豪雨、火山噴火などによる災害が発生しやすく、災害の未然防止と被害の軽減を図るには、普段から災害に対する備えを充実・強化するとともに、災害時に迅速・適切な防災活動を展開することが重要である。この日は、防災知識の普及のため、さまざまなイベントが全国で行われ、備えの充実強化を呼びかけている。

（参照、季節的行事／防災週間）

◆健康増進普及月間（九月一日～三十日）

国民の健康維持と現代病予防を目的として平成十四（二〇〇二）年八月、「栄養改善法」を廃止して「健康増進法」が制定された。この法律で、国民は、「生涯にわたって、自らの健康状態を自覚するとともに、健康の増進に努めなければならない」ことが規定（第二条）され、また、厚生労働大臣は、「国民の健康の増進の総合的な推進を図るための基本的な方針（以下「基本方針」という。）を定めるものとする」ことが規定（第七条）された。

翌平成十五（二〇〇三）年四月、厚生労働省から告示された「基本方針」の中で、「食生活、運動、休養、飲酒、喫煙、歯の健康の保持その他の生活習慣に関する正しい知識の普及」に関し、九月を健康増進普及月間とし、毎年度、「健康増進普及月間実施要綱」により実施されることになった。

なお、昭和三十四（一九五九）年から始まった「成人病予防週間」に起源をもつ「生活習慣病予防週間（毎年二月一日～七日）」は、平成二十一（二〇〇九）年度以降廃止され、健康増進普及月間として実施することになった。また、平成二十四（二〇一二）年七月に「基本方針」が全部改正され、翌年から、食生活改善普及運動を九月に実施することになった。

◆食生活改善普及運動月間（九月一日～三十日）※

戦後の食糧難を脱した昭和二十四（一九四九）年から、国民一人ひとりの食生活改善に対する自覚を高め日常生活での実践を促すことを目的に、毎年食欲の秋に合わせて十月に実施されてきた運動であるが、平成二十（二〇〇八）年度から、健康増進法に基づく「健康増進普及月間」と合わせて毎年九月に実施することとなった。

因みに、平成二十五（二〇一三）年度から平成三十四（二〇二二）年をめどとする第2次の「二十一世紀における国民健康づくり運動（健康日本21）」が開始されたことにより、同年度からの食生活改善普及運動は、「健康日本21」の目標の一つである「野菜と果物の摂取量の増加」を目指し、「毎日プラス一皿の野菜」を啓発メッセージとして運動を展開している。

◆障害者雇用支援月間（九月一日〜三十日）

昭和二十三（一九四八）年八月のヘレン・ケラー女史の日本訪問を契機に、労働省（現・厚生労働省）が第一回「身体障害者雇用促進運動強調週間（九月一日〜七日）」を実施したのが始まりである。昭和三十八（一九六三）年から「障害者雇用促進月間」となり、障害者基本法の改正が行われた平成十六（二〇〇四）年から「障害者雇用支援月間」に名称変更されて実施されている。昭和三十五（一九六〇）年七月制定の「障害者雇用促進法」は、障害者である労働者は、経済社会を構成する労働者の一員として、職業生活においてその能力を発揮する機会を与えられるものとするとし、国・地方公共団体に対し、障害者の雇用について事業主その他国民一般の理解を高めるとともに必要な施策を総合的かつ効果的に推進するよう努めなければならないとしている。

◆知的障害者福祉月間（九月一日〜三十日）

昭和三十五（一九六〇）年三月「精神薄弱者福祉法」が制定され、昭和三十九（一九六四）年から毎年九月に精神薄弱者福祉月間が実施されてきた。昭和四十九（一九七四）年四月「日本精神薄弱者福祉連盟」が結成され、連盟が関係団体との協力のもとに障害者の教育・福祉・医療・労働などの諸問題について、社会の理解と認識を深め、社会の一員として生活を送ることができるよう啓発事業を展開してきた。

社団法人日本精神薄弱者福祉連盟は、平成十（一九九八）年九月の「精神薄弱の用語の整理のための関係法律の一部を改正する法律」の公布による精神薄弱者福祉法の法題の改正に先立ち、同年四月一日から団体名を含む定款の変更が承認され、社団法人日本知的障害者福祉協会となった。また、福祉月間の名称も「知的障害者福祉月間」と変更された。

◆がん征圧月間（九月一日〜三十日）※

昭和三十五（一九六〇）年から毎年九月を「がん征圧月間」と定め、がんと、その予防についての正しい知識の啓発と早期発見・早期治療の普及に取り組んでいる。「制圧」でなく「征圧」としているのは、がんをなんとしても征伐したいという決意を表現するためのもの。がんは、昭和五十六（一九八一）年以来日本人の死亡原因の第一位であり、死亡者は年々増加している。期間中は、日本対がん協会、日本医師会、都道府県医師会が主催し、関係行政機関・団体との連携の下に、全国でさまざまな広報行事を開催し、適切な予防や早期発見・早期治療を呼びかけている。

◆オゾン層保護対策推進月間（九月一日〜三十日）

昭和六十二（一九八七）年九月十六日、画期的な国際条約といわれた「オゾン層を破壊する物質に関するモントリオール議定書」が採択され、わが国では、平成元（一九八九）年から九月を推進月間と定め、普及啓発活動を行っている。また、国連環境計画（UNEP）では、平成七（一九九五）年からモントリオール議定書が採択された九月十六日を「国際オゾン層保護デー」と定めている。

オゾン層は、太陽光線に含まれる有害な紫外線の大部分を吸収し、地球上の生命を守るバリアの役割を果たしている。しかし南極上空では、平成十七（二〇〇五）年に最大面積二、九三十万平方キロメートル（日本の面積の約七十七倍）のオゾンホールが観測されるなど、フロンなどによってオゾン層の破壊が進んでいる。また、最近では、代替物質である代替フロン等三ガス（HFC、PFC、SF_6）が、京都議定書の対象である温室効果ガスであることから、その排出抑制も大きな課題となっている。

◆救急の日（九月九日／救急医療週間＝九月九日を含む週の日曜日～土曜日）※

救急医療・救急業務に対する国民の理解と認識を深め、かつ救急関係者の意識の高揚を図るため昭和五十七（一九八二）年に設けられた。期間中は、消防庁、厚生労働省、地方公共団体、医療関係機関などの協力により、全国各地で救急フェアや応急手当の講習会をはじめとする救急に関するさまざまな行事が実施される。

◆下水道の日（九月十日）

普及率わずか約三％と世界の先進国の中で遅れていた下水道に対する国民の理解と協力を深め、下水道の普及とその活用を促進するため、昭和三十六（一九六一）年に雑節の二百二十日に当たる九月十日を「全国下水道促進デー」として始まり、平成十三（二〇〇一）年より、旧下水道法制定百周年を記念して「下水道の日」に改称された。なお、平成二十六年度末の下水道普及率は七七・六％となっている。

◆自殺予防週間（九月十日～十六日）

平成十八（二〇〇六）年十月、自殺対策基本法が施行され、この法律に基づき、平成十九（二〇〇七）年六月に政府が推進すべき対策の指針である「自殺総合対策大綱」が閣議決定された。

大綱は、「誰も自殺に追い込まれることのない社会」の実現を目指したもので、世界保健機関（WHO）が定めた九月十日の「世界自殺予防デー」に因んで、毎年九月十日から一週間を自殺予防週間に定め、国・地方公共団体が連携して啓蒙活動を強力に推進することとしている。また、平成二十八（二〇一六）年までに、平成十七（二〇〇五）年の自殺死亡率を二十％以上減少させる数値目標を定め、目標達成状況等を踏まえて、おおむね五年を目途に大綱の見直しを行うことになっている。

◆高齢者交通安全旬間（九月十一日～二十日）※

昭和六十三（一九八八）年九月九日、高齢社会への移行に対処するため、総理府（現・内閣府）交通対策本部が決定した「高齢者の交通安全総合対策について」により定められた。

実施期間は、毎年一定の期間を定め、春・秋の全国交通安全運動などにおいても、諸活動を積極的に実施することとなっており、同年九月、敬老の日（十五日）を挟んで秋の交通安全運動（二十一日から三十日）へつなげ、はじめての「高齢者交通安全旬間」運動が全国一斉に実施された。

なお、平成二十五（二〇一三）年の交通事故死亡者数は、六十五歳以上の高齢者が最も多く、その占める割合は過去最高となっている。

また、平成二十八（二〇一六）年三月に、交通安全対策基本法に基づく第十次の「交通安全基本計画」（計画期間五か年）が策定されたが、計画の基本理念として「全ての交通について、高齢者、障害者、子供等の交通弱者の安全を一層確保すること」が掲げられている。今後も増加する高齢者に対し、その交通安全対策はますます重要となっている。

◆敬老の日（九月第三月曜日／老人の日＝九月十五日／老人週間＝九月十五日～二十一日）※

昭和四十一（一九六六）年、多年にわたり社会に尽くしてきた老人を敬愛し、長寿を祝う目的で制定された国民の祝日である。法案提案趣旨説明によると、「この日を九月十五日としたのは昭和二十六（一九五一）年以来十数年にわたり「としよりの日」として全国各地においてその趣旨にふさわしい行事が行われており、また昭和三十八（一九六三）年に制定された「老人福祉法」において「老人の日」として九月十五日が定められているなどこの日が広く国民の間に浸透しているからである」となっている。

なお、国民の祝日である「敬老の日」は、ハッピーマンデー制度導入に伴い平成十五（二〇〇三）年から、九月の第三月曜日に移動した。併せて老人福祉法は、九月十五日を「老人の日」と定め、同日より一週間を「老人週間」とし、「老人の日においてその趣旨にふさわしい事業を実施するよう努めるものとし、国及び地方公共団体は、老人週間において老人の団体その他の者によつてその趣旨にふさわしい行事が実施されるよう奨励しなければならない。」と規定（第五条）の改正が行われ、「老人の日」の名称は、昭和四十一年に「敬老の日」に改められ、平成十五年から再び「老人の日」となっている。なお、九月十五日の縁起は、聖徳太子が四天王寺に悲《ひ》田院《でんいん》を設立したと伝えられる日に因《ちな》むともいわれている。

◆空の日（九月二十日／空の旬間＝九月二十日～三十日）

昭和十五（一九四〇）年に制定された「航空日」が始まりで、より多くの国民に航空への理解と関心を高めてもらうため、民間航空再開四十周年にあたる平成四（一九九二）年に「空の日」に改称するとともに「空の旬間」が設けられた。第一回「航空日」は九月二十八日に催されたが第二回以降二十日となり昭和十九（一九四四）年まで毎年行われた。その後日本占領期の航空活動禁止に伴い一時休止、独立後の昭和二十八（一九五三）年、わが国の民間航空が再建途上の段階にあることを踏まえて「航空日」が復活したが、「二十日」の由来は定かではない。

なお、わが国の初期航空活動は、明治四十三（一九一〇）年九月八日国産初の山田式第一号飛行船（山田猪三郎開発）が東京の大崎から目黒までの試験飛行に成功、また十二月十四日には東京代々木練兵場で、日野熊蔵・徳川好敏両陸軍大尉がアンリ・フェルマン複葉機を使用して初の動力飛行を披露（高度一〇m・距離六〇m）している。なお、国産山田式飛行船は、翌明治四十四（一九一一）年九月十七日、約一時間をかけて東京上空一周飛行に成功している。

◆動物愛護週間（九月二十日〜二十六日）※

わが国の動物愛護運動は明治時代から民間中心にあったが、昭和二（一九二七）年に、昭憲皇太后（明治天皇の皇后）の誕生日を記念して、五月二十八日から一週間行われたのが始まりといわれている。戦後は立法化の動きになり、昭和四十八（一九七三）年十月一日公布の「動物の保護及び管理に関する法律」により「九月二十日から同月二十六日まで」を期間とし、「ひろく国民の間に動物の愛護と適正な飼養についての関心と理解を深めるようにするため、動物愛護週間を設ける」ことが法定（第三条）された。

なお、制定時の法律名が「動物の愛護及び管理に関する法律」でなく「動物の保護及び管理に関する法律」であるのは、当時、猛獣類を飼う人が増え、取扱いの悪さから人に対する被害が出ていたことや、イギリスにおいて「日本人は犬の取扱いが悪いので輸出を禁止しよう」という大キャンペーンが行われていたことも法制定の契機となっていたからといわれているが、平成十一（一九九九）年に「保護」が「愛護」に改題されている。

◆秋分の日（九月二十三日頃）

「祖先をうやまい、なくなつた人々をしのぶ」ための国民の祝日である。法案提案趣旨は、「旧憲法の秋季皇霊祭の日に当たっているが「春分の日」と同様皇霊祭の心とは離れて昼夜等半の日として迎える。長かった昼もこの日を境にだんだん短くなり、月と虫の美しく物静かな夜がそれに代わり、針を運ぶにしろ俵を編むにしろ秋の夜長はなんとなく人の心をしんみりとさせ深い物思いに誘い込む。「春分の日」を希望の日とするならば「秋分の日」は反省の日である。あるいは「春分の日」が未来を思う日といえるなら「秋分の日」は過去を思う日と呼んでいい。「秋分の日」はそのような意味で「先祖を敬い、亡くなった人を偲ぶ」日である」と説明されている。

なお、秋分は、二十四節気の第十六。太陽が黄経一八〇度の秋分点を通過する日で、春分と同じく昼夜の長さがほぼ等しくなる。陰暦では八月の中、太陽暦では九月二十二日か二十三日にあたる。宗教的には秋の彼岸の中日であって、民間では先祖を祭り供養する。戦前は、秋季皇霊祭。宮中では皇霊殿で歴代天皇・皇后・皇親などの御霊を祀る祭儀が行われる。

◆結核予防週間（九月二十四日〜三十日）

大正十四（一九二五）年から行われ、戦時中一時中断していた「結核デー」を、昭和二十四（一九四九）年に厚生省（現・厚生労働省）が復活した。かつてわが国の死因順位第一位であった結核は、医学の進歩で死亡率は急減したが過去の病気ではなく、国内で年間二万人の患者が新たに発症しており、世界的にみても未だ低まん延国ではない。期間中、厚生労働省は、地方自治体や関係団体の協力を得ながら、広く国民に対し、結核問題の再認識、定期的健康診断の励行等の理解と協力を呼びかけ、あわせて各種結核対策の推進に努めている。

その他恒例行事等

○宝くじの日（二日）　○国民栄誉賞の日（五日）
○国際識字デー（八日）　○全国下水道促進デー（十日）　○司法保護記念日（十三日）　○オゾン層保護のための国際デー（十六日）

十月＝神無月（かんなづき）

◆福祉用具の日（十月一日）

「福祉用具の研究開発及び普及の促進に関する法律」の施行日（平成五（一九九三）年十月一日）にあたるこの日を記念して、平成十四（二〇〇二）年から設けられた。特に高齢社会における福祉用具普及の社会的意義はますます高まることから、高齢者および障害者の自立促進、介護者の負担軽減を図る福祉用具の普及・開発を促進することが急務である。

「福祉用具の日」創設趣意書では、「福祉用具は一般になじみが薄く、何か特別なものと感じる人が多いといえます。そのため介護が必要な状態になっても、その存在さえ知らないか、あるいはたとえ知っていたとしても、周りの目を気にして使うことをためらったり、引け目を感じる人が多いのが現状です。これらのことが自立を支える福祉用具の正しい使用や、普及を妨げる大きな要因」になっているとし、福祉用具がメガネのように身近な生活用具となっていくよう、全国各地でさまざまな取組みを行っている。（参照、季節的行事／「福祉用具の日」推進月間）

◆法の日（十月一日／「法の日」週間＝十月一日〜七日）

法を尊重し、法によって基本的人権を擁護し、社会秩序を確立する精神の高揚を図ることを目的として、昭和三十五（一九六〇）年に閣議了解により設けられた。裁判所、法務省、検察庁および日本弁護士連合会では、期間中、講演会、座談会、無料法律相談など各種の行事を実施している。なお、平成十六（二〇〇四）年度からは「裁判員制度」をテーマとした催しも企画されている。

◆体力つくり強調月間（十月一日～三十一日）※

健康や体力を養うことは活力に満ちた明るい生活を営むための基盤である。文部省（現・文部科学省）を事務局とする「体力つくり国民会議」が、昭和四十四（一九六九）年に定め、国民の健康・体力つくりに対する理解と自覚を深め、それぞれに適した実践活動を日常生活の中に定着させ、もって国民の健康の増進、体力の増進を図ることを目的として、毎年、関係府省、地方公共団体および関係団体に対し、この期間中に健康・体力つくりに関する諸事業および広報活動等を集中的に実施するよう呼びかけている。

なお、「体力つくり国民会議」は、オリンピック東京大会を契機に、国民の健康・体力の水準が諸外国に比べて立ち遅れていることが認識され、昭和四十（一九六五）年三月二十五日、政府が発足させた官民一体の体力つくり運動推進母体である。

◆仕事と家庭を考える月間（十月一日～三十一日）

職業生活と家庭生活の両立について社会全般の理解を深めるため、厚生労働省が平成七（一九九五）年から、毎年目標を定めて全国的に広報活動等を実施している。

わが国は、世界で最も少子化の進んだ国の一つとなり、合計特殊出生率は人口を維持するに必要な水準を割り込んでいる。急速な少子化進行の背景の一つとして、仕事と家庭の両立の負担感が指摘されていることから、男女が働きながら子どもを育てやすい環境を整備することが重要な課題となっている。また、導入された育児休業制度なども職場の雰囲気などから、現状はまだまだ制度を活用している人が少なく、社会一般の理解と制度を使いやすい環境の整備を促す必要がある。

◆里親月間（里親を求める運動）（十月一日〜三十一日）

昭和二十三（一九四八）年一月「児童福祉法」が施行され同年十月「里親家庭養育運営要綱」が制定された。次ぐ昭和二十五（一九五〇）年十月一日第一回「里親デー」において十月を「里親月間」とすることになった。そして、昭和二十九（一九五四）年の里親月間から、第一回「里親および職親を求める運動」が実施されてきた。

平成二十七（二〇一五）年度から、この月間は、厚生労働省及び関係団体（全国里親会、日本ファミリーホーム協議会）が主唱し、都道府県、指定都市、児童相談所設置市が管内市町村や関係機関・団体の協力を得ながら、①地域の実情に応じて広報活動を展開、②新規里親の開拓等里親委託を促進、③里親家庭の適切な養育確保等里親支援の充実を図り、併せて、④里親組織の育成等に取り組むことにより、里親制度の一層の推進を図ることが、実施目的に定められた。

里親制度は、何らかの事情により家庭での養育が困難になった又は受けられなくなった子ども等に、温かい愛情と正しい理解を持った家庭環境の下での養育を提供する制度であり、わが国の社会的養護の重要な柱となっている。

◆臓器移植普及推進月間（十月一日〜三十一日）

平成九（一九九七）年十月、「臓器の移植に関する法律」が施行され、脳死での臓器提供による移植が可能となった。しかし、脳死と判定された人が臓器移植を行うには、家族の理解と本人が生前に書面による意思表示をしていることが条件となっていた。平成二十二（二〇一〇）年七月、臓器移植法が全面的に改正され、①本人の臓器提供の意思が不明の場合、家族の書面による承諾があれば提供が可能になり、②十五歳未満の小児からの提供も可能となった。

また、③親族への優先提供が認められた。なお、この改正で、国及び地方公共団体は、移植医療に関する啓発及び知識の普及に必要な施策を講ずるものとする規定が設けられている。

◆骨髄バンク推進月間（十月一日〜三十一日）

平成四（一九九二）年から厚生省（現・厚生労働省）・都道府県・指定都市・骨髄移植推進財団主催で実施されている。骨髄移植は、白血病や重症再生不良性貧血等の難治性血液疾患に対する有効な治療法である。この移植を必要とする患者は毎年二千人以上といわれるが、移植を成功させるためには、患者と骨髄提供者（ドナー）との白血球の型（HLA型）が一致する必要がある。しかし、HLA型が一致する確率は兄弟姉妹間でも四人に一人、非血縁者では数百万人から数万人に一人といわれている。このため、一人でも多くの健康なドナー（十八歳から五十四歳まで）の登録を呼びかけている。

◆魚食普及月間（十月一日〜三十一日）※

昭和六十（一九八五）年から国民の健康の増進と水産業の振興の観点から、水産庁が設定した。

平成十五（二〇〇三）年四月に開催された「都道府県農林水産主務部長政策提案会」で、水産庁は、昭和六十年から「魚食普及月間」を設定してその周知などの支援を行っているが、今後とも、より効果的な魚食普及の組織的運動の促進に努めていくとしている。

平成十八（二〇〇六）年度の水産白書は、「特集我が国の魚食文化を守るために」で、急速に進む「魚離れ」について、食用魚介類の消費量が、平成十三（二〇〇一）年度以降急激な減少がつづいており、この要因として、魚料理が子どもに敬遠されていることや調理が面倒なことなどを原因として若い世代を中心に「魚離れ」が急速に進行していることなどが挙げられている。

なお、危機感を抱いた水産庁では、平成二十四（二〇一二）年八月、「魚の国のしあわせ」プロジェクトを設置して魚の消費拡大にのりだしている。

◆都市緑化月間（十月一日〜三十一日）※

都市における潤いある緑豊かな生活環境を確保し、豊かさとゆとりを実感できる国民生活を実現するためには、広く国民の理解と協力を得て、都市における緑の保全・創出や、都市公園、街路樹の整備等を推進し、住民参加による緑豊かな美しいまちづくりを展開することが必要であり、昭和五十（一九七五）年から実施されている。

なお、平成十七（二〇〇五）年四月二十八日閣議決定された「京都議定書目標達成計画」においても、温室効果ガス吸収源対策、国民に最も身近な地球温暖化対策としての普及啓発、ヒートアイランド対策を通じた都市の省CO_2化として、都市緑化等の推進の必要性が位置づけられている。

◆3R（リデュース・リユース・リサイクル）推進月間（十月一日〜三十一日）※

平成三（一九九一）年十月二十五日の「再生資源利用促進法」施行を契機に毎年十月が「リサイクル推進月間」と定められたが、平成十四（二〇〇二）年六月、「リデュース・リユース・リサイクル推進月間」（略称、「3R推進月間」）に改め、循環型経済システムの構築のための広範な普及啓発活動を実施することとなった。

わが国が、環境制約・資源制約を克服し、持続的な経済発展をしていくためには、リサイクル（使用済み製品の再資源化）だけでなく、リデュース（廃棄物の発生を抑制する取組み）、及びリユース（繰り返し利用する取組み）が求められる。その基本的な考えを示した法律が「循環型社会形成推進基本法」であり、その具体的な取組みを示した法律が平成十三（二〇〇一）年四月から施行された「資源有効利用促進法」（「再生資源利用促進法」の改題）である。名称変更にはこうしたことを踏まえ、消費者、事業者、行政が適切な役割を果たしていくことが期待されている。

なお、3Rとは、Reduce《物を大切に使おう・ごみを減らそう》、Reuse《繰り返し使おう》、Recycle《再び資源として利用しよう》の運動標語である。

◆国際協力の日（十月六日）

昭和二十九（一九五四）年十月六日にわが国がコロンボ・プランに加盟し、戦後初めて開発途上国への経済協力に取り組むこととなったことを記念して外務省と国際協力事業団が記念日として制定した。加盟を契機として、日本は戦後マーシャル・プラン等による被援助国から援助国へ転換した。

この日には、毎年ＯＤＡ（政府開発援助）やＮＧＯ（非政府組織）といった国際協力に対する国民の理解と関心を深めるために「国際協力フェスティバル」のほか、さまざまな関連行事が展開される。

◆体育の日（十月第二月曜日）※

体育の日は、昭和三十六（一九六一）年制定のスポーツ振興法で、十月第一土曜日が「スポーツの日」とされたことに始まり、昭和三十九（一九六四）年、東京オリンピック開催を記念し「十月十日」となった。昭和四十一（一九六六）年からは、国民の祝日に制定された。また、平成十二（二〇〇〇）年からは、「ハッピーマンデー制度」の適用により、十月第二月曜日に変更されている。

その後、スポーツをめぐる状況は大きく変化し、スポーツがもたらす価値や社会的な役割の重要性が高まりスポーツ立国の実現をめざして、平成二十三（二〇一一）年六月に、スポーツ振興法が半世紀ぶりに全部改正された。

法題を「スポーツ基本法」と改題したこの法律は、

基本理念を「スポーツは、これを通じて幸福で豊かな生活を営むことが人々の権利である」とし、また、地方公共団体には、この基本理念に則り、自主的かつ主体的に、その地域の特性に応じた施策を策定し実施する責務が新設されている。

◆古紙リサイクル週間（十月第二週）

古紙余剰が問題になった平成九（一九九七）年、通産省（現・経済産業省）が策定（九月十二日）した「古紙リサイクル促進のための行動計画（アクションプラン）」で、リサイクル推進（平成十四（二〇〇二）年から3R推進）月間である十月の第二週が「古紙リサイクル週間」と定められた。

紙は昔からリサイクルと深くかかわって発展してきた。特に、日本では平安時代から紙を再生利用してきた歴史と文化があるといわれるが、リサイクル循環型社会を実現していくためには、もう一度、消費者一人ひとりが紙の価値を見直し、理解を深めることが大切である。この期間を契機に、広く分別の徹底や古紙利用製品の購入促進を図るなど、紙リサイクルへの理解と協力を深めるための積極的な広報活動が展開される。

◆目の愛護デー（十月十日）

目の衛生に対する関心を深め、眼疾患の予防意識の向上を図ることを目的に設定された。十月十日の「1010」を横に倒すと眉と目に見えることから、昭和六（一九三一）年、当時の内務省・文部省の後援で中央盲人福祉協会がこの日を失明予防運動の象徴日として毎年主催した「視力保存デー」が始まりである。その後、昭和十三年から十九年までは九月十八日を「目の記念日」としたが戦争による中断を経て、昭和二十二年（一九四七）に再び十月十日を「目の愛護デー」と定めて復活、昭和二十五（一九五〇）年から中央盲人福祉協会が日本衛生協会と改名すると共に厚生省（現・厚生労働省）との共催となった。

なお、近年、高齢者の白内障・緑内障、パソコンなどＯＡ機器の長時間使用による眼精疲労、学生・生徒の近視の発生も多くなったことから、眼疾患の予防や早期発見・早期治療がますます大切になっている。

◆全国地域安全運動（十月十一日〜二十日）※

各都道府県警察が、地域住民の防犯意識向上を目的に、それぞれ独自に実施してきた防犯運動をさらに前進させて全国一斉に同一目標を掲げて取り組むこととし、昭和五十二（一九七七）年から防犯協会が主催団体となって「全国防犯運動」が開始された。その後、平成七（一九九五）年ボランティア活動に対する意識の高まり等を踏まえ、また、運動の対象を犯罪だけに限定せず、事故および災害にまで拡大発展させるべく、名称が「全国地域安全運動」と改められた。期間中は、全国防犯協会連合会、都道府県防犯協会、都道府県暴力追放運動推進センター、警察庁および都道府県警察が主催となり、毎年メインスローガンの下に各地域の取組み重点を定めて、安全で安心して暮らせる地域社会の実現を図るための運動が進められている。なお、第一回の統一テーマは「浸入盗及び自転車盗の防止」であった。

◆四〇歳からの健康週間（十月第二月曜日から一週間）

高齢化社会に伴い、健やかな老後を確保するための健康対策が重要な課題となっており、昭和五十九（一九八四）年から厚生省（現・厚生労働省）が主唱して始められた。この週間では、壮年期からの日常的な健康管理の重要性について理解を求めると共に、老人保健法（昭和五十七年法律第八十号）等による保健事業（健康づくりと生活習慣病の予防）および制度内容の周知徹底と積極的参加への呼びかけを行い、保健対策の一層の推進を図っている。

なお、「老人保健法」は、平成十八（二〇〇六）年の「健康保険法等の一部を改正する法律」により、法題改正を含む大幅な改正が行われ、平成二十(二〇〇八)年四月一日から「高齢者の医療の確保に関する法」となっている。

◆統計の日(十月十八日)※

統計は、国民経済や国民生活に欠くことのできない基礎資料であり、行政施策の「羅針盤」としての役割をもっている。昭和四十八(一九七三)年、統計の重要性を広く国民に認識してもらい、統計調査への協力を求めることを目的に制定された。十月十八日は、わが国で初めての統計「府県物産表」(「山川海陸物産」のすべてを漏らさず報告作成)に関する太政官布告が公布された旧暦明治三(一八七〇)年九月二十四日を太陽暦に換算した日である。

なお、統計調査は人類が社会を構成したときから存在しているといわれるが、記録にある最古のものはバビロニアで行われた人口調査。日本書紀によればわが国では崇神天皇(第十代)の時代に人口統計が行われ、全国的な戸籍調査は大化の改新後の大化二(六四六)年といわれている。ちなみに第一回国勢調査は大正九(一九二〇)年に行われたが、この時の人口は五、五九六万人であった。

その他恒例行事等

○都市景観の日(四日) ○PTA結成の日(十四日) ○国際反戦デー(二十一日) ○民間航空記念日(二十五日) ○ハロウィン(三十一日) ○ガスの記念日(三十一日)

十一月＝霜月（しもつき）

◆計量記念日（十一月一日／計量強調月間＝十一月一日〜三十日）※

平成五（一九九三）年十一月一日に計量法の全部改正法が施行されたことを記念し、従来の六月七日を改め、通産省（現・経済産業省）が定めた記念日。制定の趣旨は、計量制度は、貨幣制度と並び経済・社会の最も基本的な制度であり、国民生活のあらゆる分野の基盤的制度であること、そしてこのような国民生活に密接に関わりを持つ制度については、計量思想の普及・啓発活動によって、社会全体の計量意識の向上を図っていくことが重要であるとしている。

なお、計量記念日の機縁は遠く大正十（一九二一）年に遡り、メートル法を採用した改正度量衡法公布を記念して制定された「度量衡記念日」（四月十一日）が発端である。その後、昭和二十六（一九五一）年に「計量法」に切り替わったことに伴い「計量記念日」と改められ、日付も公布日である「六月七日」とされた。

（参照、四月／メートル法記念日）

◆子ども・若者育成支援強調月間（十一月一日〜三十日）※

子ども・若者をめぐる環境が悪化し深刻な状況にあることを踏まえて、平成二十一（二〇〇九）年、「子ども・若者育成支援推進法」が制定され、翌年七月、「子ども・若者ビジョン」が決定された。昭和五十三（一九七八）年から、毎年十一月を強調月間と定めて進められてきた「青少年育成施策大綱」による諸活動は、乳幼児期からポスト青年期まで対象を広げ、五年を目途に見直される「子供・若者育成支援推進大綱」へ統合された。

平成二十六（二〇一四）年から行われた「子ども・若者ビジョン」の総点検により、困難を有する子ども・若者の多くは、その生育環境で直面した「貧困、児童虐待、いじめ、不登校、ニート等の問題が相互に影響し合うなど、様々な問題を複合的に抱え、非常に複雑で多様な状況となっている」こと等が指摘され、平成二十八（二〇一六）年二月から、子ども・若者ビジョンに代わる新たな「子供・若者育成支援推進大綱」が定められている。

◆文化財保護強調週間（十一月一日〜七日）※

昭和二十四（一九四九）年一月二十六日に法隆寺金堂《こんどう》の内陣が全焼した。飛鳥様式を伝える世界最古の木造建築である法隆寺金堂が復元され、昭和二十九（一九五四）年十一月三日に復元修理完成の落慶式が行われた。これを記念し、その前後一週間が教育・文化週間（昭和三十四（一九五九）年九月四日閣議了解）の一環として文化財保護強調週間と定められた。期間中は、貴重な国民的財産である文化財に関する理解を深め、国民一人ひとりが文化を国民共有の貴重な財産として愛護するよう機運醸成を図る各種の行事が実施される。

（参照、一月／文化財防火デー）

◆技能の日（十一月十日／職業能力開発促進月間＝十一月一日〜三十日）※

昭和四十五（一九七〇）年、アジア初の技能国際大会（第十九回技能五輪国際大会）がわが国で開催されたのを記念し、労働省（現・厚生労働省）が、開会式が行われた十一月十日を「技能の日」と定めた。また、これと併せて、十一月が「技能尊重月間」（昭和六十（一九八五）年から「職業能力開発促進月間」と改称）と定められた。

平成十八（二〇〇六）年十月厚生労働省は、「我が国経済社会のサービス経済化及び知識社会化等に伴い多様な人材育成の必要性が高まるとともに、人口減少という局面を迎え、一人一人の能力を高めることによって生産性を向上させていくことが不可欠となっている。しかしながら、職業キャリアの形成をめぐっては、若年失業者、フリーター及びニート状態にある者の趨勢的な増加、企業における職業能力開発の対象者の重点化とそれに伴う職業能力開発の機会が減少する労働者の増加、労働者が自発的に職業能力の開発及び向上に取り組む上での時間面・情報面における制約の強まり等様々な問題が深刻化している。同時の、我が国経済を支えてきた「現場力」の低下が問題となっている。

こうした中で、我が国の活力の維持・向上のためには、働く人すべてがその能力を高め、一人一人がこれを十分に発揮できる社会を実現することが重要である。…」と推進月間の趣旨を発表している。なお、平成十九(二〇〇七)年十一月を中心にわが国において、史上初めて「二〇〇七年ユニバーサル技能五輪国際大会」として「技能五輪国際大会」と「国際アビリンピック」が同時開催された。

◆伝統的工芸品月間(十一月一日～三十日)

全国各地の風土や生活の中で育まれてきた伝統的工芸品は、特色ある地域経済の発展と地域文化を担う役割を果たしてきたが、需要の低迷や後継者不足などさまざまな問題を抱えている。そのため、昭和五十九(一九八四)年からこの月間を設けて、伝統的工芸品に対する国民の理解を深め、国民生活に一層浸透していくことを目的に全国各地で普及啓発事業が実施されている。

◆文化の日(十一月三日)※

「自由と平和を愛し、文化をすすめる」日として昭和二十三(一九四八)年に制定された国民の祝日。十一月三日としたのは「かつての明治節に当たるがもちろん明治節に因んで設けられたものではなく、新憲法公布に起因する。すなわちこの日は戦争の放棄という世界に前例のない宣言をした日に当たるわけで、武器を棄てる心はとりも直さず平和を希う心であり文化を愛する心にほかならない。」と法案提案趣旨で所以《ゆえん》が説明されている。なお、この日は東日本では晴天になる確率が統計上高く「晴れの特異《とくい》日」として有名。

（参照、五月／憲法記念日）

◆津波防災の日（十一月五日）※

平成二十三（二〇一一）年三月十一日に発生した東日本大震災の教訓から、津波対策に万全を期すため、同年六月、「津波対策の推進に関する法律」が制定され、国民が広く津波対策への理解と関心を深めるように、毎年十一月五日を津波防災の日とし、国及び地方公共団体はその趣旨にふさわしい行事を実施するよう努めることとされた。

また、旧暦の十一月五日は、安政元（一八五四）年十一月五日発生の安政南海地震の日で、紀伊国広村（現・和歌山県有田郡広川町）を大津波が襲ったとき、庄屋の濱口梧陵が、稲わらに火を放ち、暗闇の中で逃げ遅れていた人々を高台に避難させ命を救った逸話をもとにした戦前の国語教材（『稲むらの火』中井常蔵）に因んだものである。

なお、平成二十七（二〇一五）年十二月、国連総会は、この日を「世界津波の日」として国連の共通記念日に採択している。

◆一一九番の日（十一月九日）

国民と消防との意思疎通・相互交流を図る場を設け、地域ぐるみの防災体制確立を目指すため、電話ダイヤルナンバーに因んで昭和六十二（一九八七）年旧自治省消防庁により設定された。

消防庁では、正しい一一九番通報が、迅速・的確な消防・救急活動につながるとして、①火災・救急の別、②場所、③火災・事故の状況、④通報者の氏名・連絡先の通報の四点を呼びかけている。

◆税を考える週間（十一月十一日〜十七日）

昭和四十九（一九七四）年に「税を知る週間」として出発したが、税務行政を取り巻く環境も著しく変化しており、税の意義、役割や税務行政の現状を分かりやすく説明し、税についてより深く理解してもらうことが必要となっている。このため、単に税を「知る」だけでなく、より能動的に税の仕組みや目的などを考え、国の基本となる税の理解を深めてもらうことを明確にするために、平成十六（二〇〇四）年から名称が変更された。期間中は、毎年テーマを定めて税情報を提供するとともに、各種の広報・広聴活動が行われる。

◆女性に対する暴力をなくす運動（十一月十二日〜二十五日）

平成十三（二〇〇一）年四月十三日「配偶者からの暴力の防止及び被害者の保護に関する法律（DV防止法）」が公布（十月十三日施行）された。同年六月五日に、十一月十二日から女性に対する暴力撤廃国際日である二十五日までの二週間を運動期間とすることが、男女共同参画推進本部で決定された。

その趣旨は、「夫・パートナーからの暴力、性犯罪、売買春、セクシュアル・ハラスメント、ストーカー行為等女性に対する暴力は、女性の人権を著しく侵害するものであり、男女共同参画社会を形成していく上で克服すべき重要な課題である。本来、暴力は、その対象の性別や加害者、被害者の間柄を問わず、決して許されるものではないが、暴力の現状や男女の置かれている我が国の社会構造の実態を直視するとき、特に女性に対する暴力について早急に対応する必要がある。この運動を一つの機会ととらえ、地方公共団体、女性団体その他の関係団体との連携、協力の下、社会の意識啓発など、女性に対する暴力の問題に関する取組を一層強化することとする。また、女性に対する暴力の根底には、女性の人権の軽視があることから、女性の人権の尊重のための意識啓発や教育の充実を図ることとする。」とされている。

◆家族の日（十一月第三日曜日／家族の週間＝家族の日を挟んだ前後各一週間）

平成二（一九九〇）年に、厚生省（当時）が発表した平成元（一九八九）年の人口動態統計で、合計特殊出生率（一人の女性が生涯に産む子どもの数）が一・五七と史上最低記録となり「一・五七ショック」といわれた。

以来、政府は、「エンゼルプラン」、「新エンゼルプラン」に基づき対策を推進してきたが、流れを変えることはできず、平成十七（二〇〇五）年には、初めて出生数が死亡数を下回り、合計特殊出生率は一・二六と、いずれも過去最低を記録した。

事態を深刻に受け止めた政府は、平成十八（二〇〇六）年六月、少子化社会対策基本法に基づく「新しい少子化対策について」を定め、「家族の日」や「家族の週間」を制定し、子育てを支える家族と地域の大切さが国民一人ひとりに再認識されるよう、平成十九（二〇〇七）年度から国民運動を推進することになった。

◆世界子どもの日（十一月二十日）

昭和二十九（一九五四）年十一月二十日国連総会で制定された国際デー。子どもたちの世界的な友愛と相互理解を促し、子どもたちの福祉を増進させることを目指している。昭和三十四（一九五九）年のこの日に「児童権利宣言」が第十四回国連総会で、また平成元（一九八九）年のこの日には「児童権利条約」が第四十四回国連総会でそれぞれ採択されている。

なお、わが国では、平成二（一九九〇）年九月に条約署名、平成六（一九九四）年四月に批准、五月二十二日に発効した。

◆勤労感謝の日（十一月二十三日）※

「勤労をたっとび、生産を祝い、国民たがいに感謝しあう」ことを目的に昭和二十三（一九四八）年制定された国民の休日。法案提案趣旨では、「旧憲法による新嘗祭《にいなめさい》の日に当たるがむろんそれを採ったものではない。宮中の大祭としての新嘗祭はもはや国民の祝日ではなくなった。しかし新穀感謝という意味が全然なくなったのではなく、農作物の収穫にも感謝しそれを作る農民にも感謝する。また農民は農具や家を造ってくれた大工や工人達に感謝しなければならない立場にある。つまり国民が生活を続けられているのはお互いに働き、お互いに助け合っているからである。勤労感謝の日というのは国民のすべてがすべての生産とすべての働きに感謝し合うということである。こうした麗しい心は今のような荒んだ時代はもとよりのことで世の中が落ち着いた時にもお互いに持っているべきである。このように昔から伝わった収穫感謝の風習を生かしつつ広く深い意味を込めて新しく設けられたもの」と説明されている。

その他恒例行事等

○ユネスコ憲章記念日（四日）○七五三の日（十五日）○税関記念日（二十八日）

十二月＝師走（しわす）

◆世界エイズデー（十二月一日）

昭和六十三（一九八八）年ＷＨＯ（世界保健機関）が、世界規模でのエイズ蔓延防止および患者・感染者に対する差別と偏見の解消を目的としてこの日を「World AIDS Day」と定め、加盟各国に対しエイズに対する知識の普及を呼びかけている。わが国では、昭和六十二（一九八七）年二月二十四日に「エイズ問題総合対策大綱」を定め、平成四（一九九二）年十月二十日には厚生省（現・厚生労働省）に「エイズストップ作戦本部」を設置し、「エイズ対策に関する提言＝エイズについての緊急アピール＝」を具申している。なお、エイズの治療法は確立されていないが、正しい知識を持つことにより予防することが可能な疾患である。このため、エイズ対策における教育の役割はますます重要となっており、国や地方公共団体、企業のみならず国民一人ひとりの取組みが不可欠である。

◆雪崩防災週間（十二月一日～七日）

わが国は世界でも有数の雪の多い国で、国土の半分以上が豪雪地帯に指定されている。建設省（現・国土交通省）と都道府県は、雪崩《なだれ》から人命を守るため、雪崩防止施設によるハード対策を実施しているが、雪崩災害をなくすためには、国民の雪崩に関する知識の啓発と雪崩対策事業への理解を図り、被害の防止軽減に努めるソフト対策が大切である。そのため、平成元（一九八九）年度よりこの期間を定め、各地で雪崩災害防止について幅広い広報活動が展開されている。

◆大気汚染防止推進月間（十二月一日～三十一日）

自動車の排出ガス、職場や家庭の暖房の影響、さらに冬季特有の逆転層で大気汚染物質濃度が高くなり大気汚染が悪化する時期に、大気環境保全意識の高揚を図るため、環境庁（現・環境省）・公害健康被害補償予防協会（平成十六（二〇〇四）年四月一日から環境事業団が行う地球環境基金業務等を統合して独立行政法人「環境再生保全機構」として発足）が、昭和六十三（一九八八）年から実施している。期間中は、身近な生活を見直し、アイドリング・ストップを行う、自動車の利用を控え自転車を利用する、暖房の使用を控えめにする等の実践を呼びかけるさまざまなキャンペーンが集中的に展開される。

◆地球温暖化防止月間（十二月一日～三十一日）

平成九（一九九七）年十二月に開催された地球温暖化防止京都会議（COP3）で採択された京都議定書を受け、政府が平成十（一九九八）年六月に決定した「地球温暖化対策推進大綱」に基づき、国民各層の温暖化防止への取組みを促すために創設された。

地球温暖化をもたらす二酸化炭素（CO_2）は、家庭や事業所などでエネルギーを消費することによって生じている。特にこの時期は、暖房機器の使用や自動車の交通量の増加など、CO_2の排出量が多くなる時期である。期間中は、エネルギーのむだ使いをなくして地球温暖化を防止するため普及啓発や各種行事が集中的に実施される。

◆障害者週間（十二月三日～九日）※

平成十六（二〇〇四）年六月の「障害者基本法」改正により、従来の「障害者の日」に代わるものとして設定された。その後、平成二十三（二〇一一）年八月の改正で、障害者があらゆる分野の活動に「参加する意欲を高めるため」から「参加することを促進するため」など設置目的の条文が一部改められている。期間については、「国際障害者デー」である十二月三日からわが国の「障害者の日」である十二月九日までの一週間であり、平成七（一九九五）年六月二十七日に総理府障害者施策推進本部が「障害者週間」とすることを決定していたが、平成十六年の改正により法律（第七条）に基づく「週間」に位置づけられた。

なお、「十二月三日」は、昭和五十七（一九八二）年に「障害者に関する世界行動計画」が国連総会で採択された日であり、これを記念して平成四（一九九二）年の第四七回国連総会において「国際障害者デー」とすることが宣言されている。一方、「十二月九日」は、昭和五十（一九七五）年に「障害者の権利宣言」が国連総会で満場一致採択された日であり、国際障害者年推進本部が、国際障害者年を記念して昭和五十六（一九八一）年十一月二十八日に「障害者の日」と定め、この日から一週間を「身体障害者福祉週間」とすることを決定した。その後、平成五（一九九三）年十一月「心身障害者対策基本法」が「障害者基本法」に改められた際に、十二月九日を「障害者の日」とすることが法律に規定されていた。

◆人権デー（十二月十日／人権週間＝十二月四日～十日）※

昭和二十三（一九四八）年十二月十日の第三回国連総会において「世界人権宣言」が採択された。このことを記念して昭和二十五（一九五〇）年の第五回国連総会で「人権デー」が定められ、世界中で記念行事を行うことが決議された。わが国では、世界人権宣言が採択された翌年の昭和二十四（一九四九）年から、採択日である十二月十日を最終日とする一週間を「人権週間」と定めている。

この週間を中心に、法務省と全国人権擁護委員連合会は、広く国民に人権尊重思想の普及高揚を図ることを目的とし、講演会の開催や街頭啓発などの活動を全国的に展開している。

◆天皇誕生日（十二月二十三日）

天皇の誕生日を祝う国民の祝日。法案提案趣旨では「新憲法によって人間としての天皇は日本国の象徴であり日本国民統合の象徴となり国民は憧れを持ちまた今までにない親しみを感じている。衣冠束帯の「天長節」が普段着の「天皇誕生日」になったのであるから我々もそのような気分で天皇の誕生日を祝う」と説明されている。

その他恒例行事等

○国際ボランティアデー（五日）　○すす払いの日（十三日）　○南極の日（十四日）　○電話の日（十六日）　○国連加盟承認の日（十八日）　○労働組合法制定記念日（二十二日）　○官公庁御用納め（二十八日）　○取引所大納会（三十日）　○除夜の鐘（三十一日）

季節的行事等

《春》

◆新年会（一月五日～正月中）※

年が改まって行われる新年会の縁起は古く、奈良時代、元旦に紫宸殿で百官に酒を賜う「元旦の節会《せちえ》」が始まりで、後に豊明殿での一月五日新年宴会となったが、足利時代の末に廃絶し、明治三（一八七〇）年に「新年宴会」として再興されて、帝国憲法下で終戦まで続いた公式行事である。民間でも次第にこれにならって、新年会、新春懇談会、新春名刺交換会などと称して新年祝賀の宴会を開くようになったといわれる。

◆お花見（三月末〜四月）※

桜の花を眺めながら飲食し楽しむ風習で、古くは春の耕作開始前の特定の日（三月三日か四日）に行われた神祭であったが、後に行楽化したといわれる。一方では「源氏物語」の「花宴」にあるように貴族の行事が起源だともいわれている。歴史上では、朝鮮出兵の最中に行われた太閤秀吉の「醍醐の花見」が有名である。

◆卒業式／入学式（三月／四月）※

卒業式とは、学ぶべき課程（カリキュラム）をすべて修了したことを認定し、そのお祝いをする式典であり、入学式とは、学校に入学することを許可し、そのお祝いをする式典のことである。わが国の小学校、中学校、高等学校等では、始業式、終業式、修了式、朝会などと並んだ学校行事で、儀式的行事に分類される学習活動となっている。

学習指導要領では特別活動を、儀式的行事、学芸的行事、健康安全・体育的行事、旅行（遠足）・集団宿泊的行事、勤労生産・奉仕的行事に分類している。儀式的行事は、「学校生活に有意義な変化や折り目を付け、厳粛で清新な気分を味わい、新しい生活の展開への動機付けとなるような活動」と定義されている。

《　夏　》

◆花火大会（七月末〜八月初旬）※

享保十八（一七三三）年八代将軍吉宗が、大飢饉とコレラによる死者をなだめ、悪霊退散祈願を行い、大川端で花火を打ち上げた（両国川開き納涼花火）のが始まりで、以来年中行事となったといわれる。その後、何度か中断を繰り返したが、町人文化に支えられた花火人気は衰えることなく、日本の花火は世界一華麗で美しいといわれる年中行事として今日に至っている。

◆夏祭り（七月下旬〜八月下旬）※

高温多湿の日が続く時期に、病気や災いを祓う夏の祭礼が起源で、各神社や地方ごとにさまざまな祭りがあるが、宗教的な意味は薄れている。特に八月の盆（盂蘭盆会《うらぼんえ》）を挟んだ夏祭りは、帰省の時期と重なって盛大に行われ、観光資源にもなっている。町内の盆おどりに始まって、青森の「ねぶた祭り」、秋田の「竿燈まつり」、山形の「花笠まつり」、群馬の「沼田まつり」、山梨の「吉田の火祭り」、岐阜の「郡上おどり」、大阪の「三大夏祭り」、京都の「祇園祭」、兵庫の「だんじり祭り」、鳥取の「しゃんしゃん祭り」、徳島の「阿波おどり」、高知の「よさこい祭り」、福岡の「祇園山笠」など、日本各地で大小さまざまな祭りが行われ地元だけでなく観光客でにぎわっている。

《 秋 》

◆運動会／スポーツ大会（九月〜十月）※

明治七（一八七四）年、海軍兵学校で、イギリス人教師ストレンジの指導で行った競闘遊戯会が始まりという。その後、初代文部大臣森有禮《ありのり》により集団訓練を薦める目的で学校行事となった。

学校行事としての運動会、体育祭、球技大会などは、学習指導要領で、健康安全・体育的行事とされており、心身の健全な発達や健康の保持増進などについての理解を深め、安全な行動や規律ある集団行動の体得、運動に親しむ態度の育成、責任感や連帯感の涵養、体力の向上などに資するような行事とされている。

明治以降、学校を中心に職場や地域などでも盛んに行われ、地域社会の統合に寄与し、大きな役割を果たしたといわれるが、近年では、企業経営方針の変化や地域社会の崩壊などで、廃止や縮小するところもあるといわれる。

◆農業祭（九月〜十月）※

農作物の収穫を祝う祭祀（収穫祭）が起源で宗教的な祭式も少なくないが、村や地域の祭りとして祝うものが多い。農業協同組合等が主催するケースでは、収穫への感謝よりも、観光色を出したり、生産物の宣伝・販売が中心になったりと地域振興や商業的な色合いが強くなっている。

◆戴帽式（概ね九月〜十月）※

看護学校において学生が一定の看護基礎課程を履修し、臨床実習へ入る前に、一つの区切りとして行われる儀式である。式は、ナースキャップを戴き、ナイチンゲール像から灯火をキャンドルに移し、ナイチンゲール誓詞《せいし》を復唱して看護への志を再確認するのが一般的である。「われはここに集いたる人々の前に厳かに神に誓わん。わが生涯を清く過ごし、わが任務《つとめ》を忠実に尽くさんことを。われはすべて毒あるもの、害あるものを絶ち、悪しき薬を用いることなく、また知りつつこれを勧めざるべし。われはわが力の限り、わが任務《つとめ》の標準《しるし》を高くせんこと努むべし。わが任務《つとめ》にあたりて、取り扱いえる人々の私事のすべて、わが知りえたる一家の内事のすべて、われは人にもらさざるべし。われは心より医師を助け、わが手に託されたる人々の幸《しあわせ》のために身を捧げん。」というナイチンゲール誓詞は、アメリカ・デトロイト市のファランド看護学校の先生たちが医師における「ヒポクラテスの誓い」にならって、明治二十六（一八九三）年に作成したもので、ナイチンゲール（当時七十三歳）本人とは関係がない。なお、学校によっては、卒業行事として行うところやカリキュラムの関係で春に行うところもある。

《 冬 》

◆忘年会（十二月）※

組織や集団が一年の終わりに、「その年の苦労を忘れるために年末に催す宴会」（広辞苑）である。行事として慣習化したのは、明治時代に入ってからで、ボーナスをあてこんだ大都市のサラリーマンを中心にひろがり、戦後に大衆化の道を歩んだといわれる。

なお、園田英弘教授によると、忘年会の最も古い記録は室町時代の伏見宮貞成《ふしみのみやさだふさ》の「看聞日記《かんもんにっき》」で、「連歌の納会」の様子を記した永享二（一四三〇）年十二月二十一日の記述（「歳忘《としわすれ》」）であり、ただし、そこでは「苦労を忘れる」という意味は含まれていないとのことである（『忘年会』文春新書）。

◆クリスマス（十二月二十五日）※

日本でクリスマスが受け入れられるようになったのは、明治三十三（一九〇〇）年に明治屋が横浜から銀座に進出し、クリスマス商戦が始まったのが契機であるといわれる。教会暦では、二十四日日没からがクリスマスとされるが、宗教とは関係なく日本では二十五日の年中行事として定着しており、早いところでは十一月上旬から商店や街路などに、クリスマスツリーや豆電球が飾り付けられ、クリスマスソングが流れる。

なお、日本初のクリスマスは、フランシスコ・ザビエルが、天文二十一（一五五二）年に周防（現・山口県）で信徒を集めて行ったミサだといわれる。日本人主催の最初のクリスマス会は、明治七（一八七四）年に原胤昭《たねあき》（元南町奉行所与力）、田村直臣《なおおみ》、鈴木舎定、戸田欽堂らによって築地大学校（明治学院の前身）で行われた東京第一長老教会のクリスマス会といわれる。また、十二月七日は、明治十九（一八八六）年、横浜で外国人船員のために日本初のクリスマスツリーが飾られた日といわれている。

《月　月間　週間》

◆「はたちの献血」キャンペーン（一月一日〜二月二十八日）

昭和五十（一九七五）年一月一日から三月十日まで、日本赤十字社の協力要請に応え、日本民間放送連盟が主催となって、全国民放ラジオ五十三社（当時）の放送網を駆使して展開されたのが始まりである。このラジオキャンペーンは、「これから成人として社会への第一歩を踏み出そうとしている若者たちに、血液を通じての人間同士の連帯意識と、社会への奉仕の精神の必要性を強く意識してもらうと同時に、その自覚の上にたって若い血を社会のために献じてもらう」ことを目的として毎年実施された。昭和六十二（一九八七）年からは、厚生省（現・厚生労働省）・都道府県・日本赤十字社の共催事業となった。

少子高齢化時代に入り献血人口が減少する一方で、血液需要は増加傾向にあることに対処し、将来にわたって献血者を安定的に確保するため、また、血液が不足しがちになる冬季における献血者の確保を図るために、特に成分献血・四〇〇ミリリットル献血への理解と協力をもとめ、全国各地でさまざまな運動が行われる。

◆不正大麻・けし撲滅運動（五月一日〜六月三十日）

不正栽培及び自生大麻やけしを撲滅するため、大麻やけしの発見、除去および大麻やけしに関する正しい知識の普及のための広報啓発を主な内容とする活動を、厚生省（現・厚生労働省）と都道府県が関係機関の協賛を得て昭和三十五（一九六〇）年から実施している。

◆情報通信月間（五月十五日〜六月十五日）

電気通信サービス分野に市場競争原理が導入された昭和六十（一九八五）年に、電波の日である六月一日から十五日までを「テレコム旬間」として実施したのが始まり。平成六（一九九四）年から拡充を図り現名称となった。期間中は、豊かな生活を実現する情報通信の役割と重要性を広く国民にアピールするため、全国各地でさまざまな行事が開催される。

（参照、六月／電波の日）

◆禁煙週間（五月三十一日〜六月六日）※

厚生労働省が、平成四（一九九二）年より、世界禁煙デーから六月六日の一週間を禁煙週間と定め、毎年スローガンを定めて記念シンポジウムの開催などさまざまなキャンペーンを実施している。

たばこの煙には約二〇〇種類の有害化学物質が含まれ、四〇種類以上は発ガン物質だといわれる。また、受動喫煙の危険性やニコチンの依存性など健康に与える影響が問題となっている。この週間中は、喫煙が健康に及ぼす影響について考える機会となっている。

（参照、五月／世界禁煙デー）

◆「ダメ。ゼッタイ。」普及運動（六月二十日〜七月十九日）

麻薬等の薬物乱用問題は全世界的な広がりを見せ、人間の生命はもとより、あらゆる社会組織や国の安定を脅かすなど、人類が抱える最も深刻な社会問題の一つとなっている。このような地球的規模での薬物乱用問題は、世界の国々が一丸となって取り組むべきことであり、かつ、国民一人ひとりの認識を高める必要があることから、「国連麻薬乱用撲滅の十年」平成三（一九九一）〜平成十二（二〇〇〇）の支援事業の一環として、国連決議による「六・二六国際麻薬乱用撲滅デー」の周知とその設置趣旨を国民に普及し、併せて、内外における薬物乱用防止に資することを目的として、平成五（一九九三）年から始まった。

なお、国連は平成十（一九九八）年六月に国連麻薬特別総会を開催し、二十一世紀において、国際社会が一丸となって地球規模で拡大する薬物乱用問題の解決に取り組むための指針となる政治宣言および行動計画を採択した。なお、この政治宣言は平成二十（二〇〇八）年を目標年とするもので平成二十一（二〇〇九）年の国連麻薬委員会において、平成三十一（二〇一九）年までの達成を目標とする新しい「国連薬物乱用根絶宣言」が採択されている。

◆自然に親しむ運動（七月二十一日～八月二十日）※

環境庁（現・環境省）が主唱して昭和三十四（一九五九）年から始まった運動。学校の夏休みに合わせて、自然観察会やキャンピングなど自然に親しむための各種行事や美化清掃等の環境保全活動を通じ、自然環境の適正利用を推進するとともに、自然に対する理解を深め、自然を大切にする心を育むことを目的としている。運動期間中は、環境省、都道府県、市町村および自然公園財団（平成二十四（二〇一二）年三月までは、国立公園協会）が実施主体となり、関係省庁の後援の下に関係団体が協力して全国各地でさまざまな運動が展開されている。

◆防災週間（八月三十日～九月五日）

「防災週間」は昭和五十七（一九八二）年八月三十日から九月五日までの一週間、防災に関する諸行事が幅広く開催されたのが始まりで、翌五十八（一九八三）年に中央防災会議の決定により毎年この一週間を「防災週間」とすることが定められた。

わが国は、その位置、地形、地質、気候等の自然的条件から、地震、台風、豪雨、火山噴火等による災害が発生しやすい国土となっている。災害の未然防止と被害の軽減を図るには、①平素より災害に対する備えを充実強化するとともに、②災害時に迅速かつ適切な防災活動を展開することが重要である。そのため、国民の防災意識の高揚および防災知識の普及啓発、並びに防災関係機関、企業等民間団体、地域住民等を含めた防災体制の整備を一層強化していくことが喫緊の課題となっている。

（参照、九月／防災の日）

◆「福祉用具の日」推進月間（九月一日〜十月三十一日）

福祉用具が一般になじみが薄かった平成十三（二〇〇一）年、「必要な状態になったら誰もが何のためらいもなく福祉用具の利用を考え、使えるような環境を整える必要性」を痛感した「一般社団法人日本福祉用具供給協会」が、趣旨に賛同した関連団体と「福祉用具の日」創設連絡会を設立し、同年十一月七日、多くの人に福祉用具の存在やその役割を知ってもらい、ひいては高齢社会に欠かすことのできない生活用具として認知されていく機会とするため、「福祉用具法」の施行日である十月一日を「福祉用具の日」とし、平成十四（二〇〇二）年からこの日に併せて集中的に福祉用具の普及・啓発活動を行うことを定めた。

その後、連絡会は、平成十四（二〇〇二）年、「福祉用具の日」の事業内容について、基本計画を策定し、十月一日の前後二か月を推進月間とした。

◆麻薬・覚醒剤乱用防止運動（十月一日〜十一月三十日）

戦後の混乱期を境に急増した麻薬被害を憂慮して、昭和三十七（一九六二）年五月、衆議院が「麻薬対策強化に関する議決」を行ったことを契機として、翌三十八（一九六三）年から「麻薬・覚醒剤禍撲滅運動」として実施されており、平成十二（二〇〇〇）年からは運動名の「禍撲滅」が「乱用防止」と平易に改められた。

薬物の乱用は、単に乱用者の身体・生命に危害を及ぼすのみならず、青少年の健全な育成を阻み、家庭を崩壊させ、社会の秩序を乱す等計り知れない影響を及ぼす。運動期間中は、麻薬・覚醒剤・大麻・シンナー・違法ドラッグ等の乱用の恐ろしさや心身に及ぼす弊害を広く国民に普及啓発し、国民が一体となってこれに立ち向かう態勢を作り、もって薬物乱用による弊害の根絶を期することを目的として全国各地でさまざまな取組が行われている。なお、わが国における薬物乱用の現状は、薬事違反における検挙者の大多数が覚醒剤事犯によるものであり、大麻やＭＤＭＡ等合成麻薬事犯数も高水準にあるなど、未だ憂慮すべき状況にある。

◆共同募金運動（十月一日〜十二月三十一日）

昭和二十二（一九四七）年から「赤い羽根」（「第二回から赤い羽根が寄付協力者の証明として配られた。」の愛称で行われている運動。昭和二十六（一九五一）年「社会福祉事業法」が制定され、共同募金が法制化された。同法は平成十二（二〇〇〇）年に「社会福祉法」に改正され、現在の共同募金及び共同募金会に関する基本的な拠り所（同法第十章第三節）となっている。

わが国の共同募金運動は、混乱期である第二次大戦後の焼け跡の中で生まれ、まさに「貧者の一灯」で多くの浄財が寄せられて、戦災孤児や生活困窮者の援護に充てられるなど、民間社会福祉事業を支えた功績は高く評価されている。一方、社会・経済状況も変化し、社会福祉も、地域福祉の役割が増すとともに、民間非営利組織やボランティアの活動による「住民参加による相互扶助」「ネットワーク型の自立支援活動」が求められている。こうした中で、新しい「寄付の文化」創造が模索されている。

◆手足の不自由な子どもを育てる運動（十一月十日〜十二月十日）

昭和二十八（一九五三）年から、社会福祉法人「日本肢体不自由児協会」が主催し内閣府・厚生労働省・文部科学省・都道府県その他十六団体の後援で毎年実施されている。全国に手足の不自由な子どもたちは約八万人いるといわれている。「肢体不自由児愛護の日」（十一月十日）を初日として始まるこの運動期間中は、これらの子ども達に対する総合的療育事業の推進と療育思想の国民への普及を図るためのさまざまな事業の資金を募るため、児童生徒には「友情の絵はがき」、一般家庭には「愛の絵はがき」などを頒布する形で募金活動が行われている。また、各都道府県でも肢体不自由児のための各種愛護運動が展開される。

◆犯罪被害者週間（十一月二十五日〜十二月一日）

犯罪被害者等の権利利益の保護が図られる社会の実現に向けて、平成十七（二〇〇五）年四月「犯罪被害者等基本法」が施行された。

この法律は、政府に基本計画の策定を義務付け、国民には、犯罪被害者等の名誉又は生活の平穏を害することのないよう十分配慮するとともに、国及び地方公共団体が実施する施策に協力する責務を定めている。そして、同年十二月に策定された初の犯罪被害者等基本計画では、①損害回復・経済的支援等、②精神的・身体的被害の回復・防止、③刑事手続への関与拡充、④支援等のための体制整備、⑤国民の理解の増進と配慮・協力の確保の五つの重点課題が指摘されていた。

平成二十三（二〇一一）年三月策定の第２次基本計画においては、この重点課題を維持し、併せて、毎年十一月二十五日から十二月一日までの一週間を「犯罪被害者週間」に設定して、啓発事業を集中的に実施することが定められた。

なお、平成二十八（二〇一六）年四月に策定された第３次基本計画では、第１次及び第２次計画と同様の五つの重点課題が確認されている。

《春／秋　夏／冬》

◆北方領土返還運動全国強調月間（夏八月一日〜三十一日／冬二月一日〜二十八（二十九）日）

北方領土返還運動は、終戦の年の昭和二十（一九四五）年十二月一日に根室町長（安藤石典《いしすけ》）が連合国最高司令官マッカーサー元帥に北方領土を米軍の占領下に置くよう陳情したのが始まりである。終戦直後、元居住者をはじめ根室の人々によって起こされた運動は、やがて北海道全域から全国各地へ浸透し、幅広い国民運動となっている。

わが国固有の領土である歯舞《はぼまい》群島・色丹《しこたん》島・国後《くなしり》島および択捉《えとろふ》島の不法占拠、いわゆる北方領土問題を解決するためには、ロシアとの外交交渉を粘り強く継続していく必要がある。この対露交渉を支えるのは、国民の一致した世論と支持であり、同時に、返還を求める国民世論を、日露間の真の友好関係を求める国民の声として、正しくロシアに伝えることが必要である。北方領土返還運動全国強調月間は、毎年、旧ソ連の占領が開始された八月と北方領土の日の属する二月の二回実施されている。

（参照、二月／北方領土の日）

◆緑の募金（春二月一日〜五月三十一日／秋九月十五日〜十月三十一日）

昭和二十五（一九五〇）年に春の国土緑化推進運動の象徴として開始した「緑の羽根募金運動」が母体となって、平成七（一九九五）年五月「緑の募金による森林整備等の推進に関する法律」が成立し同年六月一日から施行された。緑の羽根運動は国民の自発的協力を基礎として多大な役割を果たしてきたが、国民意識の変化に伴い、緑とのふれあい、良好な生活環境の形成、生活用水の確保などに果たす森林の公益的機能に対する期待が高まっていること、また、国内はもとより、国境を越えた緑環境の整備にも協力し、森林の多様な機能を持続的に発揮させるような森林整備が必要となってきたことなどが法制定の背景にある。

◆全国火災予防運動（春季三月一日〜七日／秋季十一月九日〜十五日）

春季、この時期は空気が乾燥し、フェーン現象などで風の強い日が多く、火災が発生しやすい気候であり、火の取り扱いには特に注意が必要となる。この運動を契機に、ともすれば忘れがちな火災に対する警戒心を呼び起こし、国民各層・事業所関係者・消防機関一体となって火災予防の推進を図っている。秋季、この時期は暖房機やたき火などいろいろな所で火気を使う機会が多くなり、空気も乾燥するなど火災が発生しやすい季節であり、春季同様に火災予防を呼びかけている。

〈火の用心七つのポイント〉①寝たばこやたばこの投げ捨てをしない、②子どもにはマッチやライターで遊ばせない、③風の強いときはたき火をしない、④天ぷらを揚げるときはその場を離れない、⑤家のまわりに燃えやすい物を置かない、⑥風呂の空焚きをしない、⑦ストーブには燃えやすいものを近付けない。

なお、春季には、落葉や枯草が多く、また湿度が低く乾燥した春先に林野火災が集中して発生しているため、春季全国火災予防運動の一環として、毎年「全国山火事予防運動」が実施されている。また、車や電車などの交通車両、それらに関係する建物や設備などの火災予防意識の高揚と安全輸送を目的に、毎年「車両火災予防運動」が実施されている。

◆家出少年及び福祉犯被害少年の発見・保護活動の強化月間（春三月〜四月頃／秋八月〜九月頃）※

警察庁では、例年、学校の春休み、夏休み明けの時期に家出少年の発見保護活動を強化し、家出人の捜査発見および家出中における被害または非行化の防止を図っている。

月間中のこの時期は、家出が増える傾向がみられ、家出中の生活費を得るために窃盗、風俗営業店での稼働、また、特に近年では携帯電話「出会い系サイト」等により児童買春の被害に遭う等、少年の健全育成を阻害する悪質な福祉犯の被害者になるケースが多発している。このため、深夜はいかいしている少年や盛り場等の繁華街をはいかいしている少年、家出中の少年、または、それらの情報を耳にした場合は、最寄りの警察へ通報するよう、理解と協力を呼びかけている。

◆全国交通安全運動（春・原則四月六日～十五日／秋・原則九月二十一日～三十日）※

昭和二十三（一九四八）年十一月十五日の国家地方警察本部長官通達に基づき実施されていたが、自動車の普及に伴う交通事故の急増を受けて、昭和三十七（一九六二）年からは政府の重要施策として交通対策本部が中心となって実施している。

国民一人ひとりに交通安全知識を普及し交通安全思想の高揚を図るとともに、正しい交通ルールと交通マナーの実践を習慣づけることにより、交通事故防止の徹底を図るため行われる。最近は運転の重点目標として、①子どもと高齢者の交通事故防止に基本が置かれ、②自転車の安全利用の推進、③シートベルトとチャイルドシートの正しい着用の徹底などが挙げられており、また実施方法も地域住民が主体となる活動の推進など、国民みんなが自由に参加し交通安全を体験できるものが増えている。

秋も春の運動と同趣旨である。毎回、中央交通安全対策会議交通対策本部決定による運動の重点テーマを定めて実施されている。

◆省エネキャンペーン（夏六月一日～九月三十日／冬十一月一日～三月三十一日）

資源エネルギー庁・㈶省エネルギーセンターが中

心となり、夏冬年二回実施されている。地球温暖化防止と燃料資源の有効利用の点からも、深刻化する地球温暖化問題、増加傾向にあるエネルギー需要からも、今後、省エネルギー活動を一層強化することが必要とされている。

エネルギー消費が大きなピークを迎える夏の季節には冷房中の室温は二十八度を目途に過度にならないよう調整する等、主要都市での街頭キャンペーンのほか、ホームページなどで、オフィスの省エネ、家庭での省エネ、省エネライフなどを推進する。

冬の季節は、暖房の使用でエネルギー消費が増える。部屋は暖め過ぎず、衣類で調節して、室温二十度を目安に暖房温度を設定するなど、家庭や学校、職場における取組みをすすめ、日頃の生活を見直し、エネルギーを効率的に使う方法を考え、実践するよう呼びかけている。

◆省エネルギー総点検の日（夏八月一日／冬十二月一日）

夏期は冷房などのエネルギー需要期における省エネルギー対策として平成二（一九九〇）年に設定された。この日を中心とする前後一か月に重点的なキャンペーンを実施し、企業・地域・家庭・個人に幅広く努力を呼びかけている。

冬期は暖房の使用によってエネルギーの消費が増える時期。地球温暖化防止のためにも、ちょっとした衣類の工夫で、暖房の設定温度は二十度に抑えるなど、家庭や学校、職場における省エネの取組みが一層必要である。この日は、日頃の生活を見直し、エネルギーを効率的に使う方法を考え、かしこいスマートライフの実践を呼びかけている。

第2部

年中行事　祝辞・挨拶例文

1 仕事始め　挨拶

新年明けましておめでとうございます。

皆様には、健康で、希望に満ちた初春を迎えられましたことをお喜び申し上げます。

昨年中は、皆様のご支援により、後顧の憂いなく公務に精励《せいれい》することができましたことを、心からお礼申し上げます。

今日、国の内外ともに大きな変革の時期に遭遇しておりますが、地方行政におきましても、地方分権型社会の到来を受けまして、自己決定・自己責任による自治体運営が求められるなど、未だかつて経験したことのない新たな環境に日々直面し、まさに、行政の真価が問われている時代といっても過言ではありません。

わが○○市（町・村）におきましても、若年層の流出から高齢化と過疎化が続き、市（町・村）勢の発展を図る上で大きな隘路《あいろ》となっておりますが、これを打開するためには、若人《わこうど》にも十分魅力のある、活力溢《あふ》れた地域社会を実現することが、何よりも肝要であると思います。

○○市（町・村）の行政を担う皆様は、今年こそ、まちの活性化のために、それぞれの部署において創意工夫を凝《こ》らすとともに、常に、○○市（町・村）職員としての自覚と誇りを持って住民のニーズを先取りし、先導的役割を果たしていくという心意気で、市（町・村）政発展の期待に応えていただきたいと存じます。

新年を契機に、相《あい》ともに心を新たにして、住民の皆さんが○○市（町・村）を誇りとし、○○市（町・村）に住む喜びをかみしめることのできるような〝魅力あるまちづくり〟の実現を目指して、一層精励されることを切望しまして、新年のご挨拶と致します。

2 消防記念会新年の伺候挨拶

皆様、明けましておめでとうございます。

私は、先ほど、○○で行われました○○市（町・村）消防本部の出初め式にお招きを受け、消防団関係の皆様の頼もしいお姿を拝見しましたが、その洗練された消防技術は、近代化された機動力と相まって渾然《こんぜん》一体となり、一旦緩急《いったんかんきゅう》の際の備えが、まさに万全であることを目《ま》の当たりにし、誠に心強く感じた次第であります。

さて、引き続きこの場におきまして、○○消防記念会の皆様の木遣《きやり》歌、梯子《はしご》乗りの妙技をご披露《ひろう》いただくにあたり、○○市（町・村）議会を代表して一言ご挨拶を申し上げます。

皆様には、それぞれ生業《なりわい》を営まれるかたわら、平素から、献身的に消防業務に携《たずさ》わっていただいており感謝に堪えません。この場をお借りして、改めて心からお礼を申し上げます。

江戸時代には、火消しの皆様が、木遣歌、梯子乗りなどの技と度胸を披露することにより、人びとに、まちを守る火消しの心意気と、実力のほどを誇示されたと伺っております。

時代は、江戸から明治・大正・昭和を経て、平成へと変遷しましたが、火消しの皆様の、深い郷土愛と強い責任感に支えられた「まちに住む人々の生命と財産を身を挺《てい》しても守る」という、崇高な精神は変わりなく引き継がれていると存じます。

○○消防記念会の皆様には、くれぐれも健康にご留意の上、今後とも、本市（町・村）を「安心して住めるまち」とするため、より一層ご尽力されますとともに、無形文化財に指定されている木遣歌、梯子乗りの伝統を末長く守り伝えていただきますことをお願い致しまして、新年のご挨拶に代えさせていただきます。

3 消防出初め式　祝辞

○○市（町・村）消防（消防署・消防団）の皆様、明けましておめでとうございます。

輝かしい平成○○年の新春を飾る『○○市（町・村）消防（消防署・消防団）出初め式』にあたり、一言お祝いの言葉を述べさせていただきます。

ただいまは、市（町・村）民の皆様とともに、日頃の訓練の成果を十分拝見させていただき、誠に頼もしく、心強い限りでございます。

○○市（町・村）消防（消防署・消防団）は、近年、施設・装備の近代化を進め、その整備と活躍ぶりは近隣市町村の模範となっております。

これには、もちろん市（町・村）当局の消防重視の施策に負うところが少なくありませんが、何と申しましても、身を挺《てい》して任務を全うし、住民の生命・身体・財産を守ろうとする消防精神に支えられた、皆様の弛《たゆ》まぬ努力があってこその評価でありまして、ここに、改めて心から敬意と感謝の意を表するものであります。

ここ数年来、○○市（町・村）は大きな災害もなく過ごしておりますが、火災・風水害・地震など住民生活を脅かす災害に対しては、寸刻の油断も許されません。

さらに、過疎化・高齢化に対応するため、平成○年に設けられました女性消防団の役割は、住民に対する火の用心、災害時の緊急避難についてのＰＲなど、災害の予防の観点からもますます重要となっております。

皆様方には、今後とも、災害から住民の生命財産を守るとともに、災害に強い○○市（町・村）をつくるために、一層のご精進《しょうじん》を切にお願い致しまして、伝統ある○○市（町・村）消防（消防署・消防団）出初め式のお祝いの言葉と致します。

4 消防団出初め式　挨拶

新春の心も新たに、本日〇〇町消防団および関係者のご参集の下に、恒例の『消防団出初め式』が行われるにあたり、一言ご挨拶を申し上げます。

本日お集まりの皆様が、平素、それぞれの生業《なりわい》を営まれるかたわら、深い郷土愛と強い責任感により献身的に消防業務に携《たずさ》わっておられますことに心から感謝申し上げます。

私どもが、安心して日常の生活を営めますのも、ひとえに皆様の不断のご尽力の賜物でございます。

住民のための本格的な消防組織は、享保三年、一七一八年に、江戸南町奉行大岡忠相《ただすけ》によって編成され、〝いろは四十七組〟で有名な町火消しが初めと言われております。そして、消防出初め式は、町民に防火思想をアピールするために、日頃の訓練の成果を披露《ひろう》し、消防の典型的な型である「梯子乗《はしご》り」などを演じてみせたという、長い歴史的伝統を有する大切な行事であります。先ほどの皆様の演技はこれにふさわしく見事の一語に尽き、誠に頼もしく心強い限りであります。

近代消防となった今日では、科学消防の発達等による常備消防機関の充実は著しいものがあります。しかし、消防署だけでは、火災の絶滅、災害の完全防除を期することはできません。

わが〇〇町においては山間部や狭い町並みも少なくないことから、近代消防に呼応した住民自らの手による初期消火や災害予防等、きめ細かな防災体制の整備は欠くことができないものであり、〇〇町消防団の任務はますます重要になっております。

最近は〝災害は忘れずにやってくる〟と申しますが、〇〇町消防団の皆様が自主防災活動の中核として、いよいよ精進されますことをお願い申し上げ、ご挨拶と致します。

5 消防出初め式　挨拶

新春を迎え瑞気《ずいき》漲《みなぎ》る今日のよき日に『○○市（町・村）消防出初め式』が挙行されるにあたり、ご挨拶を申し上げる機会をいただきましたことは、私のこの上ない喜びとするところであります。

本日ここに、心も新たに、寒風ものともせず、堂々と展開されました晴れの出初め式は、伝統を誇る○○市（町・村）消防陣の面目《めんぼく》を遺憾なく発揮されたものでありまして、その精練された消防技術が、高度な機械力と相まって、一旦緩急《いったんかんきゅう》の備えまさに万全であることを、改めて市（町・村）民に印象づけましたことは誠に心強く、ご同慶に堪えないところであります。

また消防団の皆様が、多忙な生業《なりわい》のかたわら、崇高な消防精神と強い責任感により、日夜献身的な活動を続けておられますことは、利害を超越した愛郷精神にほかならないものでありまして、心から敬意と感謝の意を表する次第でございます。

近年、市街地の過密化・スプロール化に加え、道路整備を上回る交通量の激増から、全国各地において火災に際し、従来の経験からは想像もできないほどの尊い人命と巨額の財産を失っておりますことは誠に遺憾であります。幸い本市（町・村）においては、最近さしたる大火もなく、市民生活は安定を維持しておりますが、さらに、一層の消防施策の充実強化とともに、一般市民の火災予防に対する意識の徹底が、何よりも肝要であると存じます。

消防関係各位におかれましては、不屈の消防精神の下、常に磐石《ばんじゃく》の防災体制を堅持され、不測の災禍《さいか》に対し、常にその威力を遺憾なく発揮されますようお願い申し上げます。

終わりに、ご参会の皆様のご健勝と一層のご活躍をお祈り申し上げ、ご挨拶と致します。

6 消防出初め式・特別点検・消防機関表彰式　挨拶

新年明けましておめでとうございます。

皆様におかれましては、平成〇〇年の新春をお健《すこ》やかにお迎えのことと存じます。

本日、恒例の『出初め式・特別点検及び消防機関表彰式』がご関係の皆様多数ご参会の下に開催されましたことを心からお喜び申し上げ、一言ご挨拶を申し上げます。

早朝より、〇〇、〇〇の二会場で実施されました一斉放水や消防装置の点検、消防演技などを具《つぶさ》に拝見し、本市（町・村）の防火・防災に対する備えが万全であることを再確認し、誠に心強く感じた次第であります。

また、ただいま、市（町・村）長表彰などの表彰をお受けになられました皆様、受賞誠におめでとうございます。

皆様は、永年にわたり本市（町・村）の防火・防災に尽力され、その活躍が認められて本日の栄誉に輝かれたのでございますが、これを機会に、今後とも、本市（町・村）消防行政の推進のために、一層のご支援・ご協力をお願い致します。

さて、本市（町・村）の消防体制は、皆様のご協力により年々充実し、瞬時の災害にも迅速に対応できる体制を整えております。

私ども市（町・村）議会も、市（町・村）民の生命・財産の安全、生活安定のために、今後とも市（町・村）当局と力を合わせ、市（町・村）民総ぐるみの防火体制づくりに努力を傾注してまいる所存でありますので、皆様におかれましても格段のご支援・ご協力を賜わりますようお願い申し上げます。

終わりに臨み、ご参会の皆様のますますのご健勝・ご多幸を心からご祈念申し上げまして、私のご挨拶と致します。

7 成人式　祝辞（その一）

皆様、成人式おめでとうございます。成人の日を迎えられ、さぞかし明るい希望に胸をふくらませておられることと、心からお喜びを申し上げます。

お集まりの皆様は、平成○○年四月一日から翌年の三月三十一日までにお生まれになった方々ですが、月日の経つのは早いもので、立派に成長され、本日ここに、成人の日を迎えられた姿を見て、ご両親もさぞお喜びのことでしょう。

ご承知の通り、成人の日は、「大人になったことを自覚し、みずから生き抜こうとする青年を祝いはげます」という趣旨から、戦後間もなく始められたものでございます。

太平洋戦争が終わる以前は、わが国には徴兵制度があり、満二十歳になりますと、男子は強制的に徴兵検査を受けさせられ、これを境に大人の仲間入りをしたという歴史があります。つまり、徴兵検査を経て、初めて一人前の大人として認められたというわけであります。これは男子だけの話ですが、しかし、いずれにしても、今日、徴兵制度を必要としないほど平和な環境の中で、二十歳を迎えられた皆様は本当に幸せであると言わなければなりません。

それと同時に、「今日のこの日」は、国家の成員として貴重な権利と義務を与えられた成人として、国家・社会に対して自分をどう位置づけ、どのような役割を果たしていかなければならないかを真剣に考え、自覚を深める大切な日でもあると思います。

皆様には、今後とも研鑽《けんさん》を積み、変動する社会をしっかりと見つめ、激動する時流にも流されることのない自己を確立し、立派な社会人として成長されますよう念願して、祝辞と致します。

8 成人式　祝辞（その二）

皆様、成人式おめでとうございます。一言ご祝辞を申し上げます。

本日の「成人の日」は、日本がまだ敗戦後の混乱と虚脱感が大きかった昭和二十三（一九四八）年に「国民の祝日に関する法律」で定められた休日です。その法律の第一条には、自由と平和を求めてやまない日本国民は、美しい風習を育てつつ、よりよき社会、より豊かな生活を築くために、「国民の祝日」を定めるとあります。

今では、すっかり満二十歳のお祝いとして定着していますが、原点に立ち返りますと「おとなになったことを自覚し、みずから生き抜こうとする青年を祝いはげます」この成人の日は、多くの先輩たちを励ましながら、戦後の廃墟の中から今日の平和で豊かな日本を築き上げてきたのだといえます。その恩恵に浴している私たちが、さらによりよき社会を次の世代へ引き継ぐためにも、さまざまな変化が予想されるこれからの日本や世界を支えていくのは、紛れもなく、今日、成人式を迎えられた皆様方に他なりません。

これからの政治、経済、社会を、その中堅となって引っ張っていかなければならない皆様には、本日からは、社会へ、世界へ、大きく視野を広げるよう一層心がけるとともに、この成人式を、一つの節目としていただき、自覚した立派な社会人として、精神的に大きく飛躍していただきたいと存じます。

皆様が、次の世代を担う若人として、その重要な責任を自覚するとともに、誇りを持ってそれぞれの人生をしっかり歩んでいかれますことを心から念願して、お祝いの言葉と致します。

9 成人式 祝辞（その三）

皆様、成人式おめでとうございます。○○市（町・村）の次の世代を担われる皆様が、心身ともに健やかに成長され、成人となられたことを心からお祝い申し上げます。

皆様方は、この日を期して、適用除外のある多くの法律から解き放たれ、法律的にも貴重な権利と義務を持つ、独立した社会人としてスタートすると同時に、一人前の大人として、社会に対して責任ある行動を期待される、厳粛なる第一歩を踏み出されたのであります。

今日、こうして成人式に臨まれた皆様の輝かしい門出にあたり、私が、今の若い人達に期待することを申し上げてみたいと存じます。

それは、常日頃、社会の中で何か自分が役に立つことはないかなと考えられる、社会的自覚を持った人間になって欲しいということです。

そのためには、第一に、偏見のない人になって下さい。ボランティアなどを通じて、多彩な体験をして、社会にはいろいろな人がいることをぜひ知って下さい。特に社会的弱者への理解を深め、本当の意味の〝心の豊かさ〟を持って欲しいのです。

第二は、地球サイズでものが考えられる青年になって下さい。

そして第三には、すべての面でバランスのとれた人間になっていただきたいと思うのであります。

二十歳前後というと、体力も気力も全開できる時期です。若い時は失敗を恐れず、何事にもチャレンジし、いろいろな社会体験をして下さい。

その機会は今しかないということを自覚して、何事にも積極的に行動し、情操を豊かにして、なおかつ、骨太の日本人になられることを期待して、お祝いの言葉と致します。

10 成人式 祝辞（その四）

本日、成人式を迎えられました皆様、おめでとうございます。

○○市（町・村）の次の世代を担う皆様が、心身ともに健やかに成長され、成人となられましたことを心からお祝い申し上げます。

皆様が、これまで、学校や社会で学ばれましたことは、樹木にたとえれば幹の部分です。大きな枝を張り、立派な葉が茂るのはこれからです。台風に出会い、枝が折れ、葉が吹き飛ばされる時もありましょう。どうして人生はこんなに苦しいことが多いのかと、意気消沈する時も少なくないと思います。しかし、必ずそれと同じくらい、太陽と慈雨に恵まれる時があるものです。これからの人生、常に希望を持って歩《あゆ》んでいただきたいと思います。

物事は「先手必勝」と申します。先に先にと準備することによって、うまくいくことが多いのです。「段取り九分《きゅうぶ》」とはそのことを言うのです。また「苦難福門」とも言います。苦しみを乗り越えた先には、幸福が待っているということです。嫌なことがあったら、それから逃げるのではなく歓迎する、つまり〝難が有り〟と書いて「有り難《がた》い」と読むのと同じです。苦しみこそ楽しみの原点であると考えて、これから出くわすであろういろいろな問題に対して、後ろを向かないで前向きに、一つひとつ解決していって下さい。

また、先輩や友人を大切にし、人生のよきパートナーとしてコミュニケーションを十分に図り、ともに健康で幸福な人生を歩むよう心掛けて下さい。

皆様が、この二十一世紀を担う若人《わこうど》として、責任と誇りを持って、明るく健全な明日の社会を築く原動力となられますよう心から期待しまして、お祝いの言葉と致します。

11 成人式 挨拶

成人式おめでとうございます。皆様が心身ともに健やかに成長され、成人となられたことを心からお喜び申し上げます。

わが国には、それぞれの目的や趣旨によって「大人」であることを適用基準とする法律が多数ありますが、満二十歳を迎え、皆様は大人の仲間入りをし、法律的にも、独立した個人として、国家・社会に対して責任のある行動を期待されるわけであります。

とは申しましても、今日の政治・経済・社会の諸情勢を見るとき、政治の一翼を担う私として、皆様に「ようこそ新成人の諸君、皆様は今日から大人の仲間入りです」と、胸を張って言うには、内心忸怩《じくじ》たる（恥ずかしい）思いがございます。

皆様が、周りの大人達を見回した時、国会をはじめとする政界の汚濁や不祥事など、私利・私欲に走ったり、責任回避に狂奔《きょうほん》する大人達がとかく目につき、これらの仲間入りをする成人になったことに、心から、誇りや喜びを見出せないかもしれないと思うからであります。

しかし、だからこそ社会は、明るい未来を築くために、今日、成人式を迎えられた皆様達若人《わこうど》の、清純な思想と行動力に大きな期待を寄せるのではないでしょうか。

厳しい現実の社会において、若い人達にとって最も大切なことは、よき社会人としての基本的な教養を身につけるとともに、時流《じりゅう》に流されることなく、現代を生きる人間としての主体性を確立することであると思います。

皆様が、次の世代を担う若人として、明日の社会を明るく健全なものとする原動力となられるよう心から期待して、ご挨拶と致します。

12 成人の日の集い 挨拶

成人の日を迎えられた皆様、おめでとうございます。一人前の権利・義務を持つ社会人としてスタートする日を迎え、感慨一入《ひとしお》深いことと思います。

成人を祝うしきたり、つまり、成人式は、子どもから大人への移り変わりを社会的に公認するための儀式として、世界中どこでも、それぞれの民族や社会によって行われております。

わが国でも、昔は、男子には「元服《げんぷく》」により、成人したことを祝うしきたりがありましたし、また女子にも、「初笄《ういこうがい》」、「髪上《かみあ》げ」、「鉄漿《かね》つけ」など、成人式に相当するものがあって、これが済めば大人の着物を着ることが許されていたものであります。

これらは、男女ともに十五、六歳で行われたようですが、当時は、平均寿命が、現在の半分くらいであったことや、社会の仕組みも、今のように複雑でなかったことから、この程度の年齢でも、どうやら大人の仲間入りができたのでしょう。

その後、明治時代になって、国民皆兵《かいへい》政策のもとに徴兵制が敷かれ、男子は満二十歳になると強制的に徴兵検査が行われたことから、戦争が終わるまで、長い間、徴兵検査が、大人の仲間入りをする儀式のようなものとなっていたのであります。

このようなことを思うと、皆様は、恵まれた時代に、恵まれた成人式を迎えているのでありまして、この幸せを、改めてかみしめていただきたいと思うのでございます。

成人式の意義は、皆様先刻ご承知のことと思いますし、また処世訓《しょせいくん》など本日の集いに相応《ふさわ》しい言葉は、すでに来賓の方々などから種々お話がありましたので、改めて私からは申しませんが、これを契機に、誰からも敬愛される社会人として、立派に自立・成長されるよう念願しまして、ご挨拶と致します。

13 どんど焼き　祝辞

皆様、明けましておめでとうございます。

○○市（町・村）の名物になっております『○○町どんど焼き』も、今回で、第○○回を数えるに至りましたが、今年も、このように大勢参加され、賑々《にぎにぎ》しく行われますことは、誠に喜ばしいことでありまして、心からお祝い申し上げます。

会場のお子さん達も、寒いのに、みんな元気そうですね。どんど焼きで焼いた餅を食べると、今年一年、病気にかからないと申しますから、餅を食べたり、お汁粉や甘酒を飲んで体を暖め、昔からのお正月行事を楽しんでください。

今では無病息災《むびょうそくさい》を願うこの行事の歴史は古く、室町時代に遡《さかのぼ》り、「三毬杖《さぎちょう》」またはその囃子《はやし》声から「どんど焼き」とか「どんと焼き」などと言われるようになった日本の伝統行事でございます。

この地域でも、昔から、村の大事な行事として、この○○橋の袂《たもと》をどんど場に、毎年一月十四日の深夜から十五日の未明にかけて行われてきたと聞いております。

昔は、焚き火の中心になる柱には、山から伐《と》って来た大きな楢《なら》の木を据え、そこに、村中の門松や注《し》連飾《めかざ》りを結わえて焼き、この煙に乗ってお正月様に帰っていただいたと伝えられております。

このように、長い伝統に育《はぐく》まれた『○○町どんど焼き』です。この行事を通して、子ども達にふるさと意識が芽生え、さらに、地域の活性化につながれば、これほどめでたいことはないと存じます。

『○○町どんど焼き』行事が、これからも、末長く受け継がれますとともに、ご参会の皆様の無病息災と、ますますのご多幸・ご発展をお祈り申し上げまして、お祝いの言葉と致します。

14 学校給食研究大会 挨拶

『○○県学校給食研究大会』が開催されるにあたり、地元○○市（町・村）議会を代表して一言ご挨拶を申し上げます。

まずは、本日表彰を受けられる団体および功労者の方々の永年のご功績に対し、心から敬意を表しますとともに、今後とも、一層のご精進をお願い申し上げます。

今月、一月二十四日から三十日までの間は全国学校給食週間でもあり、本大会において、学校給食の諸問題について熱心なご研究が行われ、その向上を図られますことは誠に時宜《じぎ》を得たものと存じます。

ご承知の通り、わが国の公式の学校給食は、昭和七年に「学校給食実施の趣旨徹底方並びに学校給食臨時施設方法」という文部省訓令により、国庫補助による給食の促進が図られたのが最初でございますが、今日のような学校給食は、戦後、極度の食糧不足に見舞われた都市において欠食児童が激増したことから、昭和二十一年暮れに、ララ（ＬＡＲＡ）、つまりアジア救済公認団体などの物資援助を受けて行われたのが初めで、敗戦後の極めて厳しい食糧事情の中、子どもの健康増進と心身の健全な発育に、大きな役割を果たしました。

これが、昭和二十二年二月から全ての児童に拡充された後、同二十九年六月に「学校給食法」が制定され、今日に至っております。

申すまでもなく、学校給食は、次代を担う国民に対する深い教育的基盤の上におかれた制度であり、飽食の時代といわれる現在こそ、健全な心身の発育と正しい食生活を教育する最適の場であります。

かかる観点から各位の研究が、十分な成果を上げられますようお祈り申し上げまして、私のご挨拶と致します。

15 学校給食を考える集い
挨拶

『学校給食を考える集い』にお招きいただきありがとうございます。一言ご挨拶を申し上げます。

小・中学校児童・生徒の保護者の方々を中心に、全国学校給食週間の催しとして、毎年、この集いが開かれ、学校給食の内容はもとより、その意義や役割についてご検討されておられますことに対し、深く敬意を表するものであります。

ご承知の通り、戦後の深刻な食糧事情の中にあって、アメリカやユニセフなどから、小麦粉や脱脂粉乳の寄贈を受けて、本格的に始められた学校給食は、その後追い追い充実され、子ども達の体位向上に大きな役割を果たしております。

ところが、近年、食生活が豊かになるにつれて、偏った食事内容から来る栄養のアンバランスが強くなり、それに運動不足が重なって、肥満や高血圧症など、子どものうちから生活習慣病が心配される傾向が現れております。さらに、社会の変化もあって家庭環境が変わり、子どもが一人だけで食事をしたり、朝食抜きで登校する子どもも見受けられるそうですが、児童・生徒の心身への影響などを考えると、見過ごせない問題と思います。また、環境や情報過多が影響するのでしょうか、子ども達の間に、痩《や》せたい願望まではびこっているともいわれます。

私も、給食世代の子を持つ親の一人でございますので、他人事《ひとごと》ならず、日頃から気にしているところでございますが、このような状況を見ますと、成長期はもちろん、生涯を通じて健全な食生活を送るための栄養教育の場として、学校給食の役割が、今日ほど重要視される時は少ないと存じます。

本日の集いにおいて、改めて学校給食の意義や役割を認識され、その充実に大きな成果を上げられますことをご期待申し上げまして、ご挨拶と致します。

16 文化財保護を考える集い　挨拶

今日、一月二十六日の「文化財防火デー」に因《ちな》んで開かれました『文化財保護を考える集い』の開会にあたり、一言ご挨拶を申し上げます。

昭和二十四年のこの日、世界最古の木造建築である法隆寺の金堂《こんどう》から出火し、世界的至宝と言われた金堂外壁十二面に描かれた仏画の大半が焼失致しました。さらに、翌二十五年七月二日には、京都の金閣（鹿苑寺《ろくおんじ》）が放火によって焼失するなど、当時、貴重な文化財の火災が多発したのであります。

こうした相次ぐ不幸な出来事は、国民に強い衝撃を与え、昭和二十五年八月二十九日に「文化財保護法」が施行され、さらにこれを周知・徹底するため、昭和三十年から毎年一月二十六日が「文化財防火デー」に定められたのでございます。

お寺や神社などの建造物や仏像・絵画などの文化財、さらには古い民家などの歴史的な集落や町並みは、長い年月の間、私達の祖先によって守り伝えられてきた貴重な財産です。

平成二十八年二月現在、国から重要文化財に指定されている建造物は二千四百四十五件、そのうち国宝は二百二十三件に上っております。また、歴史的集落の町並みのような重要伝統的建造物群保存地区としては、九十市町村にわたり、百十地区が指定されております。

これらの文化財は、日本の歴史と文化を正しく理解するために、欠くことのできないものであり、これらを災害から守り、後世に引き継いでいくことは私達の責任であります。

ご参加の皆様には、本日の集いを通じて、文化財への関心を一層深められるとともに、その保護にご尽力いただくことを心からお願いして、ご挨拶と致します。

17 文化財防火訓練　挨拶

「文化財防火デー」の今日、○○寺において『文化財防火訓練』が行われるにあたり、一言ご挨拶を申し上げます。

今日、一月二十六日は、昭和二十四年、法隆寺の金堂《こんどう》から出火し、世界に誇る貴重な壁画の大半が焼失した日でございます。この不幸な出来事を教訓とし、貴重な文化財を、火災や震災などの災害から守るため、昭和三十年から、毎年一月二十六日が「文化財防火デー」に定められ、全国各地で、この趣旨に沿った諸行事が行われております。

本市（町・村）におきましても、毎年、重要文化財として指定されております本○○寺をはじめ、△△美術館など○か所で防火訓練を行っておりますが、本日、訓練に参加されております本○○寺関係者および各文化財の所有者・管理者、消防関係各位並びに支援団体をはじめとする関係市（町・村）民の皆様のご協力に心から感謝申し上げます。

平成二十八年二月現在、国から重要文化財に指定されている建造物は二千四百四十五件、美術工芸品は二十七年九月現在ですが、一万六百十二件に上ると言われておりますが、これらはほとんど木造であり、さらに、木造の建物が密集した地域にあるものが多く、常に、火災の危険にさらされていると言っても過言ではございません。

文化財は長い年月の間、私達の祖先によって守り伝えられてきた貴重な国民的財産であり、日本の歴史と文化を正しく理解するために欠くことのできないものでございます。これらを災害から守り、後世に引き継いでいくことは私達の責務であります。

ご参加の皆様には、本日の訓練を通じて、文化財への関心を一層深められるとともに、その保護にご尽力いただくことをお願いして、ご挨拶と致します。

18 文化財防火の集い　挨拶

『文化財防火の集い』開会にあたり、一言ご挨拶を申し上げます。

文化財は、わが国の歴史の中で生まれ、育《はぐく》まれてきた私達の共有の貴重な財産です。しかし、わが国の文化財は、ヨーロッパなどのように、石やブロンズなど燃えにくいものを基調としたものと異なり、木や紙、布など、燃えやすい素材で作られたものが多く、火災で失われるものが少なくありません。

木造の建造物、茅葺《かやぶ》きや桧皮葺《ひわだぶ》きの屋根、布や紙に書かれた美術品、木彫りの像などが多いのでやむを得ない面もありますが、毎年数件の文化財が消失している現状は何としても残念の極みであります。

もちろん、文化財の所有者や管理者はもとより、地域ぐるみで文化財の防火に努めているところが多く、国や地方団体も種々努力しておりますが、それにもかかわらず、文化財の焼失は後を断ちません。しかし、木と紙の文化の宿命だと諦《あきら》めることは、許されません。

申し上げるまでもなく、文化財は私達の共通の財産です。その価値や魅力を理解し、子々孫々に伝えるために大切に守っていかなければなりません。そこで、文化財の周辺地域の方々には、ご負担をお掛けすることとなりますが、何かにつけて注意していただくなど、貴重な文化財の防火と良好な環境の維持に、これまでに増してご理解とご協力を賜わりますよう、お願い致すものでございます。

日頃から、文化財に愛着を持ち、見守っていただいております皆様の一層のご健勝と、本日の集いが、文化財の保全に大きく貢献するよすがとなりますようお祈りしまして、ご挨拶と致します。

19 文化財保護研究会　挨拶

開催地○○市（町・村）の○○でございます。一言ご挨拶を申し上げます。

本日は、○○県文化財保護委員会のご協力を得て、△△広域市町村における『文化財保護研究会』を開催致しましたところ、各教育委員会関係者各位をはじめ、各議会の文教委員、消防その他関係者の皆様のご参加をいただき、厚くお礼申し上げます。

今日、一月二十六日は「文化財防火デー」でございます。これは、昭和二十四年の本日、法隆寺の金《こん》堂《どう》が火災に遭い、飛鳥《あすか》文化の神髄を伝えてきた、わが国屈指の貴重な壁画が一瞬にして消失した日でございます。千数百年にわたり受け継いできた、掛け替えのない国家的文化財を、私達の時代に失ってしまったのであります。

このような災厄を二度と繰り返さないよう、文化財の所有者・管理者・消防機関・ボランティアの皆様と一体になって、地域の文化財保護の意識を盛り立て、共有の貴重な財産を守るとともに、確実に、そして遺漏《いろう》なく、次の世代に引き継がなくてはなりません。本日は、これらの諸問題について、十分にご討議・ご研究をいただきたいと存じます。

ご多分に漏れず、文化財に対する国や地方公共団体の予算は、必ずしも十分とはいえません。しかし、予算が乏しいからと手をこまねいていては、文化財の保護は一歩も進みません。足りないところはお互いの知恵と努力によって、これを補うことが肝要かと思う次第でございます。

広域市町村圏の皆様が、力を合わせ、創意工夫と相互の連携によって、少なくとも、この△△広域市町村における、先祖から受け継いだ、貴重な文化財を守るための実りあるご研究を期待申し上げ、ご挨拶と致します。

20 節分祭　挨拶

本日は、お寒い中、本市（町・村）の誇る名刹《めいさつ》○○寺の『節分祭』に、本市（町・村）の住民の皆さんはじめ、近隣市町村の方々まで、かくも多数お集まりいただきありがとうございます。

私は、本○○市（町・村）議会議員の○○でございます。主催者のご指名でもございますので、一言ご挨拶を申し上げます。

節分とは、季節の変わり目という意味で、本来は、立春・立夏・立秋・立冬の前の日を指しますが、今では、節分といえば、今夜の、春の節分だけになっているようでございます。

昔の陰陽道《おんみょうどう》では、この夜は、季節の変わり目にあたることから、陰と陽とが対立して邪気を生じ、災いをもたらすと考えられておりました。このため、これを追い払うため、後醍醐天皇の南北朝の頃から朝廷の年中行事として追儺《ついな》、つまり鬼やらいが行われたといわれます。

その後、次第に神社やお寺でも行われるようになり、江戸時代になると、庶民の間でも、この夜、柊《ひいらぎ》の枝に鰯《いわし》の頭を刺したものを戸口に挟み、節分豆と称して、炒《い》った大豆を撒いて厄払いをしたそうでございます。

今では、ご承知のように、ちょっと欲が深くなって、「福は内、鬼は外」と唱えて豆を撒《ま》き、邪気を払うばかりでなく、福を呼んで春を迎える祭りになっております。

今夜は、年男として、本市（町・村）出身のプロゴルファー○○さんをお招きしており、これから盛大に豆撒きをしていただくことになっております。

皆さんもご一緒に、大きな声で「福は内、鬼は外」と唱和され、福をいっぱい取り込まれますよう念願しまして、ご挨拶と致します。

21 北方領土返還要求大会挨拶（その一）

『北方領土返還要求○○市（町・村）民大会』にあたり、一言ご挨拶を申し上げます。

皆様が、日頃から、北方領土返還運動につきまして、粘り強い運動を展開されておりますことに対し、この機会に、改めて深く敬意を表する次第であります。

北方領土返還の実現は、日本国民長年の悲願であり、また○○市（町・村）民の強い願いであります。○○市（町・村）議会と致しましても、その意を受けて、これまで○度にわたりその実現促進に関する意見書を議決するなど、努力を重ねてまいりました。

申すまでもなく、北方四島は、私達の祖先が、血のにじむような努力で開拓してきた島々で、歴史的にも、国際法の上からも、当然、わが国に帰属すべき固有の領土であり、このような観点から、わが国は、ソ連邦により不法に占拠されてから、一貫してその返還を求めてきたところであります。

その後、ソ連邦の解体により、領土問題を含む旧ソ連の機能と権限は、ロシア連邦に継承されましたが、同国の政治情勢の不安定もあって、返還交渉の成り行きは依然不透明のままであり、未だに返還実現の見通しさえ立たない現状にあることは、極めて遺憾《いかん》に堪えません。

わが国政府は、ロシア連邦に対し、人道的支援を行うことにより、友好関係を深めるとともに、四島の一括返還を目指して交渉を続けておりますが、この困難な交渉を支えるものは、全国民の一致した世論と強い熱意以外にありません。

この大会を機会に、今後とも○○市（町・村）民の声を結集し、北方領土返還に向けて、力強い活動を展開されますことをお願い申し上げて、私のご挨拶と致します。

22 北方領土返還要求大会挨拶（その二）

『北方領土返還要求○○市（町・村）民大会』にあたり、一言ご挨拶を申し上げます。

本日、二月七日は「北方領土の日」にあたりますが、この機会に、この日が、北方領土返還の根拠に関連してどのような意味を持つのか、改めて考えてみたいと存じます。

今から百五十数年前の一八五五年二月七日（旧暦では安政元年十二月二十一日）、伊豆下田で「日露通交条約」が調印されました。この条約で、両国の国境は、得撫島《うるっぷ》と択捉島《えとろふ》の間とされ、得撫島より北の千島（クリル）列島はロシア領、択捉島より南は日本領と定められました。二月七日は、この日に由来するのであります。

ちなみに、明治八年の樺太・千島交換条約で、わが国は樺太《からふと》を放棄する代わりに、ロシアから千島列島を譲り受けましたが、この条約には譲渡される千島列島として得撫島から占守島《しゅむしゅ》までの十八島が明記されています。このことは当時すでに北方四島が千島列島と明確に区別され、わが国固有の領土であったことを示すものであります。過去の交渉で、旧ソ連側は「千島列島には北方四島が含まれる」と主張していますが、北方四島がわが国固有の領土であることは、このように歴史的事実や国際法に照らしても正当な根拠を持っているのでございます。

わが国とロシアは、海上とはいえ、長い国境で隣り合っております。その隣り合った二国の自由な交流・友好の促進を妨げているのが〝北方四島問題〟であります。

○○市（町・村）民はじめ、全国民の声を結集して北方領土の早期返還を実現し、わが国とロシアの友好親善が促進されることを念願しまして、ご挨拶と致します。

23 建国記念の日の集い挨拶

○○市（町・村）主催の『建国記念の日の集い』開催にあたり、市（町・村）議会を代表して、一言ご挨拶を申し上げます。

ご承知のように「建国記念の日」は、昭和四十一年に「国民の祝日」とされたものであります。

戦前の建国記念日は「紀元節」と呼ばれ、やはり二月十一日でした。これは、初代の天皇である神武天皇が即位された、皇紀元年正月一日を太陽暦に換算した日にあたり、明治五年に、国家的祝日として定められたものでありました。

このため、終戦とともに占領軍によりいち早く廃止されましたが、自分の国の建国を祝うのは、ごく自然な国民感情であるとして、早くからその復活が提唱され、昭和三十三年には自由民主党議員により、その制定について議員提案が行われました。

その後、議員提案は六回に及びましたが、その都度、国家神道《しんとう》・軍国主義の復活に繋がるのではないかとする反対論もあって、日の目を見ることができなかったのであります。

しかし、昭和四十一年に至り、ようやく機が熟し、「建国をしのび、国を愛し、国の発展を期するという、国民がひとしく抱いている感情を尊重して」、政府提案により国会に提出され、実現したのであります。

諸外国でも、建国を祝う祭典は盛大に行われておりますが、国家が、国民の共同体であることから、これは当然のことであるといえましょう。

私も、ご参会の皆様とともに、本日、この日を盛大にお祝いし、「民族としての共同体意識と日本人としての自覚を持ちつつ、遠くわが国の成り立ちをしのび、先人の文化遺産を思い、国の発展を願う心を養う大きなようすが」とすることを念願しまして、ご挨拶と致します。

24 消防団員表彰式 祝辞

本日、消防記念日に『〇〇市消防団員表彰式』が挙行されるにあたり、市議会を代表して、一言お祝いの言葉を申し上げます。

近年、消防機構の整備が着々と進み、また火災の態様の複雑化、大規模化等に対応した機械化にもみるべきものがありますが、それにもかかわらず、国内各地に頻発する大小の火災により、尊い人命と巨額の財産を消失しておりますことは、誠に憂慮に堪えないところであります。

そうした中にあって、本市におきまして、火災の予防と被害の軽減に多大の成果を収めておりますことは、ひとえに、防火・防災に日夜精励《せいれい》されている、消防関係各位のご尽力の賜物にほかなりません。

ただいま、表彰の栄《えい》に浴されました消防団員および団体の皆様におかれましては、多忙な生業《なりわい》のかたわら、多年にわたり消防業務に従事され、火災予防の宣伝啓発はもとより、一朝《いっちょう》火災に際しては、身を挺《てい》して防火の第一線で奮闘され、輝かしい功績を残された方々でありまして、そのご功労に対し、深く敬意を表するとともに、その栄誉を心からお祝い申し上げるものであります。

また、長い間、家庭にありまして、ご主人を助け、苦労を共にされた奥様の内助の功並びにご家族の方々のご協力に対し、心から感謝の意を表する次第でございます。

皆様には、本日の栄《は》えある受賞を契機に、ますますご自愛の上、今後とも本市の消防行政の推進のために、一層のご尽力・ご協力を賜わりますようお願い申し上げます。

終わりに臨み、ご参会の皆様のご健勝・ご多幸と、消防界のますますのご発展をお祈りしまして、私の祝辞と致します。

25 消防褒賞伝達式　祝辞

本日は、大変意義ある式典にお招きいただき、ありがとうございます。県（市・町・村）議会を代表して、一言ご祝辞を申し上げます。

このように、県（市・町・村）内消防団の代表でもある皆様に親しくご挨拶できる機会を得ましたことは、誠に喜びに堪えないところであります。

本日、表彰を受けられました消防団並びに消防団員の皆様おめでとうございます。心からお祝い申し上げます。

本日のご栄誉は、生業《なりわい》のかたわら、日夜、地域住民の生命・財産の安全確保のため、火災予防の宣伝・啓発はもとより、いったん火災が発生すれば、身を挺《てい》して、消火の第一線で奮闘されてきた積年のご尽力が、ここに実を結んだものであると存じ深く敬意を表するものであります。

また、幾歳月をご主人と苦労を共にされ支えてこられた奥様やご家族の皆様方のご支援・ご協力に、心から感謝申し上げる次第であります。

申すまでもなく、県（市・町・村）民生活の安全を守ることは、私ども、県（市・町・村）政を預かる者に課せられた重要な使命でありますが、その達成のためには、皆様方、消防団員のご協力が絶対の条件であります。

私は、議会の一員として、県（市・町・村）民生活の安全と平穏の確保のため、消防行政の強化拡充に、今後とも、全力を挙げて努力してまいる所存でございます。

皆様方におかれましては、くれぐれも健康にご留意の上、一層のご活躍をいただき、県（市・町・村）民の信頼に応えられますよう切にお願い申し上げまして、私のお祝いの言葉と致します。

26 よい子と消防の集い挨拶

『第○○回よい子と消防の集い』が開催されるにあたり、○○市（町・村）議会を代表して、一言ご挨拶を申し上げます。

ご参会の皆様には、日頃から、本市（町・村）の消防業務にご理解を賜わるとともに、地域や家庭における防火・防災体制づくりに、積極的にご参加・ご協力いただきまして誠にありがとうございます。心から感謝申し上げる次第であります。

本日の催しは、子どもを通して、家庭における防災意識の高揚を図り、市民総ぐるみの防火・防災体制づくりに役立てるため開かれたものであります。

毎年、春の全国火災予防運動（三月一日～七日）の一環として、消防記念日（三月七日）に行われる恒例の年中行事として、市民に大変親しまれておりますとともに、本市（町・村）が他の市町村に誇る行事の一つでもあります。

お子さんたちが喜び、興味を持つ各種イベントや、大人の皆さんが体験できる初期消火訓練、応急手当て、地震体験等のコーナーも設けております。お子さんともども、これらに参加されて、消防・防災に対する正しい知識を身につけられ、今後の家庭における防火・防災づくりに役立てていただければ幸いと存じます。

災害はいつ発生するか分かりません。これに対する対応は普段の心掛けと、咄嗟《とっさ》の場合のノウハウが何よりも肝要でございます。

消火、救急、人命救助といった消防活動では、消防車などが現場に到着するまでの初期・応急の処置が結果を大きく左右するともいわれます。

本日の行事が所期の目的を十二分に達成されますとともに、ご参会の皆様のますますのご健勝を祈念申し上げまして、ご挨拶と致します。

27 春分の日　挨拶

皆さん、今日は『春分の日』です。

太陽が、朝、地平線を出て、夕方、地平線に沈むまでの時間がほぼ同じになる日で、〝暑さ寒さも彼岸《ひがん》まで〟と言われるように、今日を境に水は温《ぬる》み、木の芽は膨《ふく》らみ、地の虫も這《は》い出すなど、自然のありとあらゆるものが生き生きと盛り上がることから、若々しい生命の力を称《たた》える日として設けられたものでございます。このようなことから、『春分の日』から五月五日の「こどもの日」までを〝みどりのシーズン〟として、植樹を進めるいろいろな行事が行われます。またこの日は、仏教では「彼岸の中日《ちゅうにち》」で、祖先の霊を慰める日でもございます。

仏教では天地の恩、父母の恩、君《きみ》の恩、衆生《しゅじょう》の恩を、四恩《しおん》といって崇《あが》めますが、この四恩の中でも、天地の恩、つまり自然の恩恵は最も貴いものとされております。人類をはじめ、この世の生物は、すべて天地を母胎《ぼたい》として産まれ、天地によって養われているからであり、このため、自然を称《たた》え、自然を愛護することは、一番大切なこととされております。

今日、自然の保護で最も重要視されておりますのは緑の保全であります。緑、つまり森林は大地を保全するのみならず、大気を綺麗《きれい》にし、水資源を涵養《かんよう》し、地球上の生きとし生けるものにとって掛け替えのない豊かな空間を提供しているからであります。

かつて、諸外国からみどりの国、みどりの島と褒《ほ》め称《たた》えられたわが国も、最近は各種乱開発で折角の自然保護運動・緑化運動が頓挫《とんざ》を来しているところも少なくありません。

この日に始まる〝みどりのシーズン〟は、仏教には直接関係はございませんが、生物を慈《いつく》しむ精神を汲んで、一本でも、二本でも多く植樹し、緑豊かな地域づくりを心掛けようではありませんか。

28 春分の日の集い　挨拶

本日は、○○主催の『春分の日の集い』にお招きをいただきありがとうございます。

「春分の日」は、夜の長かった冬に別れを告げ、これからは、日を追って昼が長くなり、万物が、生々《せいせい》発展し始めるという日でございまして、「自然を称《たた》え、生物を慈《いつく》しむ日」と聞いております。聞くだけで心が温まり、気力が充実してくる感じが致します。

昔は「春季皇霊祭《こうれいさい》」として、宮中の皇霊殿で、天皇陛下が歴代天皇の皇霊《みたま》を祭る行事が行われる国の祭日でした。もちろん戦後に国民の祝日として設けられた「春分の日」はこれとは関係ありません。

それよりも、今日はお彼岸の中日にあたります。このほうが、昔の「春季皇霊祭」と繋がりがあるように思われますが、私達、ごく一般の家庭では、お墓参りをして、祖先の供養をする彼岸会《ひがんえ》、彼岸参りの日でございます。

私も、こちらに参ります前に、お墓参りを済ませてきたところですが、考えてみれば、ご先祖様を追憶する機会に、常々、生死流転《るてん》に迷う此岸《しがん》で、煩悩《ぼんのう》に明け暮れている私どもが、その煩悩の流れを超えた、悟りの境地である彼岸《ひがん》を、心静かに思う日であるともいえましょう。

もともと、農業国であったわが国では、この日は農事始めの神祭《おまつり》をする時期で、仏教に縁のない、固有の信仰に基づく行事も多く、秋田の北部の地方では、この日を万燈日《まんとうび》と言って、子ども達が村中から藁《わら》を貰い集め、丘の高い所で火を焚いて、五穀豊穣を祈るといわれます。

皆様も、本日はご先祖を偲《しの》び、新たな気持ちで、明るい希望をもってそれぞれの生業にご精進されますようお祈りしまして、ご挨拶と致します。

29 花祭り 挨拶

○○市（町・村）の誇る、由緒ある○○寺で開かれました『花祭り』にお招きいただき、ありがとうございます。

皆さん、お年寄りから小さいお子さんまで、大勢お集まりになりましたが、本日は、誠に快晴・微風、『花祭り』にふさわしいお日和《ひより》になりました。これも、皆さんの日頃の行いの良さを、お釈迦《しゃか》様が愛《め》でられてのことではないかとお喜び申し上げます。

『花祭り』は皆さんご承知のように、灌仏会《かんぶつえ》、降誕会《ごうたんえ》とも申しまして、お釈迦様の生誕を祝福するお祭りでございます。

皆様もこの本堂の入口に設けられました花御堂《はなみどう》で、右手を高く挙げたお釈迦様に、竹の柄杓《ひしゃく》で甘茶《あまちゃ》をかけてお祝いされたと思いますが、それには、お釈迦様の誕生にまつわる言い伝えがございます。

お釈迦様は、インドの藍毘尼《るびに》という林の中でお生まれになったといわれますが、花御堂は、この藍毘尼林を象《かたど》ったものだそうです。またお釈迦様はお生まれになるとすぐ七歩あゆみ、右手で天を、左手で地を指し「天上天下唯我独尊《てんじょうてんげゆいがどくそん》」と叫ばれ、その時、天から龍（八大竜王）が飛来して甘露《かんろ》の雨を降らせて沐浴《もくよく》、つまり産湯《うぶゆ》を使わせたといわれております。

先ほどはこの伝説になぞらえて、甘茶をかけてお祝いしたのですが、実は、私は仏教徒でございませんが、お釈迦様が叫ばれた「天上天下唯我独尊」とは、「生きとし生けるものは皆、尊い命を持っている」という意味だと教えていただいた記憶がございます。

本日は、存分にお楽しみいただきながら、共にこの世に生まれてきたことを尊び祝う花祭りとなりますようにお願いして、ご挨拶と致します。

30 女性の日大会　祝辞

○○協議会主催の『○○女性の日大会』が開催されるにあたり、一言お祝いの言葉を申し上げます。

今日、四月十日は「女性の日」でございます。昭和二十一年のこの日に行われた衆議院議員選挙において、わが国の女性が初めて参政権を行使して、三十九人の女性議員が誕生した記念すべき日であります。この日を「女性の日」とし、この日から一週間を「女性週間」として、女性の地位向上を図り、その力を社会の発展に役立てることを目標に、全国で各種の催しが行われております。

ご承知のように、わが国が国連の「女子に対するあらゆる形態の差別の撤廃に関する条約」に署名・批准しましてからすでに久しいものがありますが、特に近年は、少子・高齢化をはじめ、非常なスピードで変化する社会の中にあって、経済、社会、文化あらゆる分野において女性に対する期待は、非常に高いものがあります。

しかしながら、職業の面における女性の地位向上の問題一つを例にいたしましても、昭和六十年の「男女雇用機会均等法」改正施行以来、数次の見直し改正を経ておりますが、残念ながら依然として男性が主流を占め、女性は補助的な仕事に甘んじている職場が、多々あることは否定できない事実であります。また、妊娠・出産等を理由とする不利益な取り扱い事案も増えていると聞いております。

女性がその能力を十分発揮するには、まだまだ、現実はなかなか厳しいものがございますが、本日お集まりの皆様には、こうした現状を打開し、女性があらゆる場においてその能力を十分生かし、一層重要な役割を果たすことのできる男女共同参画社会実現のために、ご尽力・ご活躍されることを念願しまして、お祝いの言葉と致します。

31 メートル法記念の集い挨拶

『メートル法記念の集い』の開会にあたり、一言ご挨拶を申し上げます。

メートル法記念日は、大正十年のこの日（四月十一日）に「度量衡法《どりょうこうほう》」が改正公布され、従来の尺貫法からメートル法に切り替わったことを記念する日でございます。

わが国の、国家的な計量制度の始まりは、大宝元年（七〇一年）に完成された大宝律令《たいほうりつりょう》によるものとされておりますが、国民一般に定着したのは、明治八年、太政官《だじょうかん》布告による「度量衡取締条例」による尺貫法が採用されてからであります。

その後、明治十八年に「メートル条約」を批准、明治二十四年公布の「度量衡法」により、尺貫法とメートル法の併用時代に入りました。また同四十二年には、ヤード・ポンドによる計量法が勅令で決まり、長さは尺《しゃく》・鯨尺《くじらじゃく》・メートル・ヤードの四種、面積は歩《ぶ》（坪）・アールの二種、容量は升《しょう》・リットル・ガロンの三種、重さは貫《かん》・キログラム・ポンドの三種とされました。

大正十年に度量衡法が改正され、メートル法の専用が決められましたが、昭和二十七年に「計量法」が施行されるまで、尺貫法など他の度量衡の併用が認められておりました。

このように、長い年月を経て、日本古来の尺貫法をはじめ、取り入れてきた各国の計量単位を整理し、国際的規範に沿った計量を用いることにより、国際・国内両面にわたる、経済の円滑な発展や文化の向上に役立てることとされたのでございます。

皆様も、この日を契機に、計量制度制定の経緯にご理解をいただき、改めて計量についての正しい知識と、その使用についてお考えいただくことをお願いして、ご挨拶と致します。

32 地区メーデー　祝辞

皆さん、おはようございます。

○○市（町・村）議会を代表して、一言お祝いの言葉を申し上げます。

『第○○回○○県統一メーデー○○地区大会』が、働くものの祭典として、本日ここに、盛大に開催されますことを心からお祝い申し上げます。

わが国のメーデーの歴史は古く、大正九年五月二日の日曜日に、東京・上野公園で、四千人の労働者が集まって開かれたのが最初と聞いております。

この時は、世界各国のメーデーと同様、八時間労働制の実現や最低賃金制の確立などが取り上げられましたが、このほか、当時のわが国の政治情勢を反映して、治安警察法第十七条の撤廃、シベリア即時撤兵などが決議されたそうでございます。

以来、幾多の困難を乗り越え、実施されてまいりましたが、戦時体制の強化とともに、二・二六事件のあった昭和十一年から中断されておりました。

戦後は、このような苦難の時代と異なり、労働組合の飛躍的な発展とともに、年々盛んになったばかりか、最近は家族ぐるみの行事としての色彩を強め、文字通り、労働者の祭典となっておりますことは、誠にご同慶に堪えません。

また、本年は、例年にも増して家族向けの多彩な行事を盛り込んだ、明るく力強い労働者の祭典として挙行されると承り、誠に意義深いものがあると存じます。

ここにお集まりの皆さんが、メーデーの真の意義を十分理解され、今日一日を、明るく楽しく過ごされるとともに、明日への英気を養い、今後とも労働運動の健全かつ、民主的な発展のために、格段のご努力を払われますことを念願致しまして、簡単でありますが、私のお祝いの言葉と致します。

33 憲法記念日の集い　挨拶

本日ここに、『○○市（町・村）憲法記念日の集い』の開催にあたり、一言ご挨拶を申し上げます。

ご承知の通り、わが国の憲法は、国民主権・基本的人権の尊重並びに平和主義を基本的理念として、昭和二十二年五月三日に施行されました。

爾来《じらい》○○年、戦争により、国土も人心も文字通り荒廃の極《きわみ》にあったわが国が、民主国家として生まれ変わり、今日の発展をもたらした背景には、朝野《ちょうや》を挙げての、国民の真摯《しんし》な努力はもちろんでありますが、民主国家形成の核としての役割を果たしてきた、憲法の国民主権と平和主義並びに基本的人権の尊重の精神が厳《げん》として存在し、与《あずか》って、大いに力のあったことを痛感する次第であります。

近年、わが国は、国内的にも国際的にも大きな転換期に遭遇し、地方分権の飛躍的拡大を求める国民的気運や、わが国の国力に応じた国際協力についての議論が高まる中で、それに対応する施策の一環として、政界をはじめ、各界から憲法の見直しを求める声が高まっております。

申すまでもなく、憲法は、決して不磨《ふま》の大典《たいてん》ではありません。時代の変遷に応じ、例《たと》えば、ＰＫＯ（国連の平和維持活動＝Peace Keeping Operation）などをはじめとする、国連に対する協力など、適宜・適切に見直すことは必要でありましょう。しかし、いかなる場合でも、現行日本国憲法の主権在民・基本的人権の尊重並びに恒久平和の基本的理念に基づく、民主国家建設の精神だけは、絶対に守らなければならないと存じます。

本日の集いを契機に、日本国憲法を読み直し、その精神に、改めて思いを致されますことを念願して、私のご挨拶と致します。

34 憲法記念日表彰式　祝辞

市議会を代表して、一言お祝いの言葉を申し述べさせていただきます。

憲法記念日の今日、○○市表彰条例に基づく各種の功労者、功績者並びに徳行者《とっこう》の表彰式が盛大に挙行されますことは、誠にご同慶に堪えません。

ただいま、表彰の栄誉を受けられました皆様には、先ほどご紹介のありました通り文化、体育、産業、社会福祉をはじめ、選挙管理委員会・農業委員会・財産区議会専門委員あるいは自治会・消防団・各種委員等多くの分野で、多年にわたり活躍、貢献された方々や徳行優れた方、また多額の金品をご寄付された方々でございます。

そのご功労・ご功績は誠に大きく、今日までのご努力・ご芳志に対し深甚なる敬意を表しますとともに、栄《は》えある表彰を心からお祝い申し上げます。

本市も、○○地域の拠点都市として着実な発展を遂げており、さらに都市改造、文化施設の充実等に鋭意取り組んでいるところでありますが、行政需要はさらに多種多様、かつ増加の一途を辿《たど》っており、限られた財政の下におきまして、その環境は誠に厳しいものがあります。

このような諸課題に適切に対処し、市政の一層の発展を図るため、市議会と致しましても、全力を傾注しているところでありますが、その実現のためには、市民各層のご理解とご協力がぜひとも必要でございます。

本日、表彰を受けられました皆様方におかれましては、この栄誉を契機に、一層のご支援・ご協力を賜わりますよう心からお願いする次第であります。

終わりに、皆様のますますのご健勝と○○市の発展を祈念して、お祝いの言葉と致します。

35 消費生活を見直す集い挨拶

皆さん、おはようございます。本日は『消費生活を見直す集い』にお招きいただき、ありがとうございます。一言ご挨拶を申し上げます。

ご承知のように、五月は「消費者月間」です。消費者である皆さんが〝暮らしを取り巻くさまざまな問題〟について、消費者の立場に立って、じっくり考えて活動するための一か月間であります。

この機会に、『消費生活を見直す集い』が開かれ、一家の財政を預かる主婦の皆さんが、日頃、消費者として疑問に思っていることをはじめ、賢い消費者として行動するために行った調査の結果や、現に実践しておられることなどを発表し、さらに、合理的な消費生活の実現について話し合われることは、誠に有意義なことと存じます。

わが国では、経済の高度成長や科学技術の進歩の中で、新しい商品が次々と登場するとともに、大量生産・大量販売が一般化しました。これにより、消費生活は格段に豊かになり、便利になりましたが、反面、消費者をめぐるいろいろな問題が生じ、またその内容も複雑・多様化しております。

また、メーカーが、消費者のニーズを少しでも早く先取りし、迎合しようとするために起こる欠陥商品や誇大宣伝、さらに、有害食品、アフターサービスの不完全など、消費者の安全や利益が損なわれるケースが少なくありません。

まさに現在は、消費者が自分の知識や経験を頼りに、危険な商品から自らを守ったり、必要なものを、誤りなく選択することが、すこぶる困難になっていると言っても過言ではない実情でございます。

本日の集いが、このような問題を打開し、よりよい消費生活を実現するために、大きな成果を上げられますことを心から祈念して、ご挨拶と致します。

36 消費者問題を考える集い　挨拶

『消費者問題を考える集い』開催にあたり、一言ご挨拶を申し上げます。

五月は「消費者保護基本法」の施行二十周年を記念して、昭和六十三年から実施されております「消費者月間」でございますが、本日の『消費者問題を考える集い』は、この月間における催しとして、市（町・村）民の皆様に、消費者問題について考えていただくため、毎年開いているものでございます。

最近、消費生活を取り巻く経済や社会環境の変化に伴って、消費者問題が複雑・多様化する傾向が、特に強くなっております。

○年前に設置された「○○市（町・村）消費生活センター」に寄せられた苦情相談を見ますと、初めは、商品に対する苦情が多かったのですが、最近はサービスに対する苦情の割合が増えております。

悪質な訪問販売や通信販売、ＳＦ（催眠）商法やキャッチセールスのほか、商品やサービスを買ったり契約すると同時に自分でも買い手を探し、買い手が増えるごとにマージンが入る　マルチまがい取引き　などが主なものですが、近頃は、「あなたは選ばれた」などと、電話などで呼び出して売り付けるアポイントメント・セールスや、注文していない商品を、一方的に送りつけるネガティブオプションが増えており、このようなサービスに対する苦情が、全体の半ば近くを占めております。

商品に対する苦情はもとより、こうした問題を解決するためには、行政と企業と消費者がそれぞれの責務を果たしつつ協力していかねばなりません。

本日は、行政に対する要望はもとより、日頃消費者としてお考えになっていることなどを率直に話し合われ、この集いを、豊かな消費生活実現のための方途を探る機会にしていただきたいと存じます。

37 総合水防演習　挨拶

『平成○○年度○○市総合水防演習』にあたり、一言ご挨拶申し上げます。

出水《しゅっすい》期を間近に控えたこの水防月間に、各地域水防団の積極的な参加を得て、○○市水防本部の大規模な水防演習が行われ、皆様方の、士気溢《あふ》れる統率《とうそつ》のとれた勇ましい姿を拝見できましたことは、水災体制の万全を願う私ども市民の大きな喜びであり、誠に心強く感じた次第であります。

幸い、昨年は、本市においては、水災による大きな被害の発生もなく平穏な年でありましたが、××地方では、△△県を中心に集中豪雨により多数の犠牲者が出たほか、公共施設などにも甚大な被害が発生しており、これらをみましても、本市としても決して油断はできません。

最近は、人口の増加を反映して、小河川周辺で局地的に災害が発生する「都市型水害」が多くなっており、この対策に万全を期さねばならないことはいうまでもありませんが、過去に何度か氾濫《はんらん》して大きな被害をもたらした、本日の演習会場である一級河川○○川を念頭においた広域的、大規模な水災を予測した対応も常に心掛けておく必要があります。

本日ここに、実戦に即応した総合水防演習を目《ま》の当たりにし、意を強くするとともに、皆様方の日頃の訓練とご労苦に対し、心から感謝し敬意を表する次第でございます。

水災など防災は、市をはじめ、各防災機関がその任にあたるものですが、それと同時に、市民一人ひとりが自らの意思に基づき、自らの町は自ら守る心構えを持つことが大切です。

郷土○○市の防災に万全を期するため、水防関係の皆様の一層のご尽力・ご精進をお願い申し上げ、併せて皆様のご健康を祈念して、ご挨拶と致します。

38 水防演習　挨拶

『水防演習』の終了にあたり、一言ご挨拶を申し上げます。

先ほど、水防訓練に、終始真剣に取り組まれました皆様の真摯《しんし》な姿を目《ま》の当たりにして、その力強さに、一段と意を強くした次第であります。

本日の訓練は、台風の接近による豪雨により、○○町地先《じさき》の堤防が危険な状態になったという想定の下に行われたのでありますが、ご承知の通り、わが国は、地震、台風等の自然災害に対して、安全といえる地域は皆無でございまして、また、これら災害の引き起こす損害は誠にはなはだしく、名実ともに、世界有数の災害国と言われております。

現に、最近も△△地方を襲った集中豪雨によって多くの人命と財産が失われているのであります。

当○○地方におきましては、昭和○○年、台風○○号の直撃を受け、尊い犠牲者を出しましたが、幸いにして、その後は大きな災害に遭遇することなく、現在に至っております。

しかしながら、「災害は忘れた頃にやってくる」と言われます。そのため、一朝有事に備えて、私達一人ひとりが平素から防災に対する関心を深めておかねばなりません。不時の災害に、適切に対処し得る磐石《ばんじゃく》の体制を常に取っておくことが肝要であり、これに備えた本日の訓練は、誠に意義深いものがあったと確信するものでございます。

今後とも、関係機関相互の協力体制を緊密にし、防災体制の確立のために、一層のご尽力を賜りますよう念願するものであります。

終わりに臨み、本日参加されました皆様のご協力に対し、衷心より敬意と感謝の意を表しますとともに、ますますのご健勝・ご活躍を祈念申し上げ、私のご挨拶と致します。

39 みどりの日記念植樹祭挨拶

本日は『みどりの日記念植樹祭』にお招きいただきありがとうございます。

「みどりの日」は、国民の皆さんが、自然に親しみ、その恩恵に感謝し、豊かな心を育《はぐく》むとともに、自然保護や緑化運動を盛り上げる日でございます。

ご承知のように、国民の祝日でありますこの「みどりの日」は、平成十八年までは毎年、昭和天皇の誕生日である四月二十九日に、そのご遺徳を偲《しの》び行われてきたという経緯がございます。それというのも、昭和天皇は自然科学者として、森林の持つ地球環境への効用、国土保全などの観点から、緑の保全について特別のご関心を持たれ、植物学のご研究に精進されるとともに、全国各地で開催される植樹祭にお出ましになり、苗木をお手植されるなど、殊《こと》の外、緑にご縁の深いお方だったからでございます。

平成十九年以降は、昭和天皇の誕生日が「昭和の日」となりました関係で、新緑の季節でゴールデンウィークを構成します本日、五月四日に改正されました。しかし、その趣旨・意義は何ら変わるものではございません。

わが国は、温暖な気候と豊富な水に恵まれ、豊かな緑の下に、固有の伝統文化を育んできました。

先の大戦の後、わが国土は見るも無残に荒れ、長い間、台風の度に大水害に悩まされましたが、それも、豊かな自然の恩恵と、関係機関や国民一人ひとりの弛《たゆ》まぬ努力により年々回復し、山も平野も、今の緑を保っております。

近年、都市化の進展や各種開発等により貴重な緑が失われ、また地球的規模での緑の危機が叫ばれておりますが、この記念植樹祭を契機に、わが○○市（町・村）が〝緑豊かな住みよいまち〟になりますよう念願しまして、ご挨拶と致します。

40 みどりの日の集い　挨拶

○○市（町・村）主催の『みどりの日の集い』の開催にあたり、一言ご挨拶を申し上げます。

森林は、水を蓄え、流量を調節するばかりでなく、洪水や山崩れを防いでくれます。このようなことから、森林を 緑のダム と申しますが、その森林が育つまでには、長い歳月がかかりますし、森林の働きを十分発揮させるためには、手入れが欠かせません。

わが国の森林面積は約○○ヘクタールで、国土に占める比率は○○%と、先進国の中では、フィンランドに次いで大変高いのですが、国民一人当たりで見た面積は、世界平均の四分の一に過ぎません。森林の持つ機能を改めて見直し、その十全な育成が望まれる所以《ゆえん》でございます。

わが国では、古くから、森林の維持・造成に非常な努力が払われ、遠く室町時代から、国土の保全を目的に人工造林が行われていましたが、特に、戦後は、荒廃した国土の復興を図るために杉・檜《ひのき》などの造林が行われたため、森林面積の約四割が戦後の人工造林で占められております。これらの人工林の大半は、現在、樹齢○○年前後で、利用に適した時期を迎え、大事な間伐の時期にさしかかっておりますが、林業従事者の高齢化や減少が進んでいるため、間伐などの維持・管理は必ずしも十分ではございません。このまま荒廃が進めば、森林の持ついろいろな機能が失われ、国民の安全で快適な生活も脅かされるのではないかと憂慮されております。

本日は、地域の森林を、住民にとって掛け替えのない財産として、将来に引き継ぐには私達一人ひとりがいかに心掛けるべきか、十分話し合い、願うことをご期待しまして、開会のご挨拶と致します。

41 みどりを考えるシンポジウム　挨拶

『みどりを考えるシンポジウム』にお招きいただきありがとうございます。

森林は〝文明の母〟と申します。

森林は、木材の供給をはじめ、国土の保全や水資源の涵養《かんよう》はもとより、野生動物や野鳥・草木・昆虫などを育て、レクリエーションや教育の場になるなど、人間だけに止まらず、地球上の動植物全体にとって共通の貴重な財産でございます。地球的規模で見ましても、現在、熱帯雨林の減少や砂漠化の進行で、森林の重要性が改めて見直されております。

こうした森林を守り、育てる輪を広げるためには、今までのような、森林を「木材生産の場」としてとらえる経済性重視の視点を改め、森林の果たすいろいろな役割にもっと目を向けるべきではないでしょうか。

最近の豪雨災害を見ても、昔からの広葉樹林が減ってきたことが被害を大きくし、また野生動物の安住の地を奪っているといわれます。木材として商品価値の高い杉や檜《ひのき》の針葉樹も大切ですが、大地にがっちり根を張った、落葉・常緑とりどりの広葉樹である山毛欅《ぶな》や椎《しい》、樟《くすのき》、楪《ゆずりは》など、もともとわが国土の自然が持っている貴重な緑の、国土保全・水源涵養・自然環境維持などの機能を見直し、育成を図ることも、ゆるがせにできないと思います。

わが○○市（町・村）でも、昔は広葉樹に覆われていた周辺山地の森林は杉・檜の人工林となり、家のすぐ近くにあった野山や雑木林は姿を消し、市（町・村）民の緑と親しむ機会が少なくなっております。

本シンポジウムにおきましては、自然の緑を次の世代にバトンタッチするための方策について十分ご議論いただくことを念願し、ご挨拶と致します。

42 全市緑化推進員大会祝辞

本日ここに、『第○回全市緑化推進員大会』が開催されるにあたり、○○市議会を代表して一言お祝いの言葉を申し上げます。

近年、自然保護思想の高まりとともに、全国的に「わがまちに緑を」という声が、年ごとに強まってきております。

本市におきましても、市民の皆様の強い関心とご支援によりまして、昭和○○年に、緑化公園管理協会が発足《ほっそく》致しました。

それから今日まで、緑化推進員の皆様の弛《たゆ》まぬご努力によりまして、会員数も飛躍的に増え、発足当初、目的と致しました〝緑化・花いっぱい運動〟が、着実に成果を挙げておりますことは、皆様ご案内の通りでございます。

また一方で、熱帯雨林の乱伐やフロンガスによるオゾン層の破壊、開発による湿原の消滅など、地球環境の悪化は、ますます深刻の度を増し、憂慮すべき事態となっております。

このような、世界的な環境悪化の緊急事態に対処するためには、私達がまず力を合わせ、一本でも多くの緑を育て、家庭に、地域に、と、その輪を着実に広げていかなければならないと思うのでありまして、地域の緑化推進活動を目的として発足した緑化推進員制度の今後の活動に寄せる期待は、誠に大なるものがございます。

緑化推進委員の皆様には、この意義深い大会を契機として、豊かな自然と緑に包まれた住みよい○○市の建設のために、今後とも特段のご尽力、ご協力をお願いするものであります。

終わりに、緑化推進員の皆様のますますのご活躍と、ご参会の皆様のご健勝をお祈り申し上げ、私の祝辞と致します。

43 街の植樹祭　挨拶

『街の植樹祭』が行われるにあたり、一言ご挨拶を申し上げます。

ご承知の通り、都市における緑化は、生活環境改善のためなくてはならないものでありますが、とりわけ多くの市民の皆様が都市生活を営んでいるわが○○市におきましては、欠くことのできない重要な課題でございます。

○○年前、戦災や戦後の混乱により、荒廃を極めたわが○○市に緑を回復するため、緑化推進委員会が設けられましたが、この委員会による緑化推進運動の一つとして、毎年行われて参りましたこの『街の植樹祭』も、皆様のご協力により、今回で○○回を数えるに至りました。

この間、年を追ってこの運動の趣旨が浸透し、特に最近、緑が急速に増えていることは誠に喜ばしい限りであります。

しかし、当地域の中枢を成す○○市の将来を考えますならば、さらに、より豊かな緑化を目指した施策を推進する必要があり、特に、これに伴う緑化区域の確保には、多くの努力が必要なことはいうまでもないことと存じます。

○○市は、〝緑倍増〟を旗印に、緑化事業予算の確保に十分配慮しておりますが、これをスムーズに実現するためには、規模の大きい公共事業による緑化はもとより、住民と密接に手を携《たずさ》えて、家庭内の植樹をはじめ、近隣の僅《わず》かな空き地でも、こまめに植栽していく必要があるのでありまして、この面からも、市民の皆様のご理解とご協力が、大きく期待されるところでございます。

本日、皆様とご一緒に植える記念樹がすくすくと成長し、私達に、憩《いこ》いと潤《うるお》いを与えてくれますことを祈念しまして、ご挨拶と致します。

44 山の植樹祭 祝辞

本日ここに『山の植樹祭』が行われるにあたり、市（町・村）議会を代表して一言お祝いの言葉を申し上げます。

ご案内の通りこの『山の植樹祭』は、「街の植樹祭」とともに、○○市（町・村）主催の緑化運動の中心的行事として毎年実施され、回を重ねて、今回で○○回となりました。

この間、市（町・村）民の共感とご支援を得ながら、郷土の緑化推進に、大きく貢献してまいりましたことは、ご同慶に堪えないところであります。

今日、森林の持つ役割はますます多様化し、木材の供給はもとより、水資源の涵養《かんよう》をはじめ、国土の保全、大気の浄化、保健休養の場の提供など、いわゆる公益的機能が見直され、都市生活環境の維持向上にとっても、不可欠なものとなっております。

このため、本市（町・村）におきましては、従来から造林事業のために各種の施策を講じ、着実に成果を挙げておりますが、これらに寄せる市（町・村）民の期待は誠に大なるものがあります。

申すまでもなく、こうした森林造成は、長年にわたる地道な努力の積み重ねによって、初めて達成される極めて根気のいる事業でございます。

ここに改めて、この大切な事業に、日頃携《たずさ》わっておられます皆様に、心から敬意を表しますとともに、本市（町・村）の森林をさらに育成充実していただくため、市（町・村）議会と致しましても、皆様の期待に十分応えられるよう、造林施策の充実に努力を致す所存であります。

終わりに、ご参会の皆様のますますのご健勝を祈念致しますとともに、本日の植樹祭を契機に、緑豊かな○○市（町・村）の建設のため、関係各位のなお一層のご尽力を心からお願いして、祝辞と致します。

45 こどもの日協議会　挨拶

『○○市（町・村）こどもの日協議会』の開催にあたり、一言ご挨拶を申し上げます。

五月五日の「こどもの日」は、昭和二十四年に、国を挙げて子どもの人格を重んじ、子どもの幸福をはかることを念願して国民の祝日として定められたものでありますが、さらに昭和二十六年の「こどもの日」には「児童憲章」が制定され、子どもの幸福を願う国民の心の現れとして、子どもが、人として尊《たっと》ばれ、また社会の一員として重んぜられ、良い環境の中で育てられなければならないことが強調されたところであります。

申すまでもなく、子ども達が、良い環境の下で伸び伸びと明るく育つことは、すべての親達はもとより、社会全体の願いでございます。

ところが、現実はどうでしょうか。

近年の著しい社会・経済の変動に伴って、子ども達を取り巻く環境は大きく変わり、新しい問題が次々と生じております。例えば、都市化の進展と交通量の増大は、自然の豊かな遊び場を減少させ、子どもの体力や活動力の成長に大きな影響を及ぼしております。また、地域や家庭の保育機能の弱まりや留守家庭児童の増加、あるいは、幼稚園児まで塾通いに駆り立てている受験戦争、有害環境と少年非行、不登校児童の増加、さらには、いじめによる児童・生徒の自殺等々、枚挙《まいきょ》にいとまありません。

こうした諸問題から子どもを守り、健全に育てていくためには、家庭や学校、地域社会が協力して、適切な対策を講じる必要があります。

本日は、次代を担う子ども達を、明るく、逞《たくま》しく成長させるために、○○市（町・村）民として何をなすべきか、十分ご検討され、所期の成果を挙げられますことを念願して、ご挨拶と致します。

46 こども大会　挨拶

皆さん、おはようございます。こどもの日を祝う『○○市（町・村）こども大会』に、このようにたくさんのお友達が、元気に生き生きとして集まりましたことは、本当に素晴らしいことで、こんなに嬉しいことはありません。

今日、五月五日は「こどもの日」ですね。この日は昔から〝端午《たんご》の節句〟といいまして、男の子のお祝いの日でした。皆さんのお家《うち》でも、男の子の家では鯉のぼりを立てたり、武者人形を飾ったりしているところがあるでしょう。これは、澄み切った大空に、生き生きと泳ぐ鯉のぼりのように、元気で成長しますようにとの願いを込めたものなのです。また女の子のお祝いには、三月三日の 桃の節句、雛祭りがありますね。

このように、昔は、男の子と女の子、別々にそれぞれの家でお祝いしていたのですが、今日、五月五日の「こどもの日」は、国が「こどもの日」という祝日を作って、男の子と女の子の両方を含めて、日本の国中を挙げてお祝いする日となったのです。

では、どうしてこの日が作られたのでしょうか。それは国民みんなで、皆さんを国の宝として一人ひとりを大切にし、幸せにしようとする思いからです。

皆さんは、大きくなったら、私たち大人に代わって日本の国を背負っていかなければなりませんね。つまり、日本の国が、将来世界から信頼され、尊敬されるような立派な国になるかどうかは、皆さんの努力次第によるもので、その運命は、皆さんの小さな肩にかかっているのです。

今日の「こども大会」に参加した皆さんすべてが、このことをよく理解し、周りの人に優しい、思いやりのある、そして、世界の人に尊敬される立派な人になるようお願いして、私のお話を終わります。

47 こどもの日の集い　挨拶

よい子の皆さん、おはようございます。

今日、五月五日は「こどもの日」ですね。皆さんの家では、男の子は端午《たんご》の節句、女の子は桃の節句と別々にお祝いしていますが、「こどもの日」は、男の子と女の子の両方を含めて、日本国中でお祝いする日となっています。これは皆さんを、子どもとはいえ、立派な一人の人間として尊重すると同時に、その幸せを願って作られた日なのです。

皆さんは、大きくなったら、私達大人に代わって日本の国を背負っていかなければなりませんね。そのためには勉強も大切ですし、丈夫な体も必要です。しかし、最も大切なのは、周りの人たちや生き物に対する思いやりのある心です。先生やご両親のお話をよく聞いて、世界の人達にも心から尊敬される心優しい立派な人になって下さい。

この際、保護者の皆様にも、一言申し上げたいと存じます。「こどもの日」は、子どもの人格を重んじ、子どもの幸福を図る日であります。最近は、子どもを取り巻く環境は大きく変わり、痛ましい事件の発生など新しい問題が次々と生じておりますが、このような環境から子どもを守り、「こどもの日」の趣旨を実現するためには、健全な家庭とコミュニティーの再生が何よりも大切であると存じます。

なんとなれば、子どものよさを認め、子どもの話に耳を傾け、子どもがなんでも話せる温かい家庭と誰彼《だれかれ》なく子ども達を大切にする温かい地域社会こそが、何にも増して、健全な児童を育てる基盤であると思うからでございます。

終わりに、『こどもの日の集い』のご盛会をお祈りするとともに、お子様の健やかなご成長と皆様方のご家庭のご幸福・ご繁栄を祈念致しまして、ご挨拶と致します。

48 こどもの日の母の会挨拶

『こどもの日の母の会』にお招きいただき、ありがとうございます。一言ご挨拶を申し上げます。

今日、五月五日の「こどもの日」は、お子さん達が、若木のようにすくすくと、健康で成長するようにとの願いを込めて、昭和二十四年に決められた国民の祝日でございますが、同時に、この願いを形あるものとするために、二年後の昭和二十六年に、児童憲章がつくられた日でもあります。

戦後、私達国民が真っ先に考えたのは、新憲法に謳《うた》われた平和国家を実現するためにも、まず子どもが大切にされる世の中にしたいということでございましたが、児童憲章は、このような願いに応えて制定されたものでございます。

そこでは、すべての子どもの幸福を図るために、児童は人として尊《たっと》ばれ、社会の一員として重んぜられ、よい環境の中で育てられることが大切であるとされ、それを実現するための考え方がいろいろ示されておりますが、最後の章で「すべての児童は愛と誠によって結ばれ、よい国民として人類の平和と文化に貢献するように導かれる」と述べられております。自分の子も、他人《ひと》の子も、同じく国家社会の大切な子どもでございます。子どもをよい社会人に育成することは、とりもなおさず、国際社会に信頼されるよい社会、よい日本をつくることへの最大の貢献となります。

『こどもの日の母の会』の開催にあたり、お子さん達の幸せと健全な成長を願うとともに、母と子にとって、この日が、一層意義のあるものとなりますよう、改めて児童憲章の精神に思いを致してみることも、大切なことではないかと思うのであります。

終わりに、お子さんの健やかな成長と、皆様のご健勝をお祈り申し上げまして、ご挨拶と致します。

49 こどもの日の母と子の会
挨拶

皆さん、おはようございます。どの子も、お母さんと一緒で、本当に楽しそうですね。

「こどもの日」は、国民みんなで、子どもを大切にし、子どもをしあわせにし、子どもを育てているお母さんに感謝しようと、国が決めた祝日です。

このように、子どもが、本当に幸せに成長できる、平和な明るい世の中をつくりあげるために、世の中の人みんなが、一所懸命がんばっているのです。

今日の「こどもの日」に、皆さんも、お母さんと一緒に、このことをよく考えてみましょう。

皆さんは、やがて大きくなって、日本の国を背負わなければなりませんね。日本が、これからも立派に繁栄して、どこの国からも尊敬されるよい国になるか、ならないか、それを決めるのは、皆さん、今の子ども達のこれからの考え方と努力なのです。

そのためには、まず勉強をし、丈夫な体をつくらなければなりませんね。そして、もう一つ、最も大事なことは、命を大切にし、思いやりのある優しい人になることです。弱い者いじめはいけません。花や木を大切にし、動物をかわいがりましょう。

皆さんのなかに、電車やバスに乗った時、お母さんを立たせて自分が腰掛け、平気でいるような人はいないでしょうね。本当に、思いやりのある優しい人になるためには、自分を強くしなければなりません。お母さんと乗り物に乗った時は、まず、お母さんを掛けさせましょう。それでも空いている席があれば、自分も座るようにするのです。よそのお年よりや、体の弱い方にもそうしてあげましょう。

身近なことを礼儀正しく、思いやりを込めてすることが、明るい世の中をつくり、皆さんが、将来周《まわ》りの人達や世界の人々に尊敬される人に成長することに繋《つな》がるのです。今日から早速実行しましょう。

50 児童福祉の集い　挨拶

児童福祉週間中の本日、『児童福祉の集い』にあたり、一言ご挨拶を申し上げます。

まずは、本日ご参会の皆様が、日頃、児童福祉のために払われておりますす献身的な努力に深く敬意を表しますとともに、心から感謝申し上げる次第であります。

児童福祉週間は、児童福祉法が制定された昭和二十二年にスタートしたものですが、最近の運動目標は、家庭における親子のふれあいの促進、地域ぐるみの児童健全育成の推進、子育て環境づくり等におかれております。

ところで、少子化の進行や児童虐待の増加など、最近の児童をめぐる諸問題を見ますと、核家族化やコミュニティの崩壊を背景に、家庭や地域における子育て機能が低下し、夢や希望を持ちながら子育てできる環境が整っていないことに、大きな原因があるのではないでしょうか。

申すまでもなく、すべての児童は、人として尊《たっと》ばれ、社会の一員として重んぜられるとともに、よりよい環境の中で育てられることが理想であります。

そして、そのためには、私は、社会環境の整備・改善もさることながら、まずもって、健全な家庭を建設することから始めることが不可欠であると考えております。家庭が、その育成の基盤であることを確認し、家庭において、正しい知識と愛情によって育てられることこそが、最も大切であると存じます。

健全な児童を育成するため、本日の集いを機会に、どうか皆様には、このことにぜひ想いを致していただきたいと存じます。

終わりに、わが国の未来を背負う子ども達が健やかに成長するために、今日のこの集いが所期の成果を挙げられますよう祈念して、ご挨拶と致します。

51 母に感謝する会　祝辞

本日、『母に感謝する会』の開催にあたり、一言お祝いの言葉を申し述べさせていただきます。

今日、五月の第二日曜日は「国際母の日」でございまして、すべての国の人々が、お母さんに感謝する日となっております。

この行事は、母を称《たた》え、感謝しようと、今世紀の初めにアメリカで始まり、大正二年にわが国に伝わりましたが、昭和に入り、その日《ひ》にちは貞明皇后（昭和天皇の母）の誕生日である三月六日とされたものでございます。

戦後は、本家アメリカにあわせ、五月の第二日曜日となり、初めは花屋さんの商魂に先導されたと、からかう風潮もありましたが、今では素直に、お母さんに感謝をする日として定着したようでございまして、ご同慶に堪えない次第であります。

お子さんを育てるのは、今も昔も大変なようで、古くは、中国に「孟母三遷《もうぼさんせん》」のエピソードがありますが、今でも、お子さんをよい学校に入れたり、通わせたりするために、転居を重ねる猛母、同じ「もうぼ」でも、猛烈な母の「もうぼ」もおられるようでございますが……。

ところで、皆様はまだお母さんとしての役目を終わったわけではございません。皆様が、母として、お子さんに本当に感謝されるのは、お子さんが健やかに成人され、「私達は幸福です。お母さんありがとう」と言ってくれる時であろうかと思います。

海には、母という字が含まれており、このためか「母の恩は海よりも深し」と申します。

皆様におかれましては、これからも、お子さんを限りない愛情をもってお育てになられるようお願い申し上げますとともに、皆様のご健勝を心からお祈りしまして、お祝いの言葉と致します。

52 母の日の集い　挨拶

『母の日の集い』にお招きいただき、ありがとうございます。一言ご挨拶を申し上げます。

今日は「国際母の日」でもあります。これは、アメリカのある町で、一人の少女が亡き母を偲《しの》んで、生前、母の好んだ白いカーネーションを教会の友達に分けたのが始まりと聞いております。やがて、母への感謝を表す日としてアメリカの国の祭日となったこの美しい行事は、今では、全世界で行われております。

わが国のお母さんも、世界中のお母さんとともに、お子さん達から、感謝の花束を贈られるようになったことは誠に喜ばしいことでございます。

昔から「父の恩は山よりも高く、母の恩は海よりも深し」と申しますが、母の恩愛こそ絶対なのではないでしょうか。わが身を捨てても子を護る母の愛は、見返りを求めない純粋無垢《むく》なものだからです。

自分を育ててくれた環境を母国・母校・母なる大地などと申しますのも、母を慕う子の感情の発露《はつろ》にも似て母の本質を表して余りあるものであり、また戦時中の話として伝えられる、戦場で最期《さいご》を迎えた兵士の叫びのほとんどは「お母さん！」だったということは、このことを如実《にょじつ》に示していると思います。

私の決して多くない人生経験からも、この話には心から共感できる思いが致します。

なにはともあれ、限りなく大きな母の愛には、理屈抜きに深く感謝の意を表するものであり、これまでの皆様のご労苦を心から称《たた》えるものであります。

皆様におかれましては、これからも深い愛情を持って、お子さんを育てられますよう念願致しますとともに、皆様のますますのご健勝をお祈りしまして、ご挨拶を終わります。

53 母の日の子ども会　挨拶

今日は「母の日」。皆さんが、お母さんに感謝する日ですね。

今日は「国際母の日」とも言いまして、世界中の子ども達も、皆さんと同じように、お母さんに感謝しているのです。

「母の日」の起こりは、今から百年近く前の一九〇七年（明治四十年）に、アメリカ、ウェストヴァージニア州のウェヴスターという町の教会で、アンナ・ジャーヴィスという女の子が、五月の第二日曜日に、亡くなったお母さんを思って、花言葉で母の愛情という意味を持っている、白いカーネーションの花束を持ってきて、お友達に配ったのが始まりです。

それからこの教会では、毎年五月の第二日曜日に、お母さんが元気でいる人は赤いカーネーションを、お母さんが亡くなった人は白いカーネーションを胸につけて、それぞれお母さんに感謝することになりました。やがて、この美しい行事は「母の日」として、アメリカの祝日として行われるようになり、世界に広まったのです。日本にも間もなく伝えられ、主にキリスト教の教会で行われていましたが、戦争が終わり平和になってからは、今のようにみんなでするようになったのです。

このように「母の日」は、子ども達が、お母さんのことを思い、お母さんに感謝する日なのです。

お母さんは、何もおっしゃらなくても、いつも皆さんのことを心配し、苦労なさっているのです。

皆さんは、分からないことを言ったり、言い付けを守らないで、お母さんを困らせてはいませんか。

今日からは、お母さんの気持ちをよく考えて、いつもお母さんがニコニコしていられるように、素直なよい子になるように心掛けましょう。

54 愛鳥週間の集い　挨拶

本日は○○市（町・村）野鳥の会主催の『愛鳥週間の集い』にお招きいただきありがとうございます。一言ご挨拶を申し上げます。

五月十日は「バードデー」でございます。〝鳥類を愛護する心を養いましょう〟という趣旨で設けられた「愛鳥週間」の始まりの日です。今日から、全国一斉に、鳥を愛する講演会や展覧会をはじめ、「巣箱コンクール・小鳥と遊ぶ会」などが開かれます。

「バードデー」は、アメリカから伝わってきたものですが、わが国では、終戦直後の昭和二十二年に実施されたのが第一回でございます。

初めは、アメリカと同様、四月十日に行われましたが、南北に長いわが国では、地方によっては、まだ雪が残り早過ぎますので、昭和二十五年に五月十日に改められ、さらに、一日では効果も少ないことから、この日から一週間を、バードウィーク（愛鳥週間）とされたものであります。

豊かな自然に恵まれたわが国は、遠い昔から野鳥にとって棲《す》みやすいところといわれております。一年中、一定の地域内に定住して生活する留鳥《りゅうちょう》に最適であるばかりでなく、渡り鳥にとっても貴重な越冬地や中継点になっているからでございましょう。

このように、野鳥の楽園といわれたわが国も、最近は、木材の乱伐による森林の破壊やリゾート開発、都市近郊の開発や排気ガスの影響などで、年々棲《す》みにくくなり、野鳥が少なくなっております。

小鳥を愛する心は、人類への愛情に発展すると言われます。

わが○○市（町・村）が、野鳥にとって、いつまでも棲みやすい環境でありますように、また、野鳥の会のますますのご発展と、会員の皆様のご健勝を祈念して、ご挨拶と致します。

55 バードデー親子の集い挨拶

文字通りの五月晴れ《さつきばれ》のもと、輝くような緑に囲まれ、小鳥の囀り《さえず》いっぱいの、ここ、○○自然公園で開催されました『バードデー親子の集い』に、このように大勢のよい子やお父さん・お母さんにお集まりいただき、ありがとうございます。

五月十日は「バードデー」〝鳥の日〟ですね。今日から一週間は「バードウィーク」愛鳥週間と呼ばれており、鳥を大切にする期間になっております。今日は、日本全国各地で、皆さんと同じように「バードデー親子の集い」や「小鳥と遊ぶ会」などが開かれ、巣箱コンクールや、バードウォッチングなどが行われていることでしょう。

ところで、なぜこの期間が〝愛鳥週間〟になったのでしょうか。それは、この時期が、鳥が卵を産み、雛《ひな》を育てる大切な時期だからです。

鳥は、皆さんがよく知っているように、害虫を捕まえて、畑の作物や植物が元気に育つのを助けたり、私達人間の心を慰めてくれますね。

このような小鳥達を、愛し、保護して、元気一杯繁殖できる環境をつくろうと、産卵・育雛《いくすう》、つまり、卵を産み、雛《ひな》を育てる大切な時期を選んで、野鳥の保護について啓発運動を行うこととしたのです。

小鳥達と、私達人間とのつながりは、害虫駆除といった目に見えることだけではなく、情緒的な面も忘れてはならないと思います。お子さん達の小鳥を愛する心が、他の子ども達を思いやる心を育て、ひいては、人類への愛情へと発展することも、愛鳥週間の一つの目的でもあるからです。

この○○自然公園には、○○種の野鳥がおります。これから、早速、親子でバードウォッチングなどを楽しみながら、小鳥達との素晴らしい一日を満喫されますようご期待申し上げて、ご挨拶と致します。

56 看護の集い　挨拶

『看護の集い』開催にあたり、一言ご挨拶を申し上げます。

今日、五月十二日は「看護の日」でございます。高齢化が進む日本の社会を支えていくためには、家庭や地域、職場などに、温かな繋がりのある看護の心、ケアの心が育《はぐく》まれていくことが大切なことから、こうした心が、社会に広く着実に根付くようにとの願いを込めて、平成三年から実施されているものです。アメリカのように「看護師の日」としている国もありますが、国民的な広がりを求めるには、ケアにかかわるすべてを包括することが望ましいとして「看護の日」とされたものでございます。

また五月十二日が選ばれたのは、この日が、近代看護の創始者といわれるナイチンゲールの誕生日であることに因《ちな》んだもので、ジュネーブに本部のある国際看護師協会でも、この日を「国際看護師の日」と定め、記念行事を実施しております。

さらにわが国では、この日を含む一週間を「看護週間」として、全国各地で、国民に看護に対する理解と関心を深めてもらうための講演会、写真展、看護相談などの催しや、実際に看護を体験してもらうための「ふれあい看護体験」が行われております。

ご承知のように、近年、病院や社会福祉施設などで、実際に看護を支えている看護師、保健師、助産師など看護職員の不足が、大きな社会問題となっております。

本日の集いにおける講演や講師の先生を囲むお話し合いなどを通じて、社会全体で助け合うケアの心が養われるとともに、看護の第一線で働く看護職員への理解が深まり、それがまた、ゆとりある看護にも繋がっていきますことを心から念願しまして、ご挨拶と致します。

57 沖縄本土復帰記念の集い　挨拶

『沖縄本土復帰記念の集い』の開催にあたり、一言ご挨拶を申し上げます。

「沖縄の本土復帰なくして、日本の戦後はありえない」という、当時の佐藤総理の固い決意と国民挙げての要請により、沖縄の本土復帰は昭和四十七年（一九七二）五月十五日に実現しました。

そしてここに○○年を迎えましたが、本土では見られないコバルトブルーの海、亜熱帯の草花、おおらかで心温まる県民性、豊かな文化など、一見平和に見える南の島には、今なおわが国土で唯一戦場となった事実が、県内各所にその痕跡《こんせき》を止《とど》め、県民の皆様の心に癒《いや》し難い傷跡を残しているばかりか、県土の中心部に二万三千ヘクタールに及ぶ米軍基地が存在していることを忘れてはならないと存じます。

沖縄県民の心は、徹底した平和への願いであり、それは米軍の沖縄侵攻の上陸地点となり、最大の激戦地となった読谷村《よみたんそん》の平和条例に、端的に集約されていると思うのであります。

本土復帰後、政府は、本土並みを合い言葉に「沖縄振興開発特別措置法」や現在の「沖縄振興特別措置法」によって、諸般の施策を講じてきましたが、復興を急ぐ余りか、その在り方には、少なからず問題のあることが指摘され、必ずしも県民の期待に応えるものとはなっていないとの批判が聞かれますことは誠に残念であります。

沖縄県の、これまでの足跡と現状に思いを致し、本土復帰の際、県民の皆様が期待した願いが、望み通りに、一日も早く実現されることを心から祈念する次第であります。

終わりに臨み、稀にみる豊かな自然と、個性に満ちた文化の上に立つご当地の更《さら》なる発展をご期待申し上げまして、ご挨拶と致します。

58 星の科学館落成式　挨拶

本日、「○○町星の科学館」の落成にあたり、○○町議会を代表して一言ご挨拶を申し上げます。

○○岳（山）に、星の科学館の設置が計画されましたのは○年前になりますが、関係者のご努力により完成、ようやく落成の運びとなりました。

今日六月一日は気象記念日であります。

明治八年六月一日、イギリスの技師ヘンリ・B・ジョイネルの指導の下に、東京の赤坂葵《あおい》町に東京気象台が設置されたのを記念するものですが、この日に、当館の落成式を迎えましたことは誠に有意義と存じます。

高原のすがすがしい自然環境を満喫するとともに、天空一杯の星群を観測し、子ども達に向学心と大きな夢と希望を育《はぐく》んでもらうことはもとより、都会の子ども達にも開放し、宇宙を観測することから、ともに、地球規模の環境問題や気象などについても楽しく学んでもらいたいと思います。

もちろん、住民の皆様も大いに活用し、天体や気象の知識を深めていただきたいと存じます。

ご承知の通り、日本は島国で、東西はもとより南北にも非常に長く、気象の変化に富むとともに、春夏秋冬が極めてはっきりしておりますことから、国民性として、気象に関しては極めて繊細な感受性を持っております。

その反面、気象に起因する災害も多いわけで、このため本科学館では、この面についても、○○天文台のご指導をいただくことになっております。

「○○町星の科学館」における天体、気象の観察、実験により、多くの住民が地球と宇宙のかかわりを知り、国土への愛着を深め、環境保存の意識をますます強められますことを祈念して、落成のご挨拶と致します。

59 人権擁護委員大会　祝辞

本日ここに、『○○県人権擁護委員大会』が開催されるにあたり、○○市（町・村）議会を代表して、一言お祝いの言葉を申し上げます。

人権擁護委員制度は、地域住民の中から人格識見の優れた人を選び、その協力を得て、官民一体となって、国民の基本的人権の擁護を図ることを目的に、昭和二十三年七月十七日「人権擁護委員令」により創設され、諸外国に例を見ない、わが国独自の制度として、その機能を果たしております。

翌昭和二十四年六月一日には「人権擁護委員法」が施行され、すでに今日までに○○年が経過致しましたが、この間、人権尊重の思想も年を追って普及し、今や国民の間に定着するに至りましたことは、委員各位並びに関係当局のご尽力の賜物《たまもの》であり、深く敬意を表するものであります。

もちろん、国民の人権は、裁判所による司法的措置によって擁護されるのが基本原則でございます。しかし、人権問題が裁判所に持ち込まれる前に個人の人権が侵されないように予防し、また、もし人権が侵害された場合、速やかにその救済を図る人権擁護委員制度は、国民にとって力強い存在であり、重要な意義を持つものであります。

しかしながら、新聞・テレビ等で報道されますように、未だに人権侵害の例が跡を絶ちません。このような不祥事を絶滅するためには、国民一人ひとりの自覚がまず望まれるところでありますが、何よりも、委員各位による不断の啓発にまつところ大なるものがございます。

皆様におかれましては、本日の大会を契機に、くれぐれも健康にご留意の上、新しい決意の下にますますご精進いただきますようお願いしまして、祝辞と致します。

60 電波の集い　挨拶

無線通信愛好家の皆さんによる『電波の集い』にお招きいただきありがとうございます。一言ご挨拶を申し上げます。

ここ数年、電波利用の広がりは誠に目覚ましいものがあります。私達にとって一番身近な電話をとってみても、初めは大変な資産であり、ステータス・シンボルともいえる貴重な財産でしたが、今はどこの家庭にも普及しているばかりか、私達の身の回りにも携帯電話だ、スマートフォンだと、次々に新しい機器が持ち込まれ、生活の中に溶け込んでおります。

また、電波というと、以前はラジオ・テレビなどの放送のほかは、船舶や航空機の通信、消防・警察の交信、災害の連絡といった公共通信が主でしたが、最近は、ＩＴ技術の発達や昭和六十年から始まった通信事業の自由化により、企業から家庭まで、免許を取って電波を発信できるようになり、「無線局」が急増しております。

こうした電波の画期的な普及とともに、不法使用による電波妨害も増え、家庭のテレビ・ラジオや電話などに混信したり、さらには警察・消防などの無線を妨害するなど、住民の生命・財産を脅《おびや》かしかねない事態も少なくないといわれます。

このように、私たちがＩＴ技術の発達によって、高度な社会生活を享受するためには、秩序ある、電波利用に対する深い関心と理解が必要となっております。

電波の利用は、今後とも予想もつかないほど発展していくと思います。皆様におかれましては、無線通信の利用方法の情報交換とともに、周波数や出力など、電波利用のルールについても知識を深められますようお願いしまして、ご挨拶と致します。

61 おいしい水の供給を考えるシンポジウム　挨拶

本地域○市町村有志による『おいしい水の供給を考えるシンポジウム』の開会にあたり、一言ご挨拶を申し上げます。

わが国は、質の良い水に恵まれ、かつその豊富なことは、他の諸国に類を見ないところであります。

しかしながら、最近は、住民の生活水準の向上に伴う消費量の急増に加え、農畜産業や工場の排水、さらに生活排水の増加による河川や湖をはじめとする水源の汚染が進み、全国各地で、水道用水の量と質の確保が深刻な問題となっております。

古来、わが国では、水は天からの授《さず》かりものとして、コストも考えずに、それこそ湯水のように使ってきました。しかし、社会環境が大きく変化した今日では、このような生活態度は根本から改めなければならないと同時に、質のよい用水の確保と供給に、行政も企業も住民も、真剣に対応しなければ、将来に大きな禍根《かこん》を残すことになります。

生活水準の向上に伴う用水の確保には、大きな投資を要します。古くは古代ローマの水道が有名ですが、わが国でも、江戸時代の玉川上水・神田上水の例がございます。当時百万といわれた江戸の住民のための水道の建設とその維持確保・環境保全に、徳川幕府が行った投資は莫大なものがありましたが、水の大量消費社会を迎えた今日では、日本全国の地域・集落が、同じような状況に直面していると言っても過言ではないと思います。

本地域各市町村の水道の将来も、決して楽観を許すものではありません。

本シンポジウムにおいて、安全かつ良質の水を安定して確保・供給するために、住民・企業・行政はどのような努力を払うべきか、十分ご議論いただくことをお願いして、ご挨拶と致します。

62 環境シンポジウム　挨拶

本日ここに、○○市（町・村）主催による『環境シンポジウム』が開催されるにあたり、一言ご挨拶を申し上げます。

今日ある環境は、私達だけのものではありません。私達は、この環境を保全し、改善して子ども達、それから孫達へと引き渡していかねばなりません。

しかし、今、便利で豊かな生活と引き替えに、地球的規模で環境が壊されております。工場や自動車などの排出ガスに含まれる二酸化炭素・硫黄酸化物・窒素酸化物などによる酸性雨や地球の温暖化、フロンガスによる成層圏のオゾン層の破壊、さらに海洋汚染や有害廃棄物の大量投棄などにより傷められた自然環境は、干ばつや砂漠化の進行、暖冬冷夏、大雨など、枚挙《まいきょ》にいとまないほど、世界各地に異変をもたらしております。

このようなことから、昭和四十七年（一九七二）、かけがえのない地球を守るために、ストックホルムで開かれた国連人間環境会議で、地球的規模で環境問題を考える「人間環境宣言」が決定され、さらに、これを契機に日本政府が行った、六月五日を「世界環境デー」とする提唱が国連総会で採択されました。これを受けて、翌四十八年からこの日に、世界各国で環境問題の啓発活動が行われておりますが、わが国でも、六月五日を初日とする「環境週間」が設けられ、国や地方公共団体、民間団体などによりさまざまな催しが行われております。

本日のシンポジウムも、この趣旨の下に、その道に造詣《ぞうけい》の深い各界の方々をお招きし、市（町・村）民の皆様と環境問題を考えるため開かれたものです。

今、私達は、環境保護のためにそれぞれの立場で何を成すべきか、十分ご討議いただくことをお願いして、ご挨拶と致します。

63 環境美化行動の日の集い　挨拶

本日は、○○市（町・村）主催の『環境美化行動の日の集い』に多数ご参加いただきありがとうございます。一言ご挨拶を申し上げます。

ご承知のように、一九七二年（昭和四十七年）、かけがえのない地球を守るために六月五日から二週間ストックホルムで開かれた国連人間環境会議で、地球的規模で環境問題を考える「人間環境宣言」が採択されました。そしてこの会議を記念して、六月五日を「世界環境デー」とし、その翌年から毎年この日に、世界各国で環境問題の重要性を認識するための諸行事が行われております。

わが国でも、この日を初日とする「環境週間」が設けられ、環境問題に対する国民の責任と義務の自覚を促すとともに、将来に向かって、よりよい環境を作り出すための努力と決意を新たにする契機とするため、国や地方公共団体、民間団体などにより、さまざまな催しが行われておりますが、本市（町・村）でもこの趣旨に賛同し、○○年から『環境美化行動の日の集い』を開催しております。

便利で豊かな生活と引き替えに、地球的規模で環境が壊されており、今や、健康で快適な生活環境を維持しながら、自然環境の保全を図ることは、人類共通の課題となっております。

本市（町・村）でも、この集いが始まって以来、毎回環境保全問題について話し合い、それをもとに家庭ゴミの分別収集や、学校や地域での美化運動などの小さな努力を始め、住民・企業・行政一体となって、大気や水の汚れなどに対して改善に励み、大きな成果を上げておりますが、このような努力は、今後とも弛《たゆ》まず続けて行くことが必要と思います。

本日の集いが、有意義なものとなりますよう、心から念願して、ご挨拶と致します。

64 虫歯予防の集い　挨拶

『虫歯予防の集い』にお招きいただきありがとうございます。一言ご挨拶を申し上げます。

以前、「歯が大事　食べる楽しみ　いつまでも」、「長生きは　丈夫な歯から　歯茎《ぐき》から」と言う標語を聞いたことがあります。その後、時折思い出し、改めて肝に銘じております。

楽しく、おいしく食事するにも、家族や友人とおしゃべりを楽しむにも、歯は大切な役割を持っております。また、いつまでも、若々しい表情を維持するにも、健康な歯と歯茎が欠かせないことは、皆様先刻ご承知のことと存じます。

では、あなたは今、何本歯がありますかと、突然聞かれて即答できるでしょうか。多くの方はすぐ答えられないと思います。「そもそも歯って一体何本あるのだろう」という方もおられるのではないでしょうか。実は私もそうだったので、先日、歯医者さんに伺ったところ、成人の場合、普通は親不知《おやしらず》を除いて永久歯は二十八本だということでした。

厚労省の「歯科疾患実態調査」によると、高齢者の現在歯数は増加傾向にあり、七十～七十四歳の層では約十五本程度になっているそうです。

失う歯が十本以下、いいかえれば、残っている歯の数が二十本あれば、無理なく咀嚼《そしゃく》できますが、これを下回ると、それに比例して、咀嚼能力が落ちるだけでなく、微妙な歯ざわりや味覚が衰え、発音や発声も悪くなるそうでございます。

おいしく食べ、楽しく会話ができてこそ、長生きのしがいもあるといえるのではないでしょうか。

日本人の平均寿命の八十歳になっても、自分の歯を二十本以上保とうという「八〇二〇《ハチマル・ニイマル》」運動が提唱されておりますが、本日の集いを機会に、これを目標に、虫歯予防に務めていただきたいと存じます。

65 八《ハチ》〇《マル》二《ニイ》〇《マル》運動の集い挨拶

『八〇二〇《ハチマル・ニイマル》運動の集い』の開催にあたり、一言ご挨拶を申し上げます。

今日、六月四日は「虫歯予防デー」でございます。六月四日をもじって〝むし〟と読み、昭和三年に、日本歯科医師会が提唱したのが始まりですが、昭和三十年に、さらにこの運動を強化するため、この日から一週間が「歯の衛生週間」と定められました。

本市（町・村）でも、この期間に小・中学校で虫歯の検診を実施するほか、厚生労働省・文部科学省・日本歯科医師会などが展開している「八十歳になっても二十本の歯を残す〝八〇二〇運動〟」に賛同してこの集いを設けたのであります。

歯を失わないためには、まず、子どもの頃から食後の正しい歯磨きを習慣づけ、虫歯や歯周疾患を予防することが何よりも大切です。

私達は、一回の食事に平均約三百回噛むとして、八十歳までに二千七百万回で、この間、実に二千七百トンの食物を噛み砕くと言われます。健康のために、いかに歯が大切か改めて考えさせられるというものでございます。

子どもを持つお母さんや保護者の方々は、自分の歯はもちろんですが、特にお子さんの歯の状態に注意して、歯磨きなど、歯の健康に対するよい習慣をつけさせたいものです。また、歯の健康には食生活も大切で、カルシウムや良質の蛋白質《たんぱくしつ》を摂ることはもとより、固いものを、積極的に咀嚼《そしゃく》することが大切だということも忘れてはならないと思います。

社会環境や食生活の変化によって、私たちの歯は大変弱くなっております。人生八十年時代を楽しく生き抜くために、この集いを機会に、歯の健康保持について、もう一度原点に立ち返って考えていただきますようお願いして、ご挨拶と致します。

66 母と子のよい歯のコンクール 祝辞

皆さん、本日の栄《は》えある受賞、誠におめでとうございます。

皆さんは、このコンクールに応募された大勢の人達の中から厳正な審査を経て、見事受賞の栄誉に輝かれたのでございます。

永年にわたる努力が実っての、この度の快挙に対しまして、心から敬意を表します。

私たちの食生活は、近年、非常に豊かになりましたが、反面、生活様式の変化とともに栄養・運動・休養等の不調和や認識の欠如から、老若男女を問わず健康に関するさまざまな問題が指摘されております。

ただし、虫歯の者の割合の推移をみると、幼稚園は昭和四十五（一九七〇）年度、小学校、中学校及び高等学校では昭和五十年代半ばにピークを迎え、その後は減少傾向にあります。また、未処置歯のある者の割合の推移は、全ての学校段階で昭和二十三（一九四八）年度の調査開始以降、過去最低となっています。

本日受賞された皆さんは、母子揃ってよい歯というのは誠に立派なことで、感嘆のほかありません。

健康であることは何物にも代え難いことで、楽しく毎日を過ごし、勉強に、スポーツに、思い切って頑張れるのも健康であればこそですが、その健康を支えてくれる最も大切なものの一つが歯でありましょう。そして歯の健康を保つことは、皆さんが実践してこられたように、一朝一夕《いっちょういっせき》で得られるものではありません。皆さん方には、これからも他の人の模範として、よい習慣と努力を続けられますよう念願する次第であります。

終わりに臨み、皆さんの前途が、健康で明るい希望に満ちたものでありますよう、心から祈念しまして、私のお祝いの言葉と致します。

67 時の記念日の集い　挨拶

『時の記念日の集い』にお招きいただきありがとうございます。一言ご挨拶を申し上げます。

「時」、つまり時間といえば、私達に一番身近なものとして時計がありますが、日本の時計は正確なことでは世界一。低価格の使い捨て時計の普及もあって、持たない人はいないといわれるほど普及率も高くなっております。「時の記念日」が、大正九年に、生活改善同盟会の提唱で、「時間を尊重し、正確な時間の観念を普及することによって生活の合理化を進める」ことを目的に実施された当時のことを思うと、まさに隔世《かくせい》の感がございます。

また六月十日が「時の記念日」に選ばれたのは、日本書紀にあります「天智天皇の御代《みよ》十年（西暦六七一年）四月二十五日に漏刻《ろうこく》という水時計が使用され、時を知らせた」という故事に因《ちな》んだもので、この日を太陽暦に直すと六月十日にあたるからです。

現在の社会生活は、時間を無視しては何もできません。仕事はもとより、鉄道等公共交通機関の利用にもまず時間ありきですし、軽い気持ちの仲間同士のレクリエーションでさえ、もはや時間厳守が最優先のマナーとなっております。

時は金なりの格言のごとく、高度情報化・国際化の時代には「時間の励行《れいこう》」は欠くべからざるものでありますが、わが町を含め、未だに数十分くらいの遅れは大目に見る習慣が、根強く残っている地域が少なくないのは誠に残念なことでございます。

ご参会の皆様も、「時の記念日」にあたり、一人ひとりが、大きく時間と関わりを持っていることを再認識され、限りある生涯を有意義に過ごすために、時間を大切にしていただくことを心から念願しまして、ご挨拶と致します。

68 小さな親切運動の集い挨拶

『第○○回○○県民小さな親切運動の集い』が開催されるにあたり、○○県議会を代表して、一言ご挨拶を申し上げます。

戦後五十年余、わが国の経済は驚異的な発展を遂げましたが、その一方で、経済の振興を急ぐ余り、多くのものが犠牲になりました。

かけがえのない自然や文化も、その例外ではありません。

そのために、日本人の心細やかな気風や美徳はもとより、相手の立場を思いやり、さりげなく、人間関係を円滑《えんかつ》にする先人の知恵さえも、失われてきているように思えてなりません。

顧《かえり》みますと、昭和三十八年、当時の東大総長の茅《かや》誠司《せいじ》先生が卒業式で述べられた「だれでもができる思いやり、小さな親切で、社会のすみずみまで埋めつくす、その芽となってもらいたい」との告辞が端《たん》緒《しょ》となって、「小さな親切運動」が、またたく間に全国的な広がりを見せたことは、皆様ご案内の通りでございます。

思いやりの心や、奉仕の心は、人間性豊かな社会を育《はぐく》むために、経済優先・物質万能の現代にあっても、決して失ってはならないものであると思うのであります。

こうした中にあって、結成以来○○周年を迎えられた「小さな親切運動○○県本部」の存在意義は誠に大きく、その実践活動に寄せる期待は大きなものがあると存じます。

本日の集いを機会に、「小さな親切運動○○県本部」の活動の成果が、ますます大きく花開き実を結ぶことを念願致しますとともに、ご参会の皆様のご健勝とさらなるご活躍をお祈り申し上げ、私のご挨拶と致します。

69 父の日　挨拶

○○小学校の皆さん、こんにちは…。

皆さんのお父さんはお元気ですか。お父さんにも優しいお父さん、怖いお父さん、いろいろいらっしゃると思いますが、どのお父さんも、心の中では皆さんのことを思い、気遣っているのです。六月第三日曜日はそうした、お父さんのための『父の日』です。皆さんは、この機会に、ちょっと照れ臭いかもしれませんが、感謝の気持ちを込めて、何かお父さんのためにしてあげましょう。お父さんは、きっと喜んでくれると思います。

ところで、なぜこの日が『父の日』なのかお話ししましょう。

それは、今から○○年前の一九一〇年（明治四十三年）に、アメリカのワシントン州に住んでいたジョン・ブルース・ドッドというご夫人が、男手一つで育ててくれた亡きお父さんの誕生日に、特別に教会で礼拝をしてもらったのが始まりです。一九六六年（昭和四一年）に「母の日のように父に感謝する日」とすることに全米で賛同を得て、大統領告知で「父の日」に定められ、一九七二年（昭和四十七年）に合衆国の記念日に制定されたのです。

日本では、戦後の昭和二十五年頃から知られるようになり、「母の日」から少し遅れて広まりましたが、「母の日」に比べると余り盛んではありません。

なにしろ、「母の日」は、今ほど定着していませんでしたが、戦争前にもありましたから、「父の日」よりちょっと先輩なのです。

いずれにしても、『父の日』も「母の日」と同じように、外国で行われている大変よい習慣が、日本でも自然に取り入れられた行事です。

皆さんも、素直な気持ちで、お父さんに対する日頃の感謝の気持ちを表しましょう。

70 沖縄慰霊の日の集い 慰霊の言葉

『沖縄慰霊の日の集い』にあたり、一言慰霊の言葉を述べさせていただきます。

本日、六月二十三日は、昭和二十年のこの日、凄《せい》惨《さん》を極めた沖縄戦が終結した日でございます。

先の大戦で、郷土が戦場となった沖縄県民のご心中を察しますと、私どもは、戦争の何たるかを、今更のように思い知らされる気持ちであります。

戦争に、よい戦争も、悪い戦争もありません。そしていったん戦争になってからでは、いくら平和を叫んでも遅すぎることは、私達自らが身をもって体験したところであります。

かつて、幕末の日本に対し、武力をもって開国を迫ったアメリカ黒船艦隊のペリー提督も、来日に先だって訪れた沖縄において、「この国に大砲の必要は全くない」と、〝平和と守礼の国・沖縄〟を賞賛しております。

その沖縄が、先の大戦においてわが国唯一の国土戦の戦場となり、県民十二万余、日米軍人を含め二十万を超える尊い命が失われたのであり、沖縄県民の心情に想いを致す時、誠に痛惜《つうせき》の念を禁じ得ないところでございます。

この消し去ることのできない悲痛な体験の中から生まれた、沖縄県民の反戦への思いの一端は、平成三年に行われた地方自治法の改正によって、「慰霊の日」を、地方公共団体独自の休日とすることにより実を結びましたが、これを契機に行われました「戦争への反省や教訓を風化することなく、平和を脅かすものへの警戒を怠らない」という、沖縄県の平和宣言は、戦禍に散った多くの御霊《みたま》に捧げる、私ども全国民の誓詞《せんし》でもあります。

本日ここに、平和を守る心を、改めて御霊の御前《おんまえ》にお誓いし、慰霊の言葉と致します。

六月（水無月）

71 国民安全の日の集い 挨拶

『国民安全の日の集い』が開かれるにあたり、一言ご挨拶を申し上げます。

本日、七月一日の「国民安全の日」は、国民一人ひとりが、家庭内はもとより、日常生活を送るために必要な地域社会の環境が、安全であるかどうかを点検し、災害の防止を図ることを目的に、昭和三十五年に「全国安全週間」の初日である、この日をあてることとして設けられたものでございます。

ご承知の通り、わが○○市（町・村）でも、昭和○○年○月、「安全で明るく住みよいまちづくり」を目指して安全都市宣言を行い、安全面に配慮した道路・河川の整備や各種公共施設の改修に努めております。

そして、さらにこれを、市（町・村）民総ぐるみで推進するため、毎年七月一日に『国民安全の日の集い』を開き、市（町・村）民全体で、生活環境をはじめ、事業所、学校などさまざまな場での安全について考え、「災害を未然に防止し、被害を最小限に止《とど》めるために、住民の立場で、企業・団体等の立場で、また行政の立場で何を成すべきか」、意見の交換を行い、成果を上げてきたところであります。

最近は、全国各地で、高齢者・身体障害者などの安全に配慮した「弱者に優しい福祉のまちづくり」を進める市町村が少なくありませんが、安全都市実現を施策のトップに掲げております本市（町・村）にとりましても、このようなまちづくりは参考になるものと存じます。

本日は、ご参会の皆様全員が、日常生活をめぐる環境の安全面について改めて見直し、さらに安全を期するために何をしたらよいか、十分お話し合いをされ、この集いが、実りあるものとなりますよう祈念して、ご挨拶と致します。

72 更生保護大会　挨拶

本日ここに、『○○市（町・村）更生保護大会』が開催されるにあたり、○○市（町・村）議会を代表して、一言ご挨拶を申し上げます。

ただいま、表彰を受けられました皆様は、多年にわたり、罪を犯した者の更生を助け、その再犯を防止して完全な社会復帰を遂げさせるため、ひたすら社会の目の届かないところで、黙々と更生保護にご尽力されてきた方々であり、その崇高なご努力に対し、心から敬意を表する次第であります。

「更生保護の日」は、犯罪予防更生法が施行された昭和二十四年七月一日を記念して、昭和三十七年に、社会を明るくする運動中央実施委員会により、毎年七月一日を「更生保護の日」と定め、また七月いっぱいを「社会を明るくする運動」月間として、関係諸団体はもとより、広く一般国民に対し、犯罪予防更生への協力を呼び掛けるため、設けられたものでございます。

人生には、誰にも過ちがあります。誤って罪を犯した人が、その非を改め、更生に努力し、社会復帰を果たすためには、これらの人々が、社会の冷たい目に遭って自暴自棄となり、再び罪を犯すようなことがあってはなりません。

刑法という、法律の中でも、ことさら厳しい法律に対して、「誠意・温情」という、相手を心から思いやる感性が、曲がった心にも素直に響き、本来の正しい人間性を呼び戻す唯一の道であり、両者相まって、初めて更生の実が挙がるものと、私は常々思っております。

この日を契機に、住民一人ひとりが、更生者に二度と失敗を繰り返させないよう、温かい心をもって接していただくとともに、皆様の一層のご活躍を祈念して、ご挨拶と致します。

七月（文月）

73 労働災害防止安全大会挨拶

本日ここに、○○労働基準監督署、労災防止協会主催による『労働災害防止安全大会』が開催されるにあたり、一言ご挨拶を申し上げます。

ご承知のように、本日、七月一日から「全国安全週間」がスタートしました。

全国の会社・事業所等すべての職場で、安全についての点検・整備を行うとともに、労働災害を防ぐための啓蒙活動が行われますが、この安全週間の歴史は古く、旧労働省と中央労働災害防止協会の主唱により、昭和三年から行われているものであります。

また、この週間の初日である本日、七月一日は「国民安全の日」とされております。

これは、昭和三十五年五月に閣議で決められたものでありますが、国民すべてが、明るく住みよい生活を送り、豊かな市民生活を維持していくために、家庭や職場などで身辺の安全に気を配り、産業災害や交通災害、火災や海難など、市民の日常生活を脅かす、すべての災害の防止を図ることを目的に、設けられたものでございます。

各事業所等におかれましては、この日の意義を改めて認識され、心を新たに、労使協力して、労働災害防止にあたっていただくよう、お願い申し上げる次第であります。

本日は、本市内において、安全対策に優れた実績を示されました事業所に対し表彰が行われましたが、受賞されました各位のご努力に対し、心から敬意を表しますとともに、今後とも、一層の安全管理、事故防止の徹底にご尽力賜わりたいと存じます。

終わりに臨み、本日お集まりの市内優良事業所・団体の皆様のご繁栄をお祈りするとともに、安全で楽しい地域社会を作っていただくようお願い申し上げ、ご挨拶と致します。

74 愛の血液助け合い運動の集い　挨拶

『○○市（町・村）愛の血液助け合い運動の集い』にお招きいただきありがとうございます。せっかくの機会でありますので、一言ご挨拶を申し上げます。

ご承知の通り、わが国の献血者数は平成六年から減少を続け、四十歳から六十九歳の献血者は平成十八年から増に転じましたが、中でも十代・二十代の献血者の減少が著しいです。平成二十三年から四〇〇ミリ献血の年齢が男性に限り十七歳に引下げられたものの、減少傾向はつづいています。

医療の実態を見ると、わが国では、輸血用に使われる全血製剤と血液成分製剤は、国内の献血で賄《まかな》われておりますが、血漿《けっしょう》から作られる血漿分画《ぶんかく》製剤については、ほとんど海外に依存し、輸入に頼っているのが現状であります。

血液は臓器の一部でございます。その血液が売買の対象とされることは、倫理的に好ましいことではありません。このためＷＨＯ（世界保健機関）でも、昭和五十年に、加盟各国に対し「自国で必要とする血液はその国が自給自足すべきこと」を勧告しております。

大量の出血に使われる「全血製剤」や、特定の成分が不足する場合に使われる「成分製剤」はもとより、「血漿分画製剤」は多くの血液を必要としますが、現在の科学技術では血液そのものを人工的に作ることは不可能で、原料は献血に頼るしかありません。

情けは人の為ならずと申します。お互い、いつ何時、大量の出血を伴う手術や交通事故等の怪我《けが》で、血液のお世話にならないとも限りません。

本日の集いを契機に、献血の重要性を十分ご認識いただき、献血による健康な血液の確保にご協力されますようお願いしまして、ご挨拶と致します。

75 青少年を被害から守る市民の集い　挨拶

本日ここに「○○市青少年を被害から守る市民の集い」が開催されるにあたり、市議会を代表して一言ご挨拶を申し上げます。

申し上げるまでもなく、将来の日本を担っていく青少年の健全育成は、国民全体に課せられた責務であり、私たち市民もひとしく念願しているところでございます。

ところで、近年では、刑法犯少年等の検挙や補導人員は、いずれも減少傾向にあります。

しかし、一方で、児童虐待事件や児童ポルノ事件の被害児童数が増大傾向にあり、また、インターネットの利用環境が大きく変化する中で、例えば、危険ドラック等の違法・有害情報や出会い系サイトの提供、ネットを利用した児童買春、更には、リベンジポルノなど、被害やトラブルに遭う事例が絶えず報告されており、青少年の非行及び被害の両面において憂慮すべき状況となっています。

国も、こうした事態に、インターネット・ホットラインセンターの周知や関係法令の整備と厳正な適用に努めています。しかし、私は、規制や救済もさることながら、一番大切なことは、未然に防止する環境づくりを進めることだと思っております。

ことは、一個人・一家庭の力だけでは到底解決できない社会問題ですが、ボランティア活動、スポーツや文化活動など、青少年が多様な交流を体験しながら、社会性・主体性を育むことができるように、今後とも地域ぐるみで青少年の「居場所」づくりのために、温かい愛情の手を差し伸べていただきますよう、切にお願いいたしまして、私のご挨拶といたします。

76 国際青少年親善交流の集い　挨拶

ユネスコ加盟記念日にあたる、今日、七月二日を記念して開きました『国際青少年親善交流の集い』に、このように、たくさんの皆さんのご参加をいただき、厚くお礼を申し上げます。

特に、アメリカン・スクールをはじめ、各国の青少年の皆さんには、日頃は、日本の子ども達との交流はあまりないかと思いますので、これを機会に、お互いによく知り合って、末長く仲のよい友達となっていただきたいと思います。

ユネスコは、第二次世界大戦終了間もない一九四五年（昭和二十年）十一月十六日、ロンドンで開かれた国際連合教育文化会議で決定された、ユネスコ憲章に基づいて発足《ほっそく》しましたが、日本は、講和条約が調印（九月二日）された一九五一年（昭和二十六年）の、今日、七月二日に第六十番目の国として加盟致しました。

第二次世界大戦では、多くの尊い命《いのち》や財産を失いました。

ユネスコはその反省から「戦争は人の心の中で生まれるものであるから、人の心の中に平和の砦《とりで》を築かなければならない」として、「人種や性、言葉や宗教の区別なく、お互いを認め合って、教育・科学・文化を通じて理解し合い、平和と安全を維持していく」ことを目指して設けられたのです。

世界の子ども達が、お互いの国の習慣や考え方を知ることで、初めて、世界が自分達だけではなく、いろいろな考え方の人々により、成り立っていることが理解できると思います。

お集まりの皆さんも、どうか今日は楽しく過ごし、やがて大人になった時、すべてのことを相手の立場になって考えられる、真の国際人に成長されることをお願いしまして、ご挨拶を終わります。

77 水を考えるシンポジウム挨拶

『水を考えるシンポジウム』開催にあたり、一言ご挨拶を申し上げます。

今日、八月一日は「水の日」でございます。一年の中で水の消費量が最も増え、暮らしの中でも、水とのかかわりが深まる八月の第一週を「水の週間」とし、その初日を「水の日」とすることは、昭和五十二年五月に閣議で決められました。

国は、この期間に、国土交通省を中心に、地方自治体などと協力して、水が貴重な資源であることや水資源開発が重要であることをPRしておりますが、当○○市（町・村）では、○○年以来、毎年この日に『水を考えるシンポジウム』を開催し、行政・住民一体となって、快適な生活と水との関連について、忌憚《きたん》のない意見交換をすることとしております。

最近のデータでは、わが国の年間降雨量は約○○ミリで、世界の中では恵まれております。しかし、雨の多くは梅雨期や台風期に集中し、また地形が急《きゅう》峻《しゅん》なこともあって、かなりの部分が利用されずに海に流れてしまうため、毎年どこかで渇水騒ぎが起こっていることは、皆様ご承知の通りでございます。

幸い、本市（町・村）は、近隣山村町村の理解と協力の下に広域水道事業を行い、これまで水で悩んだことはありませんが、経済の発展と生活の高度化を思う時、水問題は「生活に不可欠な限りある資源」として、常に真剣に考えなければなりません。

本シンポジウムにおいて、節水等の水の有効利用はもとより、水源の開発と適切な水質の維持対策などについて、十分ご議論いただくことをお願いして、ご挨拶と致します。

78 水の日の集い挨拶（その一）

『水の日の集い』にお招きいただきありがとうございます。一言ご挨拶を申し上げます。

今年の夏は、幸いに、今のところ水不足の心配はなく、このままでいけばわが○○市（町・村）でも公園の噴水が止まったり、プールが使用停止になるようなことはなさそうです。

しかし、比較的水に恵まれたわが○○市（町・村）におきましても、平成○年に、全国的に発生した異常渇水による長期間の断水や給水制限が、私達に改めて〝水の大切さ〟を思い起こさせた教訓は、常に忘れてはならないと思います。

わが国の年平均降水量は国交省の統計では約○○ミリですが、平成○年は僅かに○○ミリで、特に、夏場の六月から八月にかけての降水量は平年の○○%以下でした。その上、戦前戦後を通じて最も暑い夏となったことから、○○市（町・村）でも、給水制限こそ行いませんでしたが、公園の噴水を止めたり、プールの使用停止に踏み切らざるを得なくなったことは、まだ記憶に新しいところであります。

〝喉元《のどもと》過ぎれば熱さを忘れる〟と申します。今年のように、どうやら順調に雨が降りますと、ついつい、水の使用に対する意識がおろそかになりますが、決して忘れてはならないことでございます。

統計的にも、全国の年間降水量は、昭和三十五年頃から少なくなる傾向にあるといわれます。豊富で安価であるとの従来の水に対する認識を改め、水が限りのある貴重な資源であることを十分理解し、節水型社会をつくっていく必要があると存じます。

本日の『水の日の集い』において、渇水のない、豊かで潤いのある暮らしを実現するためにはどうすればよいか、真摯《しんし》にご検討いただき、明るい○○市（町・村）の実現に役立てていただきたいと存じます。

79 水の日の集い挨拶（その二）

わが国では、昔から物を野放図《のほうず》に浪費することを湯水の如くに使うと申します。山紫水明《さんしすいめい》を誇り、昔から水に恵まれておりましたことから出たたとえでしょうか。最近は、異常渇水が頻発するせいか、さすがにあまり聞かれなくなりましたが、それでも周囲を注意して見渡しますと、まだまだ健在ではないかとの感が致します。外国ではおよそ考えられもしないことでしょう。世界では現在、多くの国や地域で、深刻な水不足や水質汚染が問題となっており、このため、平成四年の国連総会で、「国連水の日」を設け、世界的な観点から、もう一度、水の大切さを考えようという決議が行われております。

申すまでもなく、水は限りのある貴重な資源です。本日の集いを機会に、水の問題を、地球的規模で考えてみることも意義のあることと思います。

地球上に存在する水の量は約十四億キロ立方メートルで、たえず蒸発・降水の循環を繰り返し、増えも減りもしませんが、その九七％は海水などで、淡水は残りの三％にすぎません。その淡水も、大部分は南極や北極の氷で、利用できるのはその内の三〇％にすぎません。水の惑星と言われる地球ですが、そのほとんどが利用できない水なのであります。

国連食糧農業機関（ＦＡＯ）によりますと、水はすでに世界の多くの地域で希少な「商品」となっており、そのために、国連の発表では世界で〇〇億の貧しい人達が苦しみ、〇億もの人が栄養失調になっているそうです。

わが国でも、最近の少雨・渇水傾向を見ますと、決して他人《ひと》ごとではありません。私達も、もう一度日常生活を振り返って、水をむだに使っていないか、水を汚していないかチェックし、水を生かし、そして守る社会づくりを目指したいものでございます。

80
観光週間の集い　挨拶

『観光週間の集い』にあたり、一言ご挨拶を申し上げます。

観光週間は、内外の観光が活発化している中で、楽しい観光、意義ある観光となるよう、観光道徳の高揚、観光地の美化を図るため昭和四十年から行われているものでございます。

本村においても、昭和○○年から、毎年『観光週間の集い』を開き、観光をめぐる問題について話し合い、住民、行政相携《あいたずさ》えてその解決に努めることとしております。

最近の観光地は、名勝地やレジャー施設の整った場所だけでなく、本村のような、緑の森林や清らかな渓谷、四季折々の自然に、豊かに恵まれた山村にまで広がっております。このため、本村では、観光週間の大きな行事として、観光に来られる方々に豊かな自然を満喫《まんきつ》し、気持ちよく過ごしていただくため、この週間に、地域の皆さん総出で、全村クリーン作戦を行うことを恒例としております。

しかし、残念ながら、観光客の中には、ともすれば、未だに使い捨て時代の習慣を引きずっておられる方も多く、空き缶・空き瓶のぽい捨ては跡《あと》を絶たず、飲食物のケースや包装紙の放置もあって、帰った後はゴミの山といったことも少なくありません。

本村恒例のクリーン人海作戦は、村中を綺麗《きれい》にすることにより、このような心ない観光客に、ゴミの持ち帰りや自然を愛する観光マナーを自然に身に付けていただく効果も狙《ねら》っているものであります。

自然は国民共有の財産でございます。都市化の進展によって、身近な自然が次第に失われていく都市で、豊かな緑と潤いを求めている観光客の方々と、わが故郷の自然を心から愛し、共有していくためにも、村中を、隅から隅まで綺麗に致しましょう。

81 道路を考えるシンポジウム　挨拶

『道路を考えるシンポジウム』開催にあたり、一言ご挨拶を申し上げます。

家を出ると道路です。私達はどこへ行くにも道路を利用します。物資の輸送も、日用雑貨・生鮮食料品をはじめ、ほとんどが自動車輸送なので、私達の生活の大半は道路のお世話になっているといっても過言ではありません。

わが国でも、大化の改新以来、全国的に道路づくりが進められてきました。しかし、江戸時代までは、陸上交通の中心は徒歩で、物流は海運が利用されてきましたし、明治以降は、陸上交通の主役は鉄道となり、道路輸送はあまり活発でなかったため、道路整備は進みませんでした。

わが○○市（町・村）の道路も、ごく一部を除いて、日本髪の銀杏返《いちょうがえ》しをもじって、デコボコ道で車で通ると胃と腸がひっくり返ると皮肉られた胃腸返し道路がほとんどであったのも、そう遠い昔のことではございません。

道路輸送が本格化したのは昭和二十九年度に「第一次道路整備五箇年計画」が始まった頃からで、本格的道路整備はまだ六十年の歴史しかないのです。

ご承知の通り、それ以後は、経済の発展につれて道路交通は急速に進展してきておりますが、反面、道路整備の速度を上回る自動車交通量の伸びで、道路の渋滞、交通事故の増加、沿道の生活環境の悪化など、深刻な問題を引き起こしております。

わが○○市（町・村）の道路事情も、全国の縮図を見るように、深刻なものがあります。

本日は、住みよいまちづくりのために、社会全体と調和のとれた交通政策・道路問題はいかにあるべきか、十分ご議論いただくことをお願いしまして、ご挨拶と致します。

82 終戦の日戦没者追悼式追悼の言葉

本日ここに、ご遺族はじめ関係者多数ご参列の下に、『○○市（町・村）戦没者追悼式』が厳粛に執り行われるにあたり、謹んで追悼の誠を捧げます。

御霊《みたま》の御前《おんまえ》にぬかずき、先の大戦を顧みます時、多くの戦士が、ひたすら祖国の平和と繁栄を信じつつ、大陸に、南海の果てに、はたまた北辺《ほくへん》の地に、貴い命を捧げ、祖国の犠牲になられたのであります。誠に痛恨、哀惜《あいせき》の念に堪えません。

今、静かに、祖国の礎《いしずえ》となられました諸霊のご功績を偲《しの》び、さらにまた、最愛の肉親を御国《みくに》のために捧げられた誇りを胸に、今日まで、艱苦《かんく》と悲しみに打ち勝ってこられましたご遺族のご心中を察します時、万感胸に迫り、涙新たなるを禁じ得ません。

戦後、すでに五十有余年、わが国は、国民の不撓《ふとう》不屈の努力が実り、今日では、世界に誇る経済大国・平和国家として、国際社会の中に、名誉ある地位を築いております。

また、諸霊が、故国を遠く離れた異国の地において、夢にまで見られた故郷〝○○市（町・村）〟も、戦前には、想像もできないほどの繁栄を見ております。

これも、ひとえに、諸霊の尊い犠牲の上に打ち立てられたものであり、また、今なお郷土の発展に注がれるご慈愛・ご加護の賜物であると信じて疑わないものであります。

私どもは、ご遺族ともども、諸霊のご偉勲《いくん》を称《たた》え、心から感謝恭敬《きょうけい》の誠を捧げますとともに、今後とも、明るく豊かな○○市（町・村）の建設に努力し、もって、御霊《みたま》の貴い御心《みこころ》にお報い致しますことを、固くお誓い申し上げる次第であります。

ここに、御霊のご冥福と、ご遺族のご多幸を祈念して、追悼の言葉と致します。

83

戦没者慰霊祭 慰霊の言葉

本日ここに、『○○市（町・村）戦没者慰霊祭』が、ご遺族多数のご列席の下、厳粛に開催されるにあたり、謹んで戦没者諸氏の御霊《みたま》に追悼の言葉を捧げます。

国運を賭《と》した先の大戦において、ひたすら祖国の勝利を信じ、一身を顧《かえり》みず危地に赴《おもむ》き、尊い生命を捧げられました英霊各位は、愛《いと》しい肉親や懐かしい故郷を遠く離れ、あるいは山野に、あるいは海洋に、家族の平安と祖国の安泰を祈りながら進んで国難に殉じられました。誠に痛恨の極みであります。

戦後七十年余、立派に育った民主主義の下に、社会・経済の繁栄と隆昌《りゅうしょう》を迎えた今日、戦場に散華《さんげ》された英霊各位並びに言い尽くせぬ辛苦《しんく》を乗り越えられたご遺族の心中をお察しする時、万感胸に迫るものがあります。

今、時はめぐり、時代は新たな世代へと移り変わろうとしております。私達は、あなた方の尊い犠牲によってもたらされた今日の平和と繁栄を永遠《とわ》に守り育《はぐく》むべく、努力を重ねてまいる所存でございます。

豊かな自然と人材に恵まれた○○市（町・村）は、今、市（町・村）民と一体となった行政を積極的に推進し、住みよい郷土づくりに向けて前進を続けております。これもひとえに諸霊のご加護と、ご遺族の、悲しみと苦難を乗り越えて努力された賜物にほかなりません。

私達は、歴史ある祖国の危急に際し、一命を国に捧げられた同胞の、愛国の至情《しじょう》を寸時《すんじ》も忘れることなく、今後とも、力を合わせてご遺族の援護に努め、平和と幸福に溢《あふ》れた社会の建設を目指して弛《たゆ》まず努力することをお誓いするものであります。

ここに、御霊のご冥福を祈り、併せてご遺族のご多幸を祈念して、慰霊の言葉と致します。

84 戦没者追悼式　追悼の辞

本日ここに、ご遺族多数の皆様のご出席の下に、『○○市戦没者追悼式』が執り行われるにあたり、謹んで戦没者の御霊《みたま》に追悼の辞を捧げます。

英霊各位が、ご家族の平安と祖国の安寧《あんねい》・発展を祈りつつ、尊い生命を捧げられてから、早くも半世紀を超える歳月が流れました。

この間、諸霊の献身のご生涯は、忘れることのできない痛恨事《つうこんじ》として、残された私どもの脳裏を片時も去ることなく、諸霊の崇高なご遺志を体《たい》し、その実現のために懸命の努力を続けて参りました。

諸霊のご加護によって、今やわが国は未曾有《みぞう》の繁栄を遂げており、また郷土○○も、香り高い文化都市の建設に向かって、各分野にわたり着実な発展を見ております。

これもひとえに、英霊各位のご加護と、ご遺族の皆様の、悲しみと苦難を乗り越えて尽力されたご努力の賜物であります。

ここに深甚《しんじん》なる敬意と感謝の意を表する次第でございます。

わが国は、現在、急激に変化する国際情勢の中にあって、多くの困難な課題に直面しておりますが、郷土○○もその影響下にあって、対応に懸命の努力を傾注しているところであります。

私どもは、ここに、改めて、平和を願い、ひたすら肉親の幸せを念じつつ、散華《さんげ》された英霊各位に思いを馳《は》せ、より住みよい、より心豊かな社会の建設に力を合わせ、世界の恒久平和の実現に渾身《こんしん》の努力を傾けることをお誓いし、もって諸霊をお慰めする所存であります。

ここに、英霊各位のご冥福をお祈りし、併せてご遺族の皆様のご多幸を心から祈念しまして、追悼の辞と致します。

85 ○○市平和都市宣言記念の集い　挨拶

皆さん、今晩は。○○市議会の○○でございます。

終戦記念日の本日、このように大勢の市民のご参加をいただき、平和の記念行事が開催できますことは、まことに素晴らしく喜びに堪えません。

開催にあたって、関係者の方々をはじめ、地元の皆様のご協力に、心より感謝申し上げます。

昭和○○年八月十五日に初めて○○市が、世界の恒久平和と人類の永遠の繁栄を願って平和都市宣言を行ってから、今年で○○年を迎えます。この間、多くの市民の方々のご支援により、記念行事は年々充実し、定着してまいりました。毎回、ご参加の方々の平和への願いを、強く感じるところです。

今年も、戦争の悲惨さを語り継ぎ、さらには命の大切さを訴え、共に平和の尊さを確かめ合う場として、この記念行事が実施できますことは、大いに意義深いことであります。

終戦から○○年が過ぎた今日、戦争の記憶も薄れつつあるのではないかと気になるところです。あらためて平和の尊さを皆様お一人おひとりが考え、話し合う機会にしていただきたいと存じます。

現在の平和を永続させるには、ここに集う私たち一人ひとりの新たな努力が必要とされていることに思いを致し、来るべき時代を担う子ども達に、平和都市○○市を、胸をはって引き継げるよう努めたいと存じます。

この地球上から争いをなくし、平和で豊かな世界を築いていくことを、改めてここに確認し、挨拶とさせていただきます。

86 防災士会支部総会　挨拶

ただいま、ご紹介頂きました、○○市議会議員の○○でございます。本日はお招きいただき誠にありがとうございます。

また、先般《せんぱん》は、当市開催の第○回「防災を考えるシンポジュウム」で、地域防災力の向上について、講師を派遣いただき、この場をお借りして御礼申し上げます。

当市では、今後もこのようなシンポジュウムを通じ、地域住民同士が発災時に想定される課題を発見し共有することで、共に防災意識を高めながら、住民自らの手でつくる地域防災計画の策定に向けて検討を深めていくことになっております。

さて、不幸にも大災害が発生した場合、残念ながら行政だけの力で全てに対応することは困難であることは、昨今の災害事例からも明らかなことであります。

市民の皆様にも、自助・共助の心構えと行動をお願いしているところではございますが、なんと申しましても、日ごろから一人ひとりのスキルアップと地域防災力の向上を目指し研鑽を積まれておられます防災士会の皆様に対しては、誠に心強く、感謝いたしております。今後とも、防災士会の皆様や防災関係機関をはじめ、市民や事業者のみなさまとともに、「災害に強いまち○○市」の実現に向け、市議会も全力を挙げて取り組んでまいりますので、皆様には、引き続きご支援とご協力を賜りますようお願い申し上げます。

最後になりましたが、日本防災士会○○支部のさらなるご発展と、ご臨席の皆様の益々のご健勝とご活躍を祈念いたしまして、私の挨拶といたします。本日は、お招きいただき大変ありがとうございました。

87 防災の日・水防訓練大会挨拶

『〇〇市（町・村）水防訓練大会』にあたり、一言ご挨拶を申し上げます。

今日、九月一日は「防災の日」でございます。大正十二年のこの日に起こった関東大震災に因《ちな》んで、台風や地震などの災害について認識を深め、国民に、平常からこれらに対処する心構えを持ってもらうことを目的に昭和三十五年に設けられたものですが、さらにこれを充実するため、昭和五十七年から、この前後一週間が「防災週間」とされました。

わが国は、世界有数の地震国であり、またモンスーン地帯に属する台風常襲地帯でもあるため、有史以来、大災害の記録に事欠きません。また、これらに限らず、梅雨前線豪雨・豪雪・高潮・津波などが発生しやすく、毎年、全国どこかで多かれ少なかれ災害が起こっております。

昔は、自然のままであった河川の流域などの開発や、人口の都市集中も、災害を発生しやすくしているようでございまして、近年は、「災害は忘れた頃にやってくる」どころか、「忘れずにやってくる」と言っても過言ではないほどであります。

このように、わが国が自然災害に見舞われやすいことを十分認識し、少なくとも、従来の経験などから、ある程度予想される災害については、家庭・地域・職場などで、日頃から防災について、万全の備えを固めておくことが肝要であると存じます。

本日の『水防訓練大会』は、過去に何度か氾濫《はんらん》し、周辺住民に多大の被害をもたらした〇〇川が、洪水・破堤の危機に達したとの想定の下に、水防訓練を行うものでございます。訓練が所期の成果を挙げられますとともに、これを機会に、住民の皆様が、各種災害に対する防災の重要性について改めてお考えいただくことをお願いして、ご挨拶と致します。

88 総合防災訓練　挨拶

本日ここに、『○○市（町・村）総合防災訓練』が、防災の日を前にして、消防団員の皆様をはじめ、関係諸団体並びに市（町・村）民の皆様多数のご参加とご協力を得て実施されましたことを、心から感謝申し上げます。

ただいま、皆様方により、本番さながらに行われました、大規模な地震の発生を想定した避難誘導訓練や救援物資輸送訓練、また高架を走る列車の事故により発生した負傷者の救出訓練、○○県防災航空隊のヘリコプターによる、負傷者緊急搬送訓練等を具《つぶさ》に拝見し、災害時における人命救助活動をはじめ、一旦緩急あれば、防災・消防活動等が、極めて適切・迅速に行われることを改めて実感し、大変力強く感じた次第であります。

最近、わが国では、阪神・淡路大震災をはじめ、新潟県中越地震、東日本大震災や熊本地震等、各地で火山の爆発や地震が多発しており、当地域におきましても、いつ何時、大地震が発生しないとも限らない状況にあると言えます。

〝災害は忘れた頃にやってくる〟と申しますが、各種災害から市（町・村）民の生命・財産を守るためには、防災関係機関の体制強化はもちろんでありますが、何よりも、常日頃の市（町・村）民一人ひとりの心構えが大切であると存じます。

皆様におかれましては、本日の防災訓練をステップに、さらに防災意識の高揚と訓練に努められ、〝災害のない明るく住みよいまちづくり〟の実現のために、一層のご尽力を賜わりますようお願い申し上げます。

終わりに、本日の防災訓練に参加された皆様のさらなるご活躍と、ご参会の皆様のご健勝・ご多幸を祈念しまして、私のご挨拶と致します。

89 災害犠牲者慰霊祭　挨拶

本日ここに、『○○町災害犠牲者慰霊祭』を挙行《きょこう》するにあたり、○○町議会を代表して、一言ご挨拶申し上げます。

○○町は、○○川沿いの山間部にあることから、遠い昔から一度《ひとたび》豪雨に見舞われれば洪水や山津波に襲われ、田畑、家屋はいうに及ばず、貴い人命も数多く奪われるなど、災害との戦いの連続でございました。

その悲惨さについては代々語り継がれ、私達も子どもの頃に、祖父母等から繰り返し聞かされたものでありますが、それと同時に、私達の祖先がその防災対策に投じた知恵と努力の数々は誠に素晴らしいものでございまして、貴重な教訓として現在に生かされているところであります。

そのかいあって、現在は、科学的な治山・治水技術と相まって、完全な防災施設が完成し、ここ四半世紀、人命にまで及ぶ災害が発生していないことは、誠に喜ばしい限りであります。

しかしながら、災害は、忘れた頃にやってくると申します。

○○町議会としても、気を緩めることなく、祖先の残された教訓を肝に銘じ、町当局と協力し、防災に全力を挙げてまいりたいと存じますので、町民各位におかれましても、よろしくご協力・ご尽力をお願いする次第であります。

本日、秋分の日は、彼岸の中日《ちゅうにち》でもございます。災害で亡くなられた多くの御霊《みたま》に対し、心から追悼の誠を捧げますとともに、○○町から、かかる災害を絶滅し、平和で豊かな町づくりを推進して参りますことをお誓い申し上げる次第であります。

終わりに臨み、ご参会の皆様のご健勝とご多幸をお祈りしまして、ご挨拶と致します。

90 食生活改善の集い挨拶（その一）

本日は「食生活改善普及運動月間」の行事として開かれました『食生活改善の集い』にお招きいただきありがとうございます。一言ご挨拶を申し上げます。

ご承知の通り、私達の食生活は、経済の成長等に伴って大変豊かになりました。外食の機会や加工食品が増え、食生活をめぐる環境も大きく変わりました。お米の消費量が次第に減る一方で、肉や脂肪を多く摂る欧米型の食生活に向かう傾向がだんだん強くなってきております。

このため、エネルギーの摂取量はおおむね良好になったものの、以前から問題となっていた塩分の摂り過ぎに加え、カルシウムの不足、脂肪の摂り過ぎが問題点として指摘されるようになってきました。

特に、最近は、高齢社会との関係で、カルシウムの不足が大きく関心を集めております。とにかく、若い時にしっかり骨を作っておかないと、年を取ってから骨粗しょう症になり、骨折や寝たきりになる心配がございます。

また、塩分の摂り過ぎは、高血圧症、ひいては脳卒中・心臓疾患にかかりやすくなるほか、胃がんなども起きやすくなりますし、また脂肪の摂り過ぎも、心臓病や大腸がんなどの原因になる恐れがあると言われます。

人生八十年時代を健やかに過ごすためには、生活習慣病の予防が最大の課題となりますが、生活習慣病は、文字通り、生活習慣、特に食生活のあり方が大きく影響致します。

本日の集いを契機に、食生活をもう一度見つめ直して、長寿社会を健康で生き抜くための機会にしていただきますことを念願しまして、ご挨拶と致します。

91 食生活改善の集い 挨拶（その二）

本日は、『食生活改善の集い』にお招きいただき、ありがとうございます。

最近は、グルメの時代といわれます。日本にいながら、レストランでは、世界中の料理を本場の味そのもので賞味できますし、また家庭でも、世界中の食物が手に入り、食卓に料理が食べきれないほど並びます。誠に恵まれた時代といえますが、その一方で、生活習慣病にかかったり、栄養素の不足を引き起こして、医者通いをしている人も少なくありません。

厚生労働省の国民栄養調査でも、エネルギーの摂取量は良好となっておりますが、カルシウムの不足、塩分・脂肪の摂り過ぎなどが問題点として指摘されております。ご承知のように、カルシウムの不足は、年を取ってから骨粗しょう症になり、骨折や寝たきりに、また塩分の摂り過ぎは、高血圧症、ひいては脳卒中・心臓疾患・胃がんなどにかかりやすくなるほか、脂肪の摂り過ぎも、心臓病や大腸がんなどの原因になると言われます。これらにかかっては、人生八十年時代を健やかに過ごすことなど、夢のまた夢となってしまいます。

このため厚生労働省は「健康寿命をのばそう」の下「毎日プラス一皿の野菜」を目標とし、国の「健康日本21」で定めた野菜と果物の摂取量の増のうち野菜の摂取量の増加に焦点を当てた運動を重点的に展開するよう提唱しております。

皆様も、長寿社会を健康で生き抜くために、本日の集いを、食生活をもう一度見つめ直す好機とされますことを念願しまして、ご挨拶と致します。

92 がん征圧講演会　挨拶

本日は「がん征圧月間」に因《ちな》んで、地元医師会および公立病院等のご協力を得て、『がん征圧講演会』を開催致しましたところ、このようにたくさんのご参加をいただき、主催者の一員として大変ありがたく、厚くお礼申し上げます。

「がん征圧月間」は、九月一日から一か月間、日本対がん協会・日本医師会・都道府県医師会の主催により、関係行政機関や団体との連携の下に、がん征圧の知識を普及するとともに、早期発見・早期治療の必要性などを周知するため設けられたものでございます。

がんによる死亡者・死亡率は年々高まっており、昭和五十六年からは毎年死亡原因の第一位を占め、平成〇〇年には、がんによる死亡者数は全国で〇〇万余。病気死亡者の〇〇％の方が、がんで亡くなっていると伺っております。

がんの傾向としては、従来多かった胃がんや子宮がんが減少し、代わって肺がん・大腸がん・乳がんが増加しておりますが、それによる死亡者は、五十代から六十代前半にかけての、社会的にも、家庭的にも、一家を支える働き盛りの年齢層の人達がその四割を占めているそうであります。

誰でも「私に限って大丈夫」と思いたいのは人情ですが、この厳しい現実を率直に見詰め、ご家族のためにも、ご自身のためにも、働き盛りの命をがんで失わないよう、本日の講演を最後までお聞きになり、がんに対する知識を深めていただきたいと存じます。

〇〇市（町・村）では、毎年この期間に、がんの無料地域検診を実施しておりますので、皆様のご利用を併せてお願い申し上げまして、私のご挨拶と致します。

93 救急講習会　挨拶

「救急の日」にあたり開催されました『救急講習会』にお招きいただき、ありがとうございます。

救急医療や救急業務に対して、正しい理解と認識を深めるため、昭和五十七年から、九月九日を「救急の日」と定め、またこの日を含む一週間を「救急医療週間」として、全国的にいろいろな行事が行われております。

本市（町・村）でも、これに対応して、毎年救急講習会を開き、住民の皆様に、救急に対する認識を深めていただくとともに、応急手当ての方法などを身につけていただいております。

申すまでもなく、救急業務は、休日・夜間を問わず、急病人等が出た場合、迅速に病院などに運び、適切な医療を行うものですが、最近は、生活様式の複雑化、人口の高齢化などにより怪我《けが》や急病が増え、交通事故の増加などもあって、救急医療に対する要請は急増の一途を辿《たど》っており、これに適切に対応するための行政需要は大変なものがあります。

救急医療や救急業務の円滑な運営のためには、国民一人ひとりが救急業務や病気等に対する知識を深め、さほど必要のない時の利用は極力避けるとともに、緊急時に適切・迅速に対応できるよう、普段から怪我や急病などの応急手当てについて正しい知識を身に付けておくことが必要です。いざという時、多くの人は気が動転してしまい、事態を正確に伝えることができないばかりか、救急車が到着するまでの応急手当てが不十分で救急に手間取るケースが多く、時には手遅れとなることも少なくありません。

このようなことから、本日の講習会が、本市（町・村）の救急業務の充実・円滑化に寄与するとともに、皆様やご家族等の緊急時のお役に立つよう祈念して、ご挨拶と致します。

94 高齢者交通安全の集い　挨拶

交通安全協会主催の『高齢者交通安全の集い』に臨み一言ご挨拶を申し上げます。

平成○○年の交通安全白書によりますと、交通事故防止の意識の高まりや、各種施策が功を奏し、平成○○年の交通事故死者数は、交通戦争・交通地獄といわれ過去最悪であった昭和四十五年の一万六千七百六十五人の半数以下（○○人）にまで減少することができました。

しかしながら、死者に占める高齢者の割合は、諸外国と比較しても極めて高く、わが国の高齢化が急速に進むことを踏まえますと、今後も協会のみならず、皆様方お一人おひとりが取り組まなければならない緊急かつ重要な課題でございます。

ところで、皆様にとっては、誠に耳の痛い統計がございます。高齢者の交通事故の原因の多くは、信号無視や無理な道路横断など、歩行中の交通ルールや交通マナーを守らないことにあるということでございます。高齢者の場合、車のほうで譲ってくれるだろうなどといった、自分に都合のいい判断を勝手にして、信号無視や無理な道路横断などをすることが多いそうでございまして、十分心しなければならないことだと存じます。

さらに、今後は高齢ドライバーが大幅に増加することが予想されますが、高齢化の進展に伴い運転中の事故も増えています。今まで、交通弱者といわれ被害者であった高齢者が、加害者となるケースを防ぐためにも、対策の強化が喫緊の課題となってきております。

高齢者の皆様も、車社会の一員としての自覚を持ち、交通ルールや交通マナーを守って、交通事故ゼロを目指されますようお願いしまして、ご挨拶と致します。

九月（長月）

95 高齢者スポーツ大会挨拶

『第○○回○○市（町・村）高齢者スポーツ大会』の開催にあたり、一言ご挨拶を申し上げます。

まずもって、本日ここに、○○○人を超す参会者の皆様とともに、元気にお集まりいただきましたことを共に感謝致したいと存じます。

本大会は、熟年の方々の健康増進と相互交流を図るため、「老人の日」の行事の一環として、○○年前に企画・実施され、以後毎年行われているものでございます。

その後、参加者の皆様からいろいろご希望がありまして、年を追って、競技部門はもとより、レクリエーションなどの種目が増加したことから、年々参加者が増え、隆盛の一途を辿《たど》っております。

さらに、○○年目からは、親・子・孫による三代リレーなど、ご家族も参加する楽しい催しも数多く設けられたため、市（町・村）民全員で楽しむ雰囲気が出て参りましたことは、誠に喜ばしい限りであります。

近年、わが国の平均寿命は急激な伸びを見せ、世界一の長寿国になりました。このような時、巷間《こうかん》言われます第二の人生、あるいは第三の人生を有意義に過ごすためには、健康であることが一番であり、皆様方のように、日頃から、スポーツ等を通じ、足腰を鍛えられることは、何にも増して必要なことと存じます。

本日は、しばらくお年を忘れ、元気潑剌《はつらつ》、〝明日に、今日の若さを〟のキャッチフレーズを合い言葉に、それ相応の成績を目指して、楽しくプレーをしていただきたいと存じます。

終わりに、本大会のますますの充実・隆盛並びに皆様のご健勝と末長いお幸せを心から祈念して、ご挨拶と致します。

96 高齢者福祉大会　祝辞

本日ここに、『第○○回○○市（町・村）高齢者福祉大会』が開催されるにあたり、○○市（町・村）議会を代表して、一言お祝いの言葉を申し上げます。

今や世界一の長寿国となった日本はさらに急ピッチで高齢化が進行しつつあります。このことは本市（町・村）においても例外ではなく、今後、寝たきりや一人暮らしの高齢者など、援護を必要とする高齢者はますます増加するものと予想されております。

幸い、本市（町・村）では、市（町・村）内全域にわたりシニアクラブが結成され、ただいまも、優良シニアクラブ、高齢者福祉功労・シニアクラブ育成功労者の方々が表彰されましたが、高齢者の健康の維持・増進、教養の向上など、平素積極的なクラブ行事を展開され、高齢者福祉対策の推進母体として活動されておりますことに対し、敬意を表する次第であります。

人生八十年時代を迎え、長い老後の生活を安心して過ごしていくためには、経済的問題等不安が多く、高齢者を取り巻く環境は厳しいものがあろうかと存じます。

本市（町・村）におきましては、当面焦眉《しょうび》の課題として、後期高齢者健康診査をはじめ、高齢者福祉住宅の建設、高齢者福祉バスの運行、敬老年金の支給、シルバー人材センター・福祉電話の設置等高齢者福祉の一層の充実を図っておりますが、さらに充実しなければならない課題が山積しております。

市（町・村）議会と致しましても、今後とも、よりよい施策を進めるため、関係機関に強く要請するなど、市（町・村）当局と一丸となって努力を致す所存でございます。

終わりに臨み、皆様方の限りないご健康とご多幸を心から祈念申し上げ、私の祝辞と致します。

九月（長月）

97 敬老の日の集い 挨拶

敬老の日の行事は、戦後まもなく、地方団体の主催で九月十五日に全国的で行われるようになりましたが、初めは、名称が「としよりの日」でした。昭和三十八年に「老人福祉法」が施行されたのを機会に、「老人の日」に改められ、さらに昭和四十一年に、老人を敬愛し、長寿を祝う国民の祝日となって「敬老の日」と改められましたが、平成十五年からハッピーマンデー制度の導入に伴いまして、九月の第三月曜日と、いわゆる移動祝日となりました。

ところで、従来の九月十五日は、聖徳太子が四天王寺に悲田院《ひでんいん》を設立したと伝えられる日に因《ちな》むといわれております。「悲田」とは、慈悲の心をもって、哀れむべき貧苦・病苦の人を救えば、福を生み出す田となるという意味だそうですが、この悲田院は、身寄りのない病人や、一人暮らしの老人を収容する救護施設でございまして、意義深くも、また複雑な感懐を催す挿話（エピソード）でございます。

世界一の長寿国となったわが国には、世界未知の超高齢社会が目睫《もくしょう》の間《かん》に迫っております。そしてわが国の老人福祉施策は、年を逐《お》って整備されておりますが、未だに、欧米先進諸国に比べ後《おく》れをとっている面が少なくありません。

単なる長寿社会ではなく、〝長寿を喜ぶことの出来る社会〟を目指し、老人福祉施策を一層充実することはもちろん、高齢者を敬愛する思想を世に浸透させるとともに、高齢者自身も各々がその立場を自覚し、老いも若きもお互いに人格を尊重し合って行く世の中の早急な実現が望まれる次第であります。

今日の意義ある集いに臨み、心から皆様のご健康とお幸せをお祈り申し上げ、ご挨拶と致します。

98 老人の日の集い挨拶

本日は『老人の日の集い』にお招きいただき、誠にありがとうございます。

こうして、皆様方の元気いっぱい、矍鑠《かくしゃく》たるご様子を拝見しておりますと、かつてさる財界の長老が「五十・六十は鼻垂れ小僧、七十・八十働き盛り」と申したことも、あながち荒唐無稽《こうとうむけい》な戯《ざ》れ事とも思えない気が致しまして、誠にご同慶に堪えない次第でございます。心からお喜び申し上げます。

皆様方の中には、バリバリの現役の方もおられますし、また、会社を定年退職した後、シルバー人材センターに所属し、かつて習得した技術や知識を生かされている方、さらに公園の清掃など町の美化に貢献されておられる方、さまざまなボランティア活動に参加されている方など、今でも、社会の一翼《いちよく》を担う重要な構成員として、活躍されておられる方がたくさんいらっしゃいます。とても、一昔前には考えられなかったことではないかと思います。

平均寿命八十年と言いますが、これはオギャーと生まれた赤子の時点の平均余命で、すでに高齢となられた皆様方は、さらに長寿が約束されております。

皆様は、戦前・戦中・戦後の、筆舌に尽くし難い過酷な時代や、その後の高度経済成長時代等、貴重な体験や知識を積み重ねつつ、長い人生を歩んでこられました。私達が学ばせていただかなければならないことをたくさんお持ちでございます。

どうか社会構成の重要な一員として、今後とも私ども若い者の弱点を補い、健全な社会・平和な家庭を作る先導者となっていただきたいと存じます。

皆様方には、これからも明るく生き生きと行動することによって、昔からの老人のイメージを一掃されますよう心からお願い致しまして、ご挨拶に代えさせていただきます。

99 敬老会　祝辞

　本日は、皆様、大勢の方々のご出席をいただいて『○○市（町・村）老人会』が開催されますことは、誠におめでたく、心からお喜び申し上げます。

『○○市（町・村）老人会』の催しは、昭和○○年に第一回を開催して以来、毎年九月十五日に開いておりまして、今回は第○○回となります。

　ご承知の通り、国の祝日として「敬老の日」が制定されましたのは昭和四十一年でございますので、『○○市（町・村）老人会』のほうが古い歴史と伝統を持っているわけでありまして、国に先駆けて敬老の精神を発揮していたことになります。と申しますと、私どもの自慢話のようになりますが、元はと言えば、この美しい伝統も、本日お集まりの皆様方の若かりし頃のご尽力により実現したものでございまして、私どもは先輩諸兄の敷いたレールに乗って、先輩諸兄に敬意を表しているわけであります。

　早起きは三文の徳と申しますが、長生きは一生の得でございます。長生きすればこそ、本日のように楽しいことにも出会えるのであります。

　もちろん、長い人生の間には、辛いこと、苦しいこと、悲しいことも随分とあったことと存じます。

　特に、戦前・戦中・戦後の激動期を過ごされた皆様には、私どもには想像もできない苦難がおありだったと思いますが、皆さんが、そのようなご苦労を乗り越え、頑張ってくださったお陰で、今の若い人達が、平和を謳歌し、夢や理想を描いて、自由に自分の道を歩める世の中が実現したのでございます。

　ここに改めて、皆様の、これまでのご苦労に対しまして、心から感謝申し上げる次第であります。

　本日は、ごゆっくりお楽しみいただき、明日からますますお元気で、お幸せな毎日を送られますようお祈り申し上げまして、祝辞と致します。

100 老人会 祝辞

本日のこのよき日に、八十歳以上の皆様が、このように大勢、お元気なご様子でご参加されまして『平成○年度○○市（町・村）老人会』が開催されますことを心からお喜び申し上げます。

市（町・村）議会を代表して、一言お祝いの言葉を申し上げます。

皆様方は、明治・大正・昭和・平成と移り変わりました激動の中を歩んでこられました。今日、わが国が、このように繁栄しておりますのも、かつてない困難な時代を、力強く生き抜いてこられた皆様方のご努力の賜物であり、私ども、その余慶《よけい》に与《あず》かる後輩と致しまして、深く敬意を表しますとともに、心から感謝申し上げる次第であります。

さて、ご承知のようにわが国は、社会・経済の進展に伴う生活水準や社会基盤の著しい向上・充実等から、世界的にもかつて経験したことのない超高齢社会を迎えようとしておりますが、○○市（町・村）におきましてはこれに対処するため、すべての市（町・村）民が、健康で生きがいを持ち、心豊かに暮らせる「健康長寿のまちづくり」を目指し、いろいろな施策を進めているところであります。

市（町・村）議会と致しましても、長年社会の進展に尽くされました皆様が、ますますお元気で幸せな日々をお過ごしいただけますよう、社会福祉の充実に一層の努力を重ねて参る所存でございます。

皆様におかれましても、本市（町・村）の施策に対しご理解いただき、今後ともご支援・ご協力を賜わりますようお願い致します。

終わりに臨み、皆様のますますのご多幸とご長寿を心からお祈り申し上げますとともに、本日の一時《ひととき》を、十分お楽しみいただきますようお願い申し上げまして、祝辞と致します。

九月（長月）

101 動物愛護の集い　挨拶

本日は『動物愛護の集い・わが家自慢のペット大会』にご参加をいただきありがとうございます。

この催しは、秋分の日を中心に行われる「動物愛護週間」の行事として、○○市（町・村）が主催したものでございます。動物愛護の運動はアメリカで始められたものですが、わが国では、昭和二年に、昭憲皇太后の誕生日を記念して、五月二十八日から一週間行われたのがこの運動の初めで、この週間を通して、動物愛護の気持ちを深め、さらに、そのことから弱者を慈《いつく》しみ、生命の尊重、友愛・平和の情操を育てることとされているものでございます。

ご承知の通り、動物は、太古の昔から人間社会と深い関わりがあり、特に、犬や猫・鳥などは、生活に潤いとゆとりを与えてくれる伴侶として家庭で飼われてきました。

最近は魚から爬虫類まで、さまざまな動物が飼われるほどのペットブームとなっておりますが、ブームの過熱化とともに飼い主の中には正しい飼い方を知らずに動物に苦痛を与えたり、無責任な飼い方をして近所に迷惑を掛けている例も少なくありません。

日本は、人間にとっては、世界に類を見ないほど平和な国ですが、動物にとっては果たしてどうでしょうか。今日の集いを機会に、是非動物の平和についても考えていただきたいと思います。

今日、ご参会の皆様は、どなたも動物を家族の一員として愛し、動物の身になって、終生《しゅうせい》面倒を見られる理想的な飼い主と存じます。

本日は、家族の一員としての動物といかに心が通い合っているか、健康や躾《しつけ》の面はどうかなどを基準にしたコンテストも用意されておりますので、わが家のペットとともに、楽しくお過ごしいただくようお願いして、ご挨拶と致します。

102 体力・健康づくりの集い挨拶

○○市（町・村）主催の『体力・健康づくりの集い』開催にあたり、市（町・村）議会を代表して、一言ご挨拶を申し上げます。

皆様には、日頃から本市（町・村）の保健・衛生業務の推進について、格別のご協力をいただきありがとうございます。この機会をお借りして厚くお礼を申し上げます。

本日の「体力・健康づくりの集い」は、日ごろの運動不足やストレス社会を反映して、国民の体力の低下など健康に対する意識が年々高まる中で、市（町・村）民自らが、自己の体力・健康管理についての意識を科学的・具体的に高めていただくために実施するものであり、大変意義深い催しであると思います。

内容を見ましても、歯科・薬事・介護等各種健康相談に関するコーナーや、栄養・料理に関する広場、体力測定・コンピュータによる体力や健康状態の診断広場など、バラエティーに富んださまざまな催しが用意されております。

皆様におかれましては、ご家族やお友達の方々をお誘いになりまして、奮《ふる》ってご参加下さるようお願い申し上げます。

必ずや、ご本人はもとより、ご家族の方々の健康管理にも大いに役立つことと存じます。

これからは、私どもがかつて経験したことのない超高齢社会を迎え〝人生八十年時代〟を、生きがいを持ち、明るく心豊かに過ごすには、まずもって体力の維持と健康が第一でございます。

本日の催しを機会に、市（町・村）民の皆様に、改めて健康管理の意識を高めていただくとともに、皆様のご健勝とますますのご活躍を祈念して、私のご挨拶と致します。

十月（神無月）

103 魚食普及の集い　挨拶

『魚食普及の集い』にお招きいただきありがとうございます。一言ご挨拶を申し上げます。

最近は、食物に対する意識や生活時間の使い方が多様になってきたこともあって、個人や年齢層などによっては、栄養のバランスの崩れが懸念《けねん》されるようになっております。

特に、若い年齢層の食生活の欧米化や、若い主婦層の魚介類に対する知識の不足、食わず嫌いなどから、水産物の消費が年々低下しており、このため、魚介類を除く動物性脂肪の偏《かたよ》った摂取が、将来、生活習慣病の大幅な増加に繋がるのではないかと憂慮されております。

魚介類は、栄養の面から見ると高蛋白《たんぱく》、低カロリーのヘルシー食品です。また、成長期の子どもに不可欠のカルシウム・鉄などのミネラル類やビタミン類などを多く含んでいるほか、血液中のコレステロールを下げ、血圧を安定させる多価不飽和脂肪酸を多く含んでいるなどの特徴があると言われます。

このため、アメリカをはじめヨーロッパでも、魚介類等水産物を主体とする日本料理が、肉に比べてカロリーが低く、脂肪の質のよい健康食品として好評を得ております。このように、魚介類は成人病の予防や健康の維持・増進に役立つ食品として見直されておりますが、最近は、脳細胞にもよい働きをすることが分かり、胎児や乳幼児の時期からの魚食が奨励されるようにもなっております。

大きく分けて、牛・豚・鶏の三種類だけの肉に比べてバラエティーに富み、季節による旬《しゅん》があるほか、刺身をはじめ、煮る・焼く・揚げるなどさまざまな料理方法があって、多様なメニューを楽しめる魚介類を、ぜひ見直し、健康増進に役立てられますよう希望しまして、ご挨拶と致します。

104 都市緑化の集い 挨拶（その一）

『○○市都市緑化の集い』開催にあたり、一言ご挨拶を申し上げます。

十月は「都市緑化月間」です。この期間中に、毎年開かれております『○○市都市緑化の集い』も、今回で○○回となりましたが、市民の皆様のご理解とご協力により、年々盛会の一途を辿《たど》っておりますことは、誠に喜ばしいことでございます。

最近、急激な都市化に伴い、都市環境の悪化が全国的に問題となっております。このようなことから、都市における緑豊かな生活環境を確保するために、都市公園などの公的な緑地をはじめ、民有地の緑化を進めるとともに、地域住民や関係諸団体の積極的な参加と協力による、総合的な都市の緑化の必要が強く望まれております。

「都市緑化月間」は、このような要請に応えるため、都市の緑化や都市公園・街路樹等の整備保全を促進するとともに、住民による、緑豊かなまちづくりを推進するため、広く、住民の皆様のご理解とご協力を得ようと、昭和五十年に設けられたものでございます。

わが○○市も例外ではありませんが、いずれの都市も自然を開拓して形作られてきました。森林を切り開き、水面を埋め立て、道を通すことにより、人が集まり、産業が興《おこ》り、経済活動が繰り広げられ、次第に大きく発展してきたのであります。

そして、都市に住む人々は、ともすれば、便利さ、効率のよさを追い求めてまいりましたが、真の豊かさを考えるとき、自然環境と、その恵みを切り離して考えることはできません。

本日は、苗木や球根の配布も行われますが、これを機会に、市民の皆様に、緑化について一層のご理解とご協力をお願いして、ご挨拶と致します。

105 都市緑化の集い挨拶（その二）

『○○市都市緑化の集い』にお招きいただき、ありがとうございます。一言ご挨拶を申し上げます。

生活や経済活動の便利さ・効率性のよさが第一に求められる市街地の佇《たたず》まいは、どうしてもコンクリートで固められたビル、アスファルトの道路、電柱や街路灯などが中心となるため、色彩に乏しく、堅い感じになりがちなものです。こうした景色の中で、街路樹や公園の木々、民家の生け垣などの緑は、人々の心を慰めてくれる貴重な存在ですが、そのような心理的な効果だけでなく、緑は、都市の生活になくてはならないさまざまな役割を果たしております。

夏の日盛りに、街路樹の木陰で一息ついた経験は誰でもお持ちのことと思います。緑は、このように強い陽射しや風雨を遮《さえぎ》ってくれるし、また典型的な都市型の公害でもある、騒音や振動などを緩和する働きもあります。二酸化炭素を吸収して酸素を放出し、大気を浄化する一方、根から雨水を吸収することにより、大地の水の循環をよくもします。都市は災害に弱いといわれますが、緑は、災害時の緩衝地帯となり、災害の拡大を防ぐ役割を持つとともに、いざという時に、人々の生命を守る避難場所としての機能を果たすことも忘れてはなりません。

緑が、都市の景観に潤《うるお》いを与え、憩いと安らぎの空間を形成することは申すまでもありません。季節の移《うつ》ろいを目《ま》の当たりにする、萌え出《いず》る春の新緑、夏の深緑《ふかみどり》、秋の紅葉、冬の凛々《りり》しい佇《たたず》まいや、鳥の囀《さえず》り・虫の音《ね》など、木々に宿る小さな生命の息吹は、私どもの心の健康に大きなプラスとなります。

このように、物質的にも、精神的にも、私達の暮らしにさまざまな恩恵をもたらしてくれる都市の緑を大切に育てていくために、市民の皆様の一層のご理解・ご尽力をお願いしまして、ご挨拶と致します。

106 都市緑化○○周年記念式典　祝辞

この度、「財団法人○○市緑化公園管理協会」と「○○市公園愛護連絡協議会」が創立○○周年を迎えられ、本日ここに、記念式典が開催されますことは、誠にご同慶に堪えません。

歴代役員さんを中心として、会員の皆様の永い間のご苦労が実を結び、○○周年を迎えられたことに対し、心から敬意を表する次第であります。

近年、自然保護思想が急速に高まり、「わがまちに緑を」という声が、年ごとに高まっております。本市におきましても、市民の皆様の強い関心とご支援によって、昭和○○年に当協会と協議会が発足《ほっそく》しましたが、以来○○年、今日見るように大きく飛躍されました。

この間、緑化公園管理協会は内閣総理大臣賞をはじめ数々の表彰を受けられ、本年は緑地手づくり郷土賞を受賞するなど、その活動は誠に目覚ましいものがあります。

また、公園愛護連絡協議会におかれましても、数々の国土交通大臣賞や知事賞を受賞され、平成○年度には、○○児童公園が、第○回みどりの愛護功労者国土交通大臣表彰の栄《えい》に浴されました。

今、地球上では、かなりのスピードで砂漠化が進行し、憂慮すべき事態となっております。このような事態に対処するためには、私達が、一本でも多くの緑を育て、家庭に、地域にと、その輪を広げていかなければならないと思うのでございます。

この意義深い○○周年を契機として、豊かな緑と美しい花に包まれた住みよい○○市の建設のために、今後ともご協力をお願いするものであります。

終わりに、「○○市緑化公園管理協会」と「○○市公園愛護連絡協議会」のご発展と、ご参会の皆様のご健勝を祈念申し上げ、私の祝辞と致します。

107 リサイクル推進の集い　挨拶

『○○市リサイクル推進の集い』にお招きいただきありがとうございます。一言ご挨拶を申し上げます。

近年、経済成長と国民生活の向上を反映して、ゴミの排出量は年を追って増加しており、全国的に大きな社会問題になっております。

本市もご多分に洩《も》れませんが、家庭や事業所などから出る一般廃棄物を集めて処理する地方自治体は、いずこも、焼却施設や埋め立て処分場の確保に頭を悩まし、費用もかさむ一方で、その処理能力はほとんど限界に達しております。このまま放置すれば、環境の悪化を招くことはもちろん、廃棄物に対応するための、国民全体の負担は年々増大し、遠からず、国民生活や事業活動にとって、大きな障害になることは火を見るよりも明らかでございます。

一般家庭や企業からの廃棄物が激増した背景には、高度経済成長時代に身に付いた、悪しき風習ともいうべき、大量消費と使い捨てを当然のこととする社会的風潮があります。

このため、国においても、資源有効利用促進法に基づき各種施策を進めておりますが、ゴミ問題を根本的に解決するためには、各地域において、行政と産業界と消費者が協力して、ゴミの減量化・再資源化・処理の合理化を促進する〝リサイクル社会〟を早急《さっきゅう》に作る必要があると存じます。

本市でも、早くから行ってきた、ゴミの減量化についての徹底したPRに加え、○年前からゴミの分別収集・再資源化が軌道に乗ってきておりますが、さらに、市内企業の各位に、リサイクルしやすい製品作りに努めていただくとともに、市民の皆様に、使い捨てライフスタイルの見直しについてお考えいただくことをお願いしまして、ご挨拶と致します。

108 市民スポーツを考える集い　挨拶

本日、「体育の日」の行事の一つとして、多様なスポーツの機会を市民生活の中に広めていく方策など、「市民スポーツを考える集い」が開催されるにあたり、一言ご挨拶を申し上げます。

ところで、本日お集まりのみなさまの中には、様々な野外活動やスポーツの経験をお持ちの方や既に指導的立場の方も参加されていると、先ほど主催者からお聞きしました。釈迦に説法になるかも知れませんがお許し願って、この集いについての私の所感を述べさせていただきます。

いまや市民スポーツは、ハイキングやサイクリング、あるいはキャンプなどの野外活動、さらにレクリエーションとしてのスポーツ活動を含めた幅広い意味を持つものとして市民の間においても定着してきております。こうした市民スポーツの振興は、市民が生涯にわたり健康で文化的な生活を営むためだけでなく、健康で活力に満ちた長寿社会の実現に不可欠なものとなっております。

野外活動やスポーツ・レクリエーション活動を通じて、親と子が繋がりをもつことは素晴らしいことですし、また、知らない人同士が交流を深めることは、他者を尊重し協同する精神や公正さと規律を尊ぶ心を養うなど、子どもや若者の人格形成に大きな影響力を与えるものであります。

加えて、地域の方々が一緒に汗をながすことは、親しさを深めると同時に、人と人との交流と地域の活性化を促進し、都市化が進む中で人間関係の希薄化等の問題を抱えた地域の再生と円滑な発展を図る重要な役割を果たすものでもあります。

本日の集いが、こうした市民スポーツの普及に大きく寄与しますことを願って、ご挨拶に代えさせて頂きます。

109 市民総合スポーツ大会挨拶

さわやかな秋晴れのもと、○○市第○回「総合スポーツ大会」の開催にあたり、市議会を代表してご挨拶させて頂きます。

昭和三十九年の「東京オリンピック」を契機に始まったスポーツ大会も、町の時代を含めて今年で第○○回を迎えることになりました。

私事に亘りますが、第一回は確か「町民運動会」でした。町民一人ひとりが健康や体力の増進に努めながら住みよい町を創っていこうということで、旧○○中学校の校庭で開催されました。当時、私は子どもでしたが、若い父や母が走る姿を今でも懐かしく思い出します。そして、名称は変わっていきますが、途切れることなく回を重ねたこの市民総合スポーツ大会は、このまちの発展とともにあったのだと思っております。

この間、○年に、総合体育館が落成し、各地域に誕生した各種体育クラブへの助成もはじまり、また、○年前から着手したサイクリング・ロードと自然遊歩道、そしてご要望の多かったキャンプ場と広場は、ほぼ完成致しました。いまや、市民スポーツ施設の充実は、私たち市民の豊かな生活にとって不可欠なものとなっています。

本日は、これらの施設を利用した催しも企画されております。また、プログラムを拝見しますと、子どもさんからお年寄りまで、年齢別に参加して頂けるいろいろな種目が用意されているようでございます。個人はもとより、ご家族で、またグループで参加され、今日一日を、お楽しみ下さい。

皆様の健康はすべての活力の源泉であります。皆様の活力がまちを潤し、豊かにし、明るい希望にみちた○○市を育てていくことを念願して、ご挨拶と致します。

110
市民駅伝大会　挨拶

ただ今ご紹介頂きました○○市議会議員の○○でございます。開会にあたり一言ご挨拶させて頂きます。

○○市・○○市教育委員会・○○体育協会が主催いたしますこの「市民駅伝大会」も、今回で第○○回となります。おかげ様で、この間、多くの方々のご協力を得て、大勢の人が参加できる当市で一番人気の高い大会となりました。本日は、たくさんのお申込みの中から、抽選で、中学生から壮年まで、二○○チーム八○○名が参加されると聞いています。

この駅伝は、市役所をスタートし、四区間で襷をリレーし、市役所に戻ってくるという、例年どおりの市内一周コースですが、今年は、各区間の休息所に、商店会や地域婦人会の皆さんが、ちょっとした飲み物や食べ物のおもてなしを準備されています。また、道路を使用しての大会ですが、今回も大勢の市民や応援団が皆様を沿道でお待ちしています。安全対策や交通対策には、○○市警察署やボランティア団体などの協力を得て、約八○○名の要員と関係者が万全を図っておられます。

各チームの皆様におかれましては、日ごろの練習の成果を十分に発揮されまして、それぞれの目標タイムを目指して、各区間を爽快に駆け抜けて頂きたいと思います。そして、今日一日、思い出に残る楽しいひと時を過ごされますようご健闘を心からお祈り申し上げます。

最後になりましたが、本大会の準備にあたりまして、毎回ご支援とご協力を頂いています○○陸上競技連盟をはじめとする関係団体並びに協賛企業の皆様に感謝申し上げ、併せて、本大会の盛会を祈念いたしまして、ご挨拶とさせて頂きます。

111 市民スポーツフェスティバル　祝辞

　さわやかな秋晴れの今日、「体育の日」に、『第○○回○○市スポーツフェスティバル』がこのように盛大に開催されますことは、誠に喜びに堪えません。市議会を代表して、一言お祝いの言葉を申し上げます。

　皆様、ご案内の通り、本大会は、本市の施設を主会場に行われました、○○国体の開催を契機として発足《ほっそく》したものでございます。

　昔から、健全な肉体には、健全な精神が宿ると言われております通り、健康こそがすべての基本であり、その健康を保つためには、体力づくり、すなわち適度なスポーツが必要であります。

　年輩だからどうも、とか、若いから大丈夫とかいうことではなく、皆様、それぞれに、自分の体力に合わせて大いにスポーツに親しみ、積極的に参加していただきたいと思います。

　本日のフェスティバルの内容も、体力づくり、健康づくりにふさわしいものばかりでございますので、どうか一日を楽しく、愉快《ゆかい》にお過ごしいただきたいと存じます。

　健康は、何物にもまさる大きな財産であります。自分のためであり、家族のためであり、ひいては、豊かで明るい社会の建設に、大きく寄与するものと確信するものであります。

　今後とも市民の皆様には、このフェスティバルを通じて、健康に対する意識を一層深めていただくとともに、スポーツを楽しむ習慣をつけていただければ幸いと存じます。

　終わりに、本フェスティバルの開催にあたり、お骨折りをいただきました関係各位に対し、深く感謝の意を表しますとともに、フェスティバルの盛会を祈念して、私のお祝いの言葉と致します。

112 防犯の集い　挨拶

本日、ここに、『○○市（町・村）民防犯の集い』が開催されるにあたり、一言ご挨拶を申し上げます。

平素、皆様方には、それぞれの分野から、防犯活動につきまして、一方《ひとかた》ならぬご支援・ご協力をいただいておりますことに対し、この機会に改めて深く感謝申し上げます。

社会並びに経済の急速な発展に伴い、交通機関や通信網が整備され、国民の生活様式が複雑多様化するにつれて、近年、犯罪の形態は広域化・大型化・凶悪化するとともに、知能犯的・発作的傾向が強くなっております。

あまつさえ、犯罪は急増し、新聞・テレビを見ても、毎日のように、全国いずれかの地域において、凶悪犯罪が発生している実状にあります。

幸い、本市（町・村）におきましては、警察ご当局のご指導の下に、各自治会を単位とする防犯交通部が設置され、役員の方々をはじめとする、多くの市（町・村）民の皆さんのご支援・ご協力により、犯罪の防止に、着々とその成果を挙げておられますことは、誠にご同慶に堪えないところであります。

この組織は、県内はもとより、全国的に誇り得る防犯組織でありますので、これからのご活躍を大いに期待しているところでございます。

犯罪のない、明るい郷土建設のために、私ども市（町・村）政を担当する者と致しましても、今後の市（町・村）政展開の中で、皆様方の努力が報いられますよう、ご支援申し上げる所存であります。

今後とも、より一層のご尽力・ご協力をお願い申し上げる次第でございます。

終わりに、本日の集いが、所期《しょき》の成果を十分上げられますようお祈り致しますとともに、ご参会の皆様のご健勝を祈念しまして、ご挨拶と致します。

113 防犯の集い　祝辞

ご紹介いただきました○○市（町・村）議会議員の○○でございます。

本日ここに、『○○市（町・村）防犯の集い』が、ご関係の皆様多数ご参会の下、盛大に開催されましたことを心からお喜び申し上げます。

市（町・村）議会を代表して、一言お祝いの言葉を申し上げます。

ご参会の皆様には、日頃、地域防犯活動の推進や、自主防犯体制の強化にご努力されており、深く敬意を表します。

ことに、ただいま、ご委嘱《いしょく》を受けられました防犯連絡責任者の方々が、本活動の中心となり、着実に、その実《じつ》を挙げておられますことは、誠に喜ばしい限りであります。

また、先ほど、感謝状を受けられました功労者並びに諸団体の皆様、誠におめでとうございます。

皆様方が、多年にわたり、各種防犯活動の推進や防犯意識の高揚などにご尽力され、大きな成果を収められたことが、高く評価されたものでございまして、皆様のご功績に対し、心から敬意と感謝の意を表する次第であります。

最近は、世相を反映して、犯罪も年々多様化、複雑化しております。

市（町・村）議会と致しましても、犯罪のない、明るく、住みよいまちづくりのために全力を傾注してまいりましたが、今後、さらに一層努力を重ねていく所存でありますので、ご参会の皆様の引き続いてのご尽力・ご協力をお願い申し上げます。

終わりに、本日の、意義ある防犯の集いの盛会を、重ねてお喜び申し上げますとともに、皆様のますますのご健勝とご活躍をお祈りしまして、お祝いの言葉と致します。

114 統計調査大会　挨拶

本日ここに、『○○県統計調査大会』が開催されるにあたり、○○県議会を代表して、一言ご挨拶を申し上げます。

来賓並びに関係各位には、公務ご繁多のところご出席賜わり、本大会が、かくも盛大に挙行されましたことを厚くお礼申し上げます。

近年、社会・経済の発展に伴って、情報に対する関心が高まり、国、地方公共団体はもとより、民間においても、高度情報化社会の名のとおり、いろいろな情報や資料が作成され、提供されておりますが、なかでも、統計は客観的な情報・資料として、その重要性はますます高まっております。

特に、行政統計は、国や地方自治体等の行政施策立案にあたっての基礎資料として、必要不可欠のものであることはもとより、民間におきましても、企業における経営計画策定などのために貴重な資料となっております。

本日、この大会で、晴れの表彰をお受けになります方々は、長い間、統計関係職員として職務に精励《せいれい》され、統計行政の進展に多大の貢献をされた功績が評価されたものでありますが、その多年のご労苦に対し、心から感謝と敬意を表するものであります。

私どもが、自治行政を進めるにあたって、的確な運営を確保し、県内各地の総合的な計画の下に、住民福祉の向上を推進するためには、正確な統計に立脚しなければなりません。

皆様の努力の結晶である諸統計が、国の施策はもとより、本県の長期ビジョンや市町村の長期基本構想の策定にあたって活用され、県民・各市町村民の福祉の向上に役立っていることに誇りを持たれ、今後とも、一層ご精進されますようお願いして、ご挨拶と致します。

115
計量記念日の集い　挨拶

計量協会主催の『計量記念日の集い』にお招きいただきまして、ありがとうございます。一言ご挨拶を申し上げます。

本日栄《は》えある表彰を受けられました方々に、心からお祝いを申し上げます。

ご承知のように、計量は、人類の文化・経済の歴史とともに発展したものであります。

つまり、単に商業取り引きの秩序を保つだけではなく、学術・産業・文化の発展に欠くことのできない、政治・経済および社会生活の根幹となる基本的な制度であり、今日では貨幣制度と同じく、日常の社会生活から切り離すことのできない大切な制度でございます。

特に、住民の日常生活において、適正な計量の実施を確保していくことは、消費生活の合理化・近代化を図ることはもとより、最近におきましては、健康の管理・維持増進にも欠くことのできないものとなっており、今後、計量の占める役割は、ますます重要になってまいると思うのであります。

こうした意味からも、本日の計量記念日を契機に、市（町・村）民の皆様がその重要性を認識され、将来の発展に備えられることは、誠に有意義なことと存じます。

なにはともあれ、この度のご栄誉は、永年にわたり計量関係業務に従事され、業界の発展と計量機器の普及改良等に貢献された、積年のご努力が実を結んだものと存じます。どうか、これからも研鑽《けんさん》を積まれ、社会と業界の発展のために、一層のご精進をお願いする次第であります。

終わりに臨み、○○市（町・村）計量協会のますますのご発展と、会員各位のご健勝を祈念しまして、ご挨拶と致します。

116 こども・若者祭り　挨拶

ただ今ご紹介頂きました、市議会議員の〇〇でございます。本日は、〇〇市議会を代表して、一言ご挨拶を申し上げます。

今年も、「こども・若者祭り」が無事開催の運びとなり、皆様には、日頃から子ども・若者の社会的自立にご支援・ご協力を賜りまして誠にありがとうございます。

さて、「子ども・若者育成支援強調月間」の行事として〇〇年以来続けて参りました本日の催しは、今回新しい試みとして、「故郷〇〇の文化に触れてみよう」をテーマに、子どもや若者が実行委員会をつくり、実施・運営するとのことです。

そして、こうした取組は、祭りの企画や実施に至る体験を通じ、自分たちが住む地域や社会との様々なかかわりを自覚し、自信や達成感とともに、自己肯定感をはぐくみ、自立した社会人となることを目指したものとお聞きしています。

当然のことですが、この祭りの企画は、開催準備にあたり、子どもや若者を背後から支え、いろいろお世話頂いた地域委員の皆様や関係者のご尽力があったればこそ実現できたものでありまして、改めて心から感謝申し上げます。

各会場・広場では、歌や踊り、トークショーなどのイベントのほか、子どもや若者が自由に参加できる遊び、例えば、昔懐かしい、折り紙・竹とんぼ・紙芝居づくり、針金《はりがね》細工やけん玉・ベーゴマ大会など、すでに、準備ができているようです。

それでは、お集まりの皆様には、どうか今日一日を大いに楽しんでいただき、たくさんの交流を深めていただきたいと存じます。

終わりに、この祭りのご盛会を祈念申し上げまして、ご挨拶とさせて頂きます。

117 ボランティア若者の集い
挨拶

○○市第○回「ボランティア若者の集い」の開会にあたり、一言ご挨拶申し上げます。

この集いは、「子ども・若者育成支援強調月間」の関連事業として、若者の社会参加、特にボランティア活動への参加にポイントを置いて開催されているとうかがっております。

言うまでもなく、少子高齢社会となったわが国が、将来にわたり社会の活力を維持していくためには、明日を担う若者の皆さんが、自分の役割と責任を自覚し、進んで社会活動に参加していくことがますます必要になってきています。

ところで、最近、私は、こうした集いにお呼び頂くたびに、若者の社会への関心は、着実に高まってきていると実感しております。ひとむかし前、現代の若者は、身近な友人との付き合いや趣味などの個人的活動に生きがいを感じている反面、社会や公共のことに関心が薄く、自己中心的で、他人への思いやりに欠けると言われたことがありましたが、それがまるで嘘のように思われます。

そして、ボランティア活動や体験学習に参加される若者が年を追って増えている事実は、社会のためにも、また、参加される皆さん自身のためにも、大変有意義なことであると思っております。

今回の集いも、お年寄りや体の不自由な人に手を差し伸べ、あるいは、地域づくりに仲間と一緒に汗を流すなど、多様な社会活動の体験を通し、自分が社会から必要とされる存在であることを自覚されることは、社会性・主体性を育み、皆さんの人間性を一段と大きく成長させることでしょう。

この集いが、若者のボランティア活動について、身をもって考える機会になることを念願し、ご挨拶とさせて頂きます。

118 文化財保護の集い　挨拶

『文化財保護の集い』の開催にあたり、一言ご挨拶を申し上げます。

十一月一日から始まる「文化財保護強調週間」の催しとして開かれましたこの集いに、このように大勢の皆様に参加していただきありがとうございます。

優れた文化財に向かい合うと、人は感動を覚えながら、歴史の世界に誘《いざな》われ、その時代に生きた人々の暮らしに思いを馳《は》せたりするものであります。

国宝や重要文化財はもちろんですが、わが○○市（町・村）の文化財保護条例で指定・選定されております、私達の身近にある地域の文化財を含め、わが国の歴史や文化を正しく理解する上で、文化財は、欠くことのできない、貴重な国民的財産です。

私達は、文化財から多くのことを学んできております。文化財には、それが世に出た時代のいろいろな情報が蓄積されており、いうなれば歴史の証人であります。それは、吉野ヶ里《よしのがり》遺跡や三内丸山《さんないまるやま》遺跡の発掘などに見るように、埋蔵文化財による歴史の新たな発見の例でも明らかですし、また法隆寺の修復の際明らかにされた優れた建築技法など、例を挙げれば限りがありません。文化財が単に過去のものに止《とど》まらず、わが国の将来の文化の発展の基礎をなす、貴重な国民的財産といわれる所以《ゆえん》でもあります。

しかし、文化財の保存には、さまざまな困難が伴います。これまでに、地震や風水害、火災などによって失われた文化財は数知れませんし、開発などの犠牲になったものも少なくありません。先の東日本大震災でも、国が指定した文化財の被害総数は七百四十四件にも上る被害があったのであります。

本日の集いを機会に、地域の文化財に親しく触れるとともに、文化遺産をみんなで大切にし、永く後世へ継承する心を育《はぐく》んでいただきたいと存じます。

十一月（霜月）

119 勤労者表彰式　祝辞

『第○○回○○市（町・村）勤労者表彰式』にあたり、○○市（町・村）議会を代表して、一言お祝いの言葉を申し上げます。

多年にわたり、本市（町・村）の産業振興にご尽力をいただき、本日晴れて表彰を受けられました商工業従事者○○名、農業関係従事者○○名、発明創意工夫関係者○名の方々の栄誉に対し、心からお祝いを申し上げます。

申すまでもなく、企業の発展、ひいては、産業の振興のためには多様な優れた人材を確保し、育成していくことが肝要であります。

特に、企業における職業能力開発の機会が減少しがちな昨今では、わが国の経済を支えてきた「現場力」の低下が大きな問題となっています。このためにも、勤労者の資質向上が期待されるところです。

本市（町・村）におきましては、あらゆる努力を払って、市（町・村）民福祉の増進のための諸施策を積極的に展開中でありますが、議会と致しましても、勤労者福祉の充実に、さらに一層努力してまいる所存でございます。

皆様方におかれましては、今後とも、労使関係をより一層健全に維持され、経営者と一体となって、それぞれの企業の発展に、ご精進されますよう期待するものであります。

ここに、皆様方の日頃の弛《たゆ》まぬご努力に対し、重ねて敬意を表しますとともに、本日の栄誉を心からお祝い申し上げる次第でございます。

終わりに臨み、本日の受賞を契機として、ますます研鑽《けんさん》を積まれますとともに、後進の指導にも十分意を注がれ、今後とも本市（町・村）の産業振興にご尽力・ご協力賜わりますようお願い申し上げ、お祝いの言葉と致します。

120 優秀技能者表彰式 祝辞

『○○市（町・村）優秀技能者表彰式』にあたり、市（町・村）議会を代表して、一言お祝いの言葉を申し上げます。

ただいま、○○市（町・村）の優秀技能者として、市（町・村）長から栄《は》えある表彰を受けられました○○名の皆様、誠におめでとうございます。

この表彰制度は、広く社会一般に技能尊重の気運を醸成し、技能者の地位と技能水準の向上を図るため昭和○○年に創設され、今回は○○回目の表彰でございます。

本日、十一月十日は「技能の日」であります。この日は、昭和四十五年十一月に、第十九回国際職業訓練大会が、アジアで、初めて日本で開催されたことを記念して定められたものであります。

毎年、この日に、技能尊重の気運の醸成・高揚を図るための諸行事が、広く全国的に行われておりますが、わが○○市（町・村）におきましても、このような表彰式が催されることは、大変意義深いことと存じます。

本日、表彰された方々は、どなたも永年にわたり、ひたむきな情熱と弛《たゆ》まぬ技能の研鑽《けんさん》により、それぞれの分野における第一人者として、最高の技能を極めるとともに、後継者の育成にも大きな貢献をされた、まさに、技能者の鑑《かがみ》と言うべき方々ばかりであります。

今後とも健康に留意され、一層技能の錬磨向上にご精進いただきますとともに、後進の指導・育成にご尽力賜わり、皆様方の優れた技能を、明日の若き技能者へと伝承いただくようお願い申し上げる次第であります。

私どもも、議会において、技能振興について尽力致すことをお誓い申し上げ、祝辞と致します。

121

技能奨励賞贈呈式　祝辞

『技能奨励賞贈呈式』にあたり、一言ご挨拶を申し上げます。

ただいま、晴れの表彰を受けられました皆様、誠におめでとうございます。

皆様方には、それぞれ志を立て、日夜勉励《べんれい》・研鑽《けんさん》を重ね、めでたく一級技能士並びに単一等級技能士に合格されました。

本日の栄誉につきましては、皆様はもとより、事業主の方やご家族の方々のお喜びもさぞかしのことと存じ、心からお祝いを申し上げます。

ご承知の通り、今日のわが国の経済は著しい発展を遂げ、世界の注目を浴びるほどの経済大国に成長しました。

このことは、とりもなおさず、われわれ国民一人ひとりが将来を見極め、社会に果たす自分の役割を自覚し、真剣に努力をした結果にほかならないものと信ずるものであります。

資源のないわが国が、将来にわたって発展し続けるためには、技術立国以外にございません。その意味からも、今、社会は皆様のような技術者の輩出を切望しております。

また、皆様にとりましても、ここに「知識と腕」を、国によって認められましたことは、大変心強く、将来に大きな希望を持たれたことと確信致すものであります。

皆様方には、自己の職業に限りない誇りを持たれ、今後とも、技能向上に精進されますようご期待申し上げる次第でございます。

終わりに臨み、今後とも健康にご留意の上、これまでの経験を生かして、後進の指導・育成にも意を注がれてご活躍されますよう心からお願いして、私の祝辞と致します。

122 文化の日表彰式　挨拶

菊薫る『文化の日○○市（町・村）表彰式』にあたり、一言ご挨拶を申し上げます。

国民の祝日である「文化の日」は、自由と平和を愛し、文化を進める日であります。

この日は、明治天皇の誕生日にあたり、かつて、明治時代は「天長節」、大正および昭和では「明治節」でしたが、季節的に文化的行事を行うのにふさわしく、かつ、昭和二十一年のこの日に、新憲法が公布されたことを記念して、翌二十二年に、平和への意思を基盤とする文化を発展・拡大させる趣旨で「文化の日」とされたものでございます。

このようなことから、国においては、この日に、文化勲章の授与が行われますが、本市（町・村）においても、住民の生活に「文化の香り豊かに、ゆとりと潤《うるお》いを持たせる」ことを目的に、父祖《ふそ》伝来の独自の文化を継承し、その育成に努められた方や、芸術・科学・芸能など広く文化面で活躍され、功績を挙げられた方々を顕彰《けんしょう》することとしております。

最近の市民の選択は、物の豊かさから、心の豊かさに移っております。

このため、本市（町・村）におきましても、総合文化会館の建設をはじめ、生活環境施設を、かかる観点から整備するとともに、住民の皆さんが参加する各種文化サークルへの助成など、文化面に配慮して、創造性に富んだ個性豊かな「文化都市○○市（町・村）」建設を目標に、各種施策を進めております。

本日、受賞される方々には、これら施策に対し、物心《ぶっしん》両面にわたりご支援いただき、成果を挙げているところであり、ここに、心から感謝と敬意を表する次第でございます。

受賞者各位のご健勝と、一層のご精進をお願い申し上げ、ご挨拶と致します。

123 優良青少年・団体表彰式祝辞

菊花《きくか》薫る「文化の日」に、『第○○回優良青少年・団体表彰式』が開催されるにあたり、○○市（町・村）議会を代表して、一言お祝いの言葉を申し上げます。

ただいま、栄《は》えある表彰を受けられました皆さん、本当におめでとうございます。心からお祝い申し上げますとともに、深く敬意を表する次第でございます。

申すまでもなく、次代を担う青少年の皆さんが、心身ともに、明るく健やかな成長を遂げられ、弱者に優しい、住みよい豊かな社会が形成されていきますことを、私達は常に念願し、期待しているものであります。

青少年の健全な育成には、いろいろな施策が必要でありますが、何と申しましても、青少年の一人ひとりの自覚と、責任ある行動、さらには、家庭および周囲の人々のご理解とご協力によるところが極めて大きいのであります。

幸いにして、本市（町・村）におきましては、市民の皆様の温かいご理解によりまして、全市（町・村）一丸となって青少年の健全育成に努め、着実にその成果を挙げておりますことは、誠にご同慶に堪えません。

本日、表彰を受けられました皆さんは、学校や地域において、いずれも他の模範となる方々ばかりであります。

私達は、皆さんのような方々が、市（町・村）政発展のために大いに寄与されることを期待し、これからも、なお一層のご活躍を切望してやまない次第でございます。

終わりに臨みまして、皆さんのご健康と今後のご活躍をお祈り申し上げ、私の祝辞と致します。

124 文化協会総会　祝辞

本日、『○○文化協会の総会』が開催されるにあたり、一言ご挨拶を申し上げます。

戦後の混乱期から五十年余、わが国民は、その英知と勤勉さによって、今日の繁栄を築き上げましたが、反面、経済の復興を急ぐあまり、犠牲となったものも少なくありません。かけがえのない自然や、わが国固有の文化もその例外ではないと思います。

しかし、時は移り、近年、私達の心に生まれました何がしかのゆとりが、文化を守り育《はぐく》んでいこうという気風《きふう》を醸成しておりますことは、ご同慶に堪えないところでございます。

その地域に、長い間培《つちか》われた文化を育んでいくことは、市（町・村）民の心を豊かにし、生活に潤《うるお》いを与えるのみならず、民族の自覚と誇りを高揚する上で極めて重要なことと思います。

ただ、その際、心すべきことは、文化は、古いものをひたすら守るということであってはならないということであります。

これからの文化は伝統文化を尊重し、その上に立って創造するものであります。そこに真の文化が生まれるのであり、市（町・村）民が自ら努力し、自らを高めることによって、初めて市（町・村）民文化の向上が図られるものと存じます。

私ども、市（町・村）政を担当する者としても、引き続き、文化活動に携《たずさ》わる方々が活動しやすい環境づくりに努める所存でありますが、さまざまな活動を通じて、本市（町・村）の文化を守り育ててこられた○○文化協会が、今後とも、さらなる発展を遂げられ、香り高き文化のまち○○の、より一層の飛躍に寄与されることを切望する次第であります。

終わりにあたり、皆様のご健勝とご活躍を祈念申し上げ、私の祝辞と致します。

125 津波を考える住民集会挨拶

本日は○○市主催「津波を考える住民集会」にご参加頂き、ありがとうございます。

私は、ただ今ご紹介いただきました○○でございます。市議会を代表しまして、一言ご挨拶させていただきます。

先の東日本大震災に伴う大津波の凄まじさは、いまだに記憶に新しく本当に恐ろしいものでした。しかし、そうした記憶ですら時とともに薄らいでいくのが世の常でございます。本日の集会は、あの惨禍《さんか》を二度と繰り返すことのないように、常日頃から備えを怠らないようにし、一人でも尊い命が救われることを願っての開催でございます。

既に、展示室をご覧頂いたと思いますが、津波は、地震などによる海底の隆起や沈降によって引き起こされるものでございます。そして、上下動が大きいものほど、沿岸に達すると強大な破壊力で襲いかかってきます。

したがいまして、津波警報はもとより、強い揺れや長い揺れの地震を感じたら、直ちにできるだけ高い所を目指して、先ず、自らの命を守るために全力で逃げるしかないのです。

しかし、何時、どんな場所で遭遇するか分からない大津波に対して、事前に私たちにできることはないのか、どうしたらよいのかなど、これから、映像なども用いながら、専門家の方を交えて貴重なお話や対策がお聞きできるものと、私も大いに期待致しております。

津波は、私たちに甚大《じんだい》な被害をもたらします。しかし、適切な行動をとることによって、人命に対する被害は相当程度軽減できるとも云われています。どうか、本日の集会がお役に立ちますことを願いながらご挨拶とさせて頂きます。

126 勤労感謝の日の集い
挨拶

「勤労感謝の日」は、昔は「新嘗祭《にいなめさい》」と言って、宮中では…今でもそうですが…天皇陛下がその年の新《しん》穀《こく》を天神地祇《てんじんちぎ》（天地の神様）に供え、ご自分も食される儀式が行われ、国民も、国の祝日の一つとして仕事を休み、お祝いしたものでございます。

今の「勤労感謝の日」は、新嘗祭とは関係なく、昔から伝わる収穫感謝の風習を生かしながら、勤労の尊《たっと》さを重んじ、その勤労のおかげで、農作物その他諸々《もろもろ》の生産物に恵まれたことをお祝いし、国民皆が、お互いに感謝しあう日となっております。

私どもの日常生活は、改めて見るまでもなく、多くの手で支えられております。三度三度の食事は、農村や漁村の方々の勤労の結晶であり、また衣服や家具は、たくさんの勤労者の手を経ております。誰もかれも、多くの人々の勤労の恩恵を受けて生活しているのであり、その勤労を相互に感謝しあうことは、誠に意義深いものがあると存じます。

最近、物が豊富に出回りすぎるせいか、物を大切にする気風《きふう》が疎《おろそ》かになる傾向が強くなっておりますが、大変残念なことでございます。それもこれも、それを作った人々の勤労に、感謝する心が忘れられているからではないかと思います。国民の一人ひとりが、常に他人の勤労に感謝し、その勤労の所産である、すべての物を大切にするという気持ちを忘れなければ、それだけで、今、多くの地域で社会問題となっておりますごみ処理や環境汚染の問題なども、大きく解決の方向に向かうのではないでしょうか。

もちろん、他人の勤労を感謝するには、まず自分が勤勉でなくてはなりません。自分が怠惰では他人の勤労の価値は到底理解できないからであります。

本日の集いが、改めて勤労の尊さを考える機会となりますよう念願して、ご挨拶と致します。

十一月（霜月）

127 障害者週間の集い　挨拶

障害を持つ人も、持たない人も、共に〝みんなで支え合う社会〟づくりを進める『障害者週間の集い』にお招きいただき、ありがとうございます。

わが○○市（町・村）には、現在、なんらかの障害をお持ちの方が○○人おられます。

わが国全体では約七百万人と言われますが、高齢化をはじめ、社会の複雑化、交通事故や各種災害の増加などを考慮致しますと、今後、その数はますます増えていくものと予想されます。

申すまでもなく、私達の社会は、障害を持つ人も、持たない人も、お年寄りも子どもも、男性も女性も、すべて、一人ひとりが、等しく尊重されなければなりません。

障害者も、当然、健常者と同じ生活、活動、仕事ができるようになる必要があります。そのためには、社会環境や各種条件を整備することはもちろんですが、最も大切なことは、障害者を特別な目で見る〝心の問題〟を、一人ひとりが解決していくことだと存じます。そうすれば、障害者もハンディキャップを乗り越えて社会参加していけるからです。

平成五年「心身障害者対策基本法」が「障害者基本法」に改められた際に法定された「障害者の日」は、平成十六年の改正で「障害者週間」となりました。この間における関係者のご努力により、障害者が街に出て、社会に参加する機会が多くなりました。しかし、まだまだ障害者にとってハードルは高いものがあると思います。

障害者が社会、経済、文化その他あらゆる分野に積極的に参加できる社会の実現を念願しまして、私のご挨拶と致します。

128 障害者週間行事〝ふれあいの祭典〟祝辞

本日、このように盛大に開催されました〝ふれあいの祭典〟において、お祝いの言葉を申し上げる機会を得ましたことは、私にとりましてこの上ない喜びであります。

先ほど、「自立更生者」として表彰されました皆様の、明るく、力強いご様子に接し、厳しい障害を乗り越え、克服された自信と誇りを、ひしひしと感じさせられた次第でございます。

長い間、皆様を温かい目で見守り、励まし続けてこられたご家族や周囲の方々のお喜びはいかばかりかと拝察するものであります。

また、障害を持つ方々が、社会で積極的に活躍するためには、ご本人の努力はもとより、社会の一般の方々の理解と協力がぜひとも必要でありますが、本日ここに、「援護功労者」としてご出席されております皆様のご活躍は、障害を持つ方々にとって、なくてはならないお力添えであり、行政の力では手の届かない、きめ細かい活動であると申せましょう。この機会に、改めて深甚《しんじん》なる敬意と感謝の意を表する次第であります。

さて、障害を持つ人も、持たない人も、互いに努力し、助け合って、完全に平等な社会参加ができるよう、その啓発の意味を込めて開催されましたこの〝ふれあいの祭典〟は、「障害者週間」行事の一環として「完全参加と平等」を目指すものであり、希望溢れる住みよい社会をつくる気運の高まる中で、極めて意義深いものがあると存じます。

終わりに臨み、障害者福祉行政の一層の充実並びにご出席の皆様のご健勝とご活躍をお祈り致しますとともに、本日の〝ふれあいの祭典〟の運営にご尽力されました関係各位に心から感謝申し上げ、お祝いの言葉と致します。

十二月（師走）

129 人権の日の集い　挨拶

『○○市（町・村）人権の日の集い』にあたり、一言ご挨拶を申し上げます。

十二月十日は「人権デー」でございます。昭和二十三年のこの日、国際連合の総会で「世界人権宣言」が採択されたことを記念して、定められたものであります。

以来、わが国でも、国民の人権に対する意識は高まってきておりますが、社会の急速な変化とともに、新しい人権問題が次々と発生しております。

とりわけ、国際化時代を迎え、日本に在住する外国人の就労や住居、結婚などをめぐる人権問題には、国外からも厳しい目が注がれております。

東京法務局などが行っている、人権相談所での相談内容を見ますと、在留資格の変更・期間の更新といった在留手続きに関する相談についで、日本人との婚姻・離婚に関する相談、住宅問題、賃金不払いや労働時間など労働問題に関する相談が持ち込まれておりますが、中には、外国人だからというだけで、アパートへの入居を断られたり、銭湯への入浴を拒否されたなどのケースもあります。

その背景には、外国人は、異質なものとして、排除しがちな日本人特有の閉鎖性があると指摘されておりますが、風俗・習慣の違いから、私達の何気ない言葉や行動が、外国の人の心をひどく傷つける場合があることも、忘れてはならないと思います。

わが国が、人権の分野でも、国際社会の一員として貢献していくためには、国民の一人ひとりが、言語・宗教・思想の違いを乗り越えて、外国人の持つ文化や多様性を受け入れ、尊重する、豊かな人権感覚を育てていく必要があると存じます。

本日の集いが、そのよい機会となりますことを念願しまして、ご挨拶と致します。

130 人権の集い　挨拶

『人権の集い』にお招きいただきありがとうございます。一言ご挨拶を申し上げます。

最近、以前にも増して、通勤の電車内や町のスーパーマーケットなどで、多くの外国人を見掛けるようになりましたが、皆様も、なにか、特別の目で見ていることはないでしょうか。わが国でも、世界の国々との交流が深まり、日本に在住する外国人が増えるにつれて、外国人とのトラブル・人権問題の発生が多くなっているようでございます。

昭和二十三年に、国連で、世界人権宣言が採択されてから、国民の人権に対する意識はかなり高まってきましたが、残念ながら、今なお、自分の人権のみを主張して、他人の人権を顧みない風潮が見られます。とりわけ、国際化時代を迎え、日本に在住する外国人の就労や住居、結婚などをめぐる人権問題には、国外からも厳しい目が注がれております。

かつて、大阪で、外国人花嫁の悲劇を扱った「目覚めの時」という芝居が上演されました。国際結婚を斡旋《あっせん》する業者の甘言《かんげん》に乗せられて、貧しいフィリピン人女性が日本人男性と結婚した。やがて、不実な夫と離婚し、残留資格を失い、暴力団の餌食《えじき》となり、とうとう殺人罪を犯してしまう。この間、正義派の弁護士や新聞記者が登場して救出しようとするが、社会の制度や意識が、不法残留者に冷酷であまりにも障害が多いというものでございます。

心の痛む内容ですが、これらの問題の発生する背景には、外国人は異質なものとして排除しがちな日本人特有の閉鎖性があると指摘されております。

幸せに生活を営むための基本的な人権は、どこの国の人でも同じです。お互い、これから外国人に対し、相手の立場に立って思いやる心をもって接することをお願いしまして、ご挨拶と致します。

十二月（師走）

131 後援会新年会　挨拶

皆様、新年明けましておめでとうございます。

新しい年の初めに、このように皆様とともに元気で、一堂に会して新春を寿《ことほ》ぐことのできますことは、誠に喜びに堪えない次第でございます。

昨年中は、皆様方の力強いご支援によりまして議会活動に専念し、各種の福祉対策はもとより、地域の振興を始め、市（町・村）政の向上・充実に微力を尽くすことができましたことを心から感謝し、改めて厚くお礼を申し上げます。

さて「一日の計は朝《あした》にあり、一年の計は元旦にあり」と申します。お正月ほど希望に満ちた、進歩・向上の意気に燃える時はございません。

「新年」は、過去の諸々の事柄に区切りをつけ、心機一転、再出発する機会と勇気を与えてくれるからであります。

「もう一度新しく」という、このお正月の気分が、人々に喜びを与え、希望を与え、計画を立てる意欲を与え、限りなく前進する気力を与えるのでございます。

初めての心地《ここち》で新しい方針を立て、新しい工夫をする。しかも過去の経験に根ざす情報・蓄積がある。この上に立ってのものでありますから、お正月の計画は、いかに志の高いものであっても、決して荒唐《こうとう》無稽《むけい》のものにはなりません。

内外の政治・経済・社会情勢は誠に厳しいものがありますが、本年も住民の皆様の負託とご期待に添うべく、年の初めに志した計画・信念に基づいて懸命に努力してまいります。

ご列席の皆様の一層のご支援、ご鞭撻《べんたつ》を心からお願い申し上げ、併せて本年が皆様にとりまして実り多い年でありますようお祈りしまして、ご挨拶と致します。

132 母の会新春懇談会　挨拶

皆さん、新年明けましておめでとうございます。

本日は、『母の会新春懇談会』にお招きいただきありがとうございます。

母の会の皆様には、平素から青少年の育成、交通安全、あるいは生活環境の改善など、多方面にわたりご尽力いただいておりますことに対し、本席をお借り致しまして、厚くお礼申し上げます。

私も、日頃から、皆様のご活躍につきましては折にふれ伺っておりますが、子弟のため、地域のため、貴重な時間を割いてご苦労されておられることは、誠にもって感謝のほかない次第でございます。

それと同時に、このような活動が○○福祉市（町・村）政の推進に多大の貢献をされておりますことは、数々の実績から関係者ひとしく認めるところでありまして、私ども、大変心強く思っているところであります。

近年のように核家族化が進み、複雑多様化した社会においては、とかく隣人に対する思いやりや、地域社会への関わりといった面が稀薄になりがちです。こうしたことが、ともすれば、青少年を自分以外のことは考えない自己中心的な行動に走らせ、少年非行の低年齢化を生む素地《そじ》となっているのではないかと思います。

この意味で青少年問題をはじめとして、○○福祉市（町・村）政をさらに充実・推進していくためには、皆様方「母の会」のご協力が不可欠のものであることを十分認識致しますとともに、今後の活動に大きくご期待申し上げる次第であります。

皆様におかれましては、くれぐれも健康に留意され、明るい社会を築くために、本年も一層ご活躍されますようお祈りして、簡単ではございますが新年のご挨拶と致します。

季節的行事等　春

133 社会福祉協議会新年会挨拶

皆様、新年明けましておめでとうございます。

○○市（町・村）議会を代表して、一言ご挨拶を申し上げます。

○○市（町・村）社会福祉協議会の皆様には、平素からご多忙の中、ときには、自らの職業をも犠牲にされ、社会福祉の向上のために並々ならぬご活躍を賜わり、ここに改めて厚くお礼申し上げます。

さて、皆様ご承知のように、社会福祉はすべての人々が社会的に自立し、家族や地域社会の一員として、社会と積極的な関わりを持ちながら、充実した生活を送れるようにすることが基本でありまして、決して限られた一部の市（町・村）民のものではございません。

そのため、本市（町・村）では、市（町・村）政発展計画実現の諸施策の中で、「福祉と健康」を最も重要な施策として位置づけております。この計画をスムーズに実現するためには、市（町・村）民の皆様のご支援が大前提となりますが、とりわけ貴協議会のご協力がぜひとも必要であります。

最近は、高齢者も若者も、障害者もそうでない者も、すべて人間としての普通（ノーマル）の生活を送るため、ともに暮らし、ともに生きる社会こそノーマルであるとする、ノーマライゼーションが定着してきております。○○市（町・村）議会と致しましては、これらを念頭に○○市（町・村）長と連携を密にして、明るく活力に満ちたわがまち○○市（町・村）を築くため、全力を傾注してまいります。

どうか貴協議会並びに会員皆様の絶大なるご支援・ご協力を切にお願いする次第であります。

終わりに臨み、貴協議会のますますのご隆盛と会員皆様のご健勝を祈念し、本年が最良の年でありますよう心からお祈りして年頭のご挨拶と致します。

134 身体障害者福祉会新年役員会　挨拶

　皆様、明けましておめでとうございます。年頭にあたり、市（町・村）議会を代表して一言ご挨拶を申し上げます。平素、皆様には、障害者の幸せと福祉の増進のため積極的に活動され、大きな成果を上げておられますことに対し、衷心《ちゅうしん》より敬意を表する次第であります。

　本市（町・村）の福祉行政につきましては、皆様方の温かいご指導やご助言を賜わり、身体障害者福祉の諸施策をはじめとして、各種福祉事業の充実に努めることができ、心より感謝申し上げます。

　今後とも、引き続き「市民福祉の充実」を市（町・村）の施策の最重要課題と位置づけ、「明るく豊かな福祉のまちづくり」に向けて努力していく所存であります。

　しかし、新しい制度を実現するだけでは問題は解決致しません。むしろ、それをいかに効果的に運用するかが、より大切と存じます。

　障害者の方々も含めたすべての人の人権が保障された、差別のない豊かな社会の創造と完全参加していける社会を基本とした、地域に根ざした福祉社会の必要性が指摘される所以《ゆえん》も、ここにあると思うのであります。

　市（町・村）議会と致しましても、市（町・村）当局と一致協力して、多様化する社会のニーズを積極的に受け止め、一層の福祉増進に努めていく所存でございます。

　皆様におかれましては、昨年同様、変わらぬご支援・ご協力を賜わりますよう、心からお願い申し上げる次第であります。

　終わりに、身体障害者福祉会のますますのご発展と、ご参会の皆様のご健勝・ご多幸をお祈り申し上げまして、年頭のご挨拶と致します。

135 高齢者事業振興財団新春名刺交換会　挨拶

ご参会の皆様、新年明けましておめでとうございます。本日、かくも盛大な『○○県高齢者事業振興財団新春名刺交換会』にお招きいただきありがとうございます。

貴財団が、昭和○○年に設立されて以来、中高年齢者の再就職促進と福祉の向上に大きな役割を果たしてこられたことに対し、ここに改めて敬意を表する次第であります。

ご承知の通り、わが国においては高齢化の進行は極めて急速であり、先進国はもとより、世界の国々がかつて経験したことのない超高齢社会に直面しておりますが、○○県におきましても、県政振興長期計画の中に「高齢化社会への対応と豊かな福祉社会の形成」について各種の施策を盛り込み、積極的に取り組んでいるところであります。

このような情況の中で、中高年齢者の再就職促進と福祉の向上を目指して、○○県高齢者事業振興財団が誕生して○○年、昨年は、私の地元の○○市にも高齢者事業団が設立され、大変嬉しい思いを致しましたが、現在は、県内市町村のほとんどに、働く高齢者の輪が広がっていることは誠に喜ばしい限りでございます。

少子高齢の同時進行のもと、中高年齢を迎える環境は極めて厳しいものがありますが、今後とも、明るい活力ある長寿社会実現に向けて、高齢者がその豊かな経験・知識・技能を発揮して、健康でかつ生きがいを持って社会活動を行っていけますよう、貴財団が、全国の地区事業団の旗手《きしゅ》として指導的役割を果たされますことを、心から念願いたします。

終わりに臨み、貴財団のますますのご発展と、ご参会の皆様のご健勝をお祈りして、新年のご挨拶とさせていただきます。

136 ○○事業協同組合新年会　挨拶

皆様　明けましておめでとうございます。

本日は、『○○事業協同組合新年会』にお招きいただきありがとうございます。

○○県議会を代表致しまして、一言ご挨拶を申し上げます。

皆様には、日頃から、県並びに○○市の発展に多大のご協力を賜わり、感謝に堪えません。この機会に厚くお礼申し上げます。

さて、皆様ご案内の通り、近年の社会・経済情勢は激動の一途を辿《たど》り、これに対応する地方公共団体の行政需要も複雑多様化しております。

過疎・過密問題はもとより、環境の保全、高齢化・情報化社会の進行等、地方行政を取り巻く環境は誠に厳しく、本県内においても、各地域によりその抱える問題は必ずしも一様ではなく、複雑・多岐にわたっております。

このような状況の下、○○県におきましても、○○新時代創造計画をはじめとして、各地域の実態に応じた振興・活性化のための、きめ細かな施策を展開しているところであります。

私ども、当地域から選出されました県議会議員も、常に、こうした県政の動向を的確に見極め、いかにすれば、豊かで魅力ある○○市の実現が可能か真摯《しんし》に考え、県政の目を○○市に向けるべく最大限の努力を致す所存でございます。

皆様方におかれましては、厳しい社会・経済情勢の折ではありますが、今後とも、本市の発展のため一層のご尽力・ご協力を賜わりますようお願い申し上げる次第であります。

終わりに、○○事業協同組合のますますのご発展と、ご参会の皆様のご健勝並びにご活躍を心よりお祈り申し上げ、年頭のご挨拶と致します。

137　防火安全協会新年名刺交換会　挨拶

明けましておめでとうございます。

年頭にあたり、市（町・村）議会を代表して、一言ご挨拶を申し上げます。

○○市（町・村）防火安全協会の皆様方には、常日頃より、危険物の安全管理や防火管理等、防火思想の普及・徹底について積極的にご活躍されるなど、本市（町・村）の消防行政の推進に多大なるご貢献を賜わり、誠に感謝に堪えません。

近年、わが国における各種災害の様相は、産業構造や住民生活の複雑多様化などにより、自然災害に起因するものであっても、ともすれば大惨事につながるなど、大規模化・複雑化する傾向にあり、憂慮に堪えない次第でございます。

このように、いつ発生するかわからない事故に備えて、平素から危険物の安全管理や防火思想の普及に努めておられます皆様に、心から敬意を表するものであります。

本市（町・村）におきましては、ただいま、新たな観点から、市（町・村）民の誰もが、住むことを誇りに思える活気に満ち溢《あふ》れた環境づくりを目指し、諸事業の推進に積極的に取り組んでいるところであります。

市（町・村）議会と致しましても、これら事業を推進していく上で、防災思想の普及・徹底は大変重要であることから、これらの充実に向けて一層の努力を傾注してまいる所存であります。

皆様におかれましても、本市（町・村）の施策にご理解を賜わり、一層のご支援・ご鞭撻《べんたつ》をお願い申し上げる次第でございます。

終わりに、○○市（町・村）防火安全協会のますますのご発展と、ご参会の皆様のご健勝とご多幸をご祈念申し上げまして、年頭のご挨拶と致します。

138　納税貯蓄組合新年会挨拶

皆様、新年明けましておめでとうございます。

○○市（町・村）議会を代表して、一言ご挨拶を申し上げます。

納税貯蓄組合の皆様には、日頃から広く納税思想の普及に尽力され、また税務行政に種々ご協力を賜わりありがとうございます。この機会に改めて厚くお礼を申し上げます。

申すまでもなく、市（町・村）財政の中核をなすものは市（町・村）税収入であります。住民の要請に応え、年々増加する行政需要に適切に対応するためには、財政基盤の安定が最大の課題であり、自主財源である市（町・村）税の充実・確保は欠くことができません。

このように、重要な市（町・村）税収入を確保し、かつ、税務行政を円滑に行うためには、まずもって、納税者の方々の税に対する理解が必要であり、これを推進する、納税貯蓄組合の持つ役割は誠に大きなものがあります。

税は住民が苦労して得た収入であります。このため、市（町・村）議会と致しましても、その賦課徴収には厳正・公正を期するとともに、その使途については、有効適切にして最大の行政効果を挙げるよう、細心の注意を払っているところでございます。

ご承知のように、低迷する今日の経済情勢を反映して、市（町・村）財政は誠に厳しいものがありますが、市（町・村）民の皆様が、心底から 住んでよかった と言える○○市（町・村）を実現するために、今後とも皆様のご支援・ご協力を切にお願い申し上げる次第であります。

終わりに、貴組合のご隆盛と会員皆様のご健勝を祈念し、本年が最良の年でありますよう心からお祈りしまして、新年のご挨拶と致します。

139 児童館育成員新年合同懇親会　挨拶

皆様、明けましておめでとうございます。

本日は、『○○市児童館育成員新年合同懇親会』が、ご関係の皆様多数ご出席の下に開催されますことを、心からお喜び申し上げます。

○○方式の児童館が、昭和○○年に○○に誕生して以来、皆様の深いご理解とご協力によりまして、現在では○○か所の児童館が市内各所に設置され、多数の子ども達の利用の下に、極めて順調に運営されておりますことは、ひとえに、育成員の皆様をはじめとするご関係の皆様の弛《たゆ》みないご努力の賜物でございまして、この機会に改めて衷心《ちゅうしん》より感謝申し上げる次第であります。

次代を担う子ども達を心豊かに育てることは、私達すべての願いでありますが、子ども達の健全育成には、家庭・学校・地域がそれぞれの立場で真剣な取り組みをしていかなければなりません。

日頃から、地域社会において、子ども達の健全育成活動に携《たずさ》わっておられます皆様には、今後とも、一層のご尽力をいただき、本市における子ども達の健やかな成長のために、温かいご支援・ご協力を賜わりますようご期待する次第であります。

本市では今、市民が皆、住むことを誇りに思う、活気と魅力のあるまちづくりを目指した諸事業の推進に積極的に取り組んでおりますが、これらの事業を将来にわたり円滑に継続させ推進していくためには、次代を担い地域を愛する子ども達の成長がぜひとも必要であります。

皆様の、より一層のご支援・ご鞭撻《べんたつ》をお願い申し上げます。

結びに、○○市児童館のますますのご発展と、ご参会の皆様のご健勝とご多幸をお祈りしまして、年頭のご挨拶と致します。

140 商工会議所新春懇談会挨拶

皆様、明けましておめでとうございます。

『○○市商工会議所新春懇談会』の開催にあたり、市議会を代表して、一言ご挨拶を申し上げます。

平素、皆様には、本市商工業の振興のため多大なるご尽力を賜わり、深く感謝を申し上げる次第であります。

お陰様で○○市は、昭和○○年市制施行以来、貴会議所先輩諸氏のご尽力・ご協力により順調に発展を続け、当地域の教育・文化・商業の中心地として素晴らしい繁栄をみるに至っております。

しかしながら、内外《ないがい》の情勢に目を転じますと、中国やインドなどアジアの経済発展は目覚ましいものがある一方で、世界の各地では未だに民族紛争が絶えず、特にわが国が依存する産油国中近東の政治的安定は未だ見通しが見えません。併せて日本近海でのエネルギー開発をめぐる摩擦も依然として厳しい事態にあります。

また、国内における経済は依然不透明で、本市の経済事情も、消費者ニーズの多様化や商業圏の拡大、近隣都市を含めた大型店の進出などにより、一段と競争が激化しております。市議会と致しましては、これら社会情勢を踏まえて、商工業の盛んな、活気に溢《あふ》れた魅力あるまちづくりを目指して、市当局とともに、諸事業の推進に全力を傾注してまいる所存でございます。

どうか皆様におかれましては、市政並びに市議会に対しましても、旧年に倍してのご支援・ご協力を賜わりますよう切にお願い申し上げます。

終わりに臨み、○○市商工会議所のますますのご発展と、ご参会の皆様のご健勝・ご多幸をお祈りしまして、年頭のご挨拶と致します。

季節的行事等　春

141 食肉センター新年会挨拶

皆様、明けましておめでとうございます。

本日は『○○食肉センター新年会』にお招きいただきありがとうございます。

近年、国民の生活水準の向上とともに、食生活の向上・改善も著しく、食肉の需要もまた急速に増加してまいりました。

このような状況にあって、戦後間もなく、業界の健全な発展並びに国民の食生活向上運動の一環として設立された、当食肉センターは、昭和○○年○月に組合から民間へと移管されましたが、その後、食肉処理施設の増改築をはじめ、機械化による処理工程の合理化など近代化に鋭意努力され、着々と成果を上げておりますことは、誠にご同慶に堪えないところであります。

また、当食肉センターは、本県南西部の食肉処理の拠点として、広域的な期待に応える機能を備えた、安全で衛生的な施設であることはもとより、関係業界のトップを切って環境問題に対処したことから、水質汚濁や悪臭などの公害にも十分対応できる施設を整えており、さらに、公正かつ合理的な運営によりまして、供給と価格の安定に大きく寄与されておりますことは、皆様ご案内の通りでございます。

わが国の畜産業を取り巻く状況は、食の安全はもとより環境問題や消費者の安心にも配慮していくことが求められるなど、食肉処理業界の前途も決して平坦ではないと存じますが、皆様方におかれましては、今後とも安全で安心できる新鮮な食肉の安定供給のため、なお一層のご尽力をお願い申し上げる次第であります。

終わりに臨み、○○食肉センターのますますのご発展と、ご参会の皆様のご健勝をお祈り申し上げまして、新年のご挨拶と致します。

142 日本中国友好協会新春の集い　挨拶

本日ここに、○○県日本中国友好協会主催によります「新春の集い」が、ご関係の皆様多数ご参会の下に、かくも盛大に開催されましたことを心からお喜び申し上げます。

平素、本協会の皆様におかれましては、わが○○市の国際交流の推進のためにご尽力を賜わり、深く感謝を申し上げます。

昔から、中国と日本とは一衣帯水《いちいたいすい》の近隣の誼《よしみ》もあり、政治・経済・文化等の各分野にわたって緊密な交流がありました。

そして今日、日中国交正常化を契機に、経済・文化・スポーツなど、各般にわたり以前にも増した交流が展開されておりますことは、誠にご同慶に堪えません。

わが○○市におきましても、昭和○○年に、○○省の○○市と姉妹・友好都市となり、以後、サッカー少年団による相互交流や、本市が誇る○○事業など各種産業部門への研修生の受け入れなど、親密な交流が、継続的かつ積極的に実施されておりますことは、喜ばしい限りでございます。

これは、ひとえに、皆様方の深いご理解とご支援の賜物であり、この席をお借りしまして、改めて心から感謝を申し上げます。

申すまでもなく、国際交流は、永続させてこそ意義があります。皆様におかれましては、今後とも、引き続き本市の国際交流事業の推進のためにご支援・ご協力を賜わりますよう切にお願い申し上げる次第であります。

終わりに臨み、日本と中国との友好関係がますます深められますとともに、ご参会の皆様のご健勝とご多幸を心からお祈りしまして、年頭のご挨拶と致します。

季節的行事等　春

143 町内会花見会　挨拶

本日は、『○○町内会花見会』にお招きいただき、ありがとうございます。

今年は、桜の開花が早目のようでしたので、花が待ってくれるかと心配しましたが、ここ一両日の花冷えが幸いしてか、丁度満開の時にあたりまして、本当にようございました。

早いもので、「○○公園〝桜の園〟」で、町内お花見会が開かれるようになりましてから○○年となりますが、年々参加者が増え、老若男女を問わず、実に楽しい集いとなっておりますことは、喜ばしい限りでございます。

桜は、日本を代表する花。昔から、日本人は桜を愛《め》でていたようで、すでに奈良・平安時代には「百敷《ももしき》の　大宮人《おおみやびと》は暇《いとま》あれや　桜かざして　今日も暮らしつ」と歌われておりますように、上流社会では、桜を楽しんでいたことがわかります。

江戸時代には庶民の間でも盛んになり、上野の山では、幔幕《まんまく》を張って、飲み・食い・歌い・踊ったという記録がありますので、今の花見スタイルも、その頃でき上がったのではないでしょうか。落語に、番茶を酒に、沢庵《たくあん》を卵焼きに見立てた「長屋の花見」の噺《はなし》があるのを見ても、懐《ふところ》具合に関係なく、庶民残らず、大いに楽しんでいたことと思います。

散り際《ぎわ》が潔《いさぎよ》く、花の命が短いことや、この季節が、とかく、出会いと別れの時期に重なることが、私達日本人の、桜に寄せる特別の感情を醸《かも》し出すのではないでしょうか。

「花より団子」とか「酒無くて　なんの己《おのれ》が桜かな」とも申しますが、本日は、そこのところは程々にして、花をこよなく愛《め》でた古《いにしえ》に思いを馳せ、楽しい一日を過ごしていただきたいと存じます。

144 小学校卒業式祝辞（その一）

皆さん、おめでとうございます。

皆さんが待ちに待った、今日の晴れの卒業式を心からお祝い申し上げます。

六年前の春、ご家族の方に手を引かれて、大きな希望とちょっぴり不安な気持ちに、小さな胸をときめかせて入学した日のことは、皆さん誰も、おそらく、昨日のことのようによく覚えていることでしょう。

それから、卒業式の今日まで、長い間、雨の日も風の日も、勉強に通い続けた努力は、ほんとうに立派でした。入学式の時とは違って、皆さんも、しっかり勉強に励んできた誇りに、今、大きく胸をふくらませていることと思います。

校長先生をはじめ諸先生方、またご家族の方々も、健やかに成長された今日の皆さんの晴れ姿に、さぞかし感慨深く、また、この上もなくお喜びのことと存じます。

皆さんは、四月から中学校に進まれますが、中学校は、皆さんにとって何もかも新しい環境になります。学習することは一段と高度になり、友達も新しい顔ぶれに変わります。自分の頭で考え、自分の力で実行しなければならないことも多くなることでしょう。

しかし、この学校で学んだことを基礎に頑張れば、必ず明るい将来が開けると信じます。名誉ある本校の卒業生として、大いに努力し、立派な中学生になってください。

終わりに臨み、校長先生をはじめ諸先生、ＰＴＡの皆様の今日までのご指導・ご尽力に対し深く敬意を表しますとともに、今日卒業する教え子達の上に、末長くご慈愛を賜わりますようお願い申し上げまして、私のお祝いの言葉と致します。

季節的行事等　春

145 小学校卒業式 祝辞（その二）

○○小学校六年生の皆さん、卒業おめでとうございます。

思えば、皆さんが、周囲の大勢の方々に祝福されながら、小学校の門を潜《くぐ》ってからもう六年の月日がたちました。そして今、このように皆さんは、溌剌《はつらつ》と、とても逞《たくま》しく成長され、待ちに待った卒業の日を迎えられました。ご家族の皆様や先生方のお喜びが、目に見えるようでありまして、重ねて心からお祝い申し上げます。

今、皆さんの胸の中には、六年間のさまざまな思い出が懐かしく浮かんできていることと思います。一所懸命頑張った勉強のことや、友達とスポーツや遊びに熱中したことなど、どれも皆さんの心にいつまでも忘れられない大切な宝として残ることでしょう。

さて、皆さんは、四月からいよいよ中学生になるわけですが、中学生は、今までよりも、もっと、体も心も大きく成長する時です。健康に気をつけて、勉強に、スポーツに、自ら進んで取り組み、体と心を鍛えていただきたいと思います。

さらに、これからの皆さんは、自分自身の判断で行動しなければならないことも増えてきて、責任も加わってまいります。辛いことや、難しいことに出会っても、ご家族や先生、そして多くの友達が、皆さんを温かく見守ってくれていることを思い出し、勇気とファイトを持って頑張ってください。

私もまた、皆さんの輝く未来のために、皆さんの中学生活が、毎日楽しく、充実した日々となることを心から願っております。

ご挨拶を結ぶにあたり、温かいご指導をいただきました教職員の方々をはじめ、地域の皆様のご協力に対し、心からお礼申し上げますとともに、ご臨席の皆様のご多幸を祈念して、祝辞と致します。

146 中学校卒業式 祝辞

皆さん、おめでとうございます。

満三か年の修学の甲斐《かい》あって、本日、つつがなく義務教育を終了されました皆さんと、ご家族の方々に対し、心からお喜びを申し上げます。

卒業生の皆さんは、中学生としての自覚の下に、この三年の間、風雨をいとわず、寒暑にめげず、よく頑張って通学し、大きく成長されて、今日晴れの卒業の日を迎えられました。

さぞかし、感慨一入《ひとしお》であるとともに、大きな自信を胸に秘め、輝かしい希望に燃えておられることと思います。

また、皆さんを見守るご家族の方々はもとより、校長先生をはじめ諸先生も、皆さんの頼もしい成長ぶりに、さぞかしご満足のことと存じます。

これから皆さんは、それぞれ新しい生活に向かって巣立っていくことになります。進学する人、就職する人、働きながら学ぶ人など、人によって進む道は異なることになりますが、人生の一つの大きな転機に立っているということでは、まったく同じであります。

たとえ、進む道に違いはあっても、この学校でお受けになり、身に付けた学業・体育など、諸々の成果をさらに磨かれて、立派な人になっていただきたいと思います。

人生は、七転八起《ななころびやおき》と申します。これからは、今まで経験したこともない、いろいろなことに出会うと思います。心挫《くじ》ける時もあろうかと思いますが、常に心に太陽を持ち、希望を持って進むことを心掛けてください。

終わりに臨み、ご参列の方々とともに、皆さんのご健康とお幸せを心からお祈り致しまして、私のお祝いの言葉と致します。

季節的行事等 春

147 高等学校卒業式　祝辞

ご卒業おめでとうございます。

いままで三か年間、弛《たゆ》まぬ勉学と努力によりまして、本日ここに、卒業証書授与式を迎えられた皆さんが、大きな希望を抱《いだ》いて、さらに上級の学校へ、あるいは実社会へと巣立っていかれる喜びを、心からお祝い申し上げます。

皆さんは今、この式に出席して、胸中にさまざまな感慨が去来していると思います。十二年間にわたる学窓《がくそう》生活の数々の出来事や、選ばれてこの高等学校に入学して過ごした三年間の思い出が、先生方や学友、校舎をめぐって、数限りなく湧き出てくることと思います。

また、遥かなる前途に思いを馳《は》せていることとも思いますが、必ずや本校における真摯《しんし》な研鑽《けんさん》が新しい世界においても大きく役立ち、皆さんの前途は洋々と開け、希望溢《あふ》れる天地が待ち受けていることでしょう。

どうぞベストを尽くしてそれぞれの途《みち》に邁進《まいしん》してください。

申すまでもなく、社会は進展し、世界は発展してまいります。日本も、世界の変動とともに変転極まりないわけですが、皆さんが、必ずやそうした変化に打ち勝って、大輪の花を咲かせることを心から信じております。

前途が、学問の途に進むにしても、あるいは社会へ出て実務に励むにしても、本校で学んだ実力を遺憾なく発揮し、若々しく、雄々しく、それぞれの分野で、十二分の成果を上げられるよう期待するものであります。

今後とも、健康に十分注意の上、一層ご健闘されますことをお祈り致します。本日は誠におめでとうございます。

148 小学校入学式 祝辞（その一）

皆さん、入学おめでとう。

皆さんは、いよいよ今日から一年生ですね。皆さんの嬉しそうな顔を見ていると、おじさんも○○年も前に、皆さんと同じように、嬉しさに、わくわくしながら入学式に出たことを思い出します。

皆さんは、これまで幼稚園などで、お友達と仲よく過ごしてきたと思いますが、学校はもっともっと楽しいところです。

大勢のお友達と一緒に勉強したり、遊んだりできますし、先生とボール投げや鬼ごっこもできます。遠足や運動会もあり、それはそれは楽しいところです。早く、誰とでも仲よく、よいお友達になりましょう。そして家に帰ったら、お家《うち》の方に学校であったことを、お話ししてあげましょう。

それでは、これからお父さんやお母さんとお話ししますから、しばらくお行儀よく待っててください。

保護者の皆様、本日はおめでとうございます。私も人の子の親として経験しましたが、わが子が小学校に上がる時の喜び・感激は、たとえようのないものでございます。心からお喜びを申し上げます。

さて、その可愛いお子様が、今日から人間形成の第一歩を踏み出すわけですが、児童教育にあたっては、家庭と学校は車の両輪と申します。つまり、家族の方々が、学校の方針をよく理解し、先生方に協力して、初めて効果が挙がると言われております。

そのためには、ご家族の皆様が、お子様の学校での話題に十分耳を傾け、先生方と同じ立場で、お子様に接することが最も望まれるものと思います。

入学式にあたり、お子様方が、友に対し、思いやりのある情操豊かな児童として育《はぐく》まれ、学校生活が、明るく、楽しいものとなりますことを心から念願しまして、祝辞と致します。

季節的行事等　春

149 小学校入学式祝辞（その二）

皆さん、小学校入学おめでとう。

皆さんは、幼稚園や保育園で、お友達と楽しく過ごしてきたと思いますが、小学校も同じように楽しい所です。しかし、ちょっと違うところがあると思います。それは、今までより、もっとたくさんの友達がいて、さらに、お兄さんやお姉さんが、それよりもたくさんいることです。

そして教室では、今までよりきちんとした勉強をします。皆さんの大好きな新幹線やジェット機、それにお家にあるテレビや電話など、何も考えずに使っていたでしょうが、あの仕組みはどうなっているのでしょう。大人になってこのようなものをつくる仕事をするには、皆さんのように小さい時から少しずつきちんと勉強していかなければなりません。

また、これからは誰とでも仲よくし、よいお友達になりましょう。そのためには、気持ちの優しい、温かい心がなければなりません。楽しい音楽や綺麗《きれい》な絵の勉強もして、気持ちの優しい、みんなに好かれる人になりましょう。

それと、病気など吹き飛ばすような立派な体をつくるため、体操やいろいろなスポーツをしましょう。運動会にはおじさんも見にきますので、その時は元気に挨拶してください。

保護者の皆様、本日はおめでとうございます。晴れの入学式を迎えられましたことを心からお喜び申し上げます。教育は学校と家庭の二人三脚により、初めて成果が挙がると申します。皆様におかれましては、お子様の健康管理と教育環境づくりに、十分ご配慮をいただきたいと存じます。

終わりに臨み、お子様の健やかなご成長と皆様のご健勝を心からお祈りして、私のお祝いの言葉と致します。

150 中学校入学式　祝辞

○○中学校に入学された皆さん、おめでとうございます。

本日は、○○町の将来を担う、若くて元気な皆さんに、○○市（町・村）議会を代表して、お祝いの言葉を申し上げます。

皆さんは、すでに六年間の小学校生活を過ごしてきたので、学校はどういうところか、勉強はどうすればよいかといった、学校生活のノウ・ハウについては一通り承知していることと思います。

しかし、中学校は、小学校と同じく義務教育ではありますが、その内容は大きく変わってまいります。

小学校は、学習の初歩、勉強の基礎を学ぶところですから、先生が、一から十まで手を取るように教えてくれましたが、中学校ではそうはまいらないと思います。

皆さんは、もう体も精神も子どもではありません。少年から青年になりつつあるのです。したがって、先生も、勉強についていろいろ指導し、相談には乗ってくれますが、小学校のように、一から十まで教えるということはありませんから、自ら考え、自ら勉強しなければなりません。自分で勉強の計画を立て、予習をし、分からないところや問題点は、進んで先生に尋ねるという姿勢が、一番大事になるわけです。

中学の三年間は、心身が急激に発達する時期であります。皆さんは、この最も勢いのある成長期に、自立心を養い、体を鍛え、あらゆることに興味を持ち、将来の希望を見付け、そのための基礎となる学習に励んでいただきたいと思います。

皆さんが、大きな夢と希望に向かって勉学に励んで下さることが、この町の人、すべての願いであることを申し上げ、お祝いの言葉と致します。

季節的行事等　春

151 高等学校入学式　祝辞

皆さん、本日は、○○高等学校入学おめでとうございます。

○○市（町・村）議会を代表して、一言お祝いを申し上げます。

厳しい入学試験の難関を見事突破し、伝統あるこの○○高校に入学されましたことを心からお喜び申し上げます。

すでに皆さんは、九年間の義務教育を終え、高校へ進まれました。

高校の三年間は、期間としては必ずしも長いものではありませんが、人生における人間形成の観点からは最も重要な時期であり、かつ誰にも、一生印象に残る大切な期間であります。

よき師を得、生涯の友人とめぐり合い、学習に、スポーツに、芸術に、思い切りチャレンジして自主独立の精神を養い、将来に向かって羽ばたく、大変重要な準備期間であると思います。

幸いにも、本校は、数多くの優秀な卒業生を輩出し、各方面で活躍されておりますことは、皆さんもご承知の通りであります。

このような恵まれた環境と、長年にわたり培われた、高校教育界に誇る本校独特の伝統の下に、皆さんは、その持てる若い力を思い切り勉学にぶつけ、実りある学習の成果を得られることを、心から望むものであります。

三年の間には、時には挫折もあり、失望に沈む時もあるかもしれませんが、独立独歩《どっぽ》の精神を持って克服し、常に明るく、力強く前進していただきたいと存じます。

そして三年後に、一段と成長し、希望に溢れる卒業式で再び皆さんとお会いすることを楽しみとし、本日の入学式のお祝いの言葉と致します。

152 高等看護学院入学式祝辞

『○○高等看護学院入学式』にあたり、一言お祝いの言葉を申し上げます。

本日ここに、晴れて本学院に入学されました○○名の皆様、ご入学誠におめでとうございます。

皆様は「白衣の天使」と呼ばれ、数ある職業の中でも、最も崇高な職業の一つとされる、看護師となるための道を選び、本日から、夢と希望に満ちた三年間の学園生活を送ることになりました。

近年、病院や社会福祉施設などで、看護師を中心とする看護職員の不足が、大きな社会問題となっておりますが、申すまでもなく、看護業務は、医療の中で絶対に欠かすことのできない大切な業務でございます。

今、わが国は、過去に経験したことのない超高齢社会に入ろうとしており、国民の医療施策、なかんずく、看護医療の充実に対する期待が年を追って高まっている中で、看護師の果たす役割は増大の一途をたどっております。

このようなことから、市議会と致しましても、本市の保健医療行政、なかでも看護業務施策の充実について最善の努力をしているところであります。

どうか、本日からの学園生活においては、看護師が、人命を預かる尊い職務であることを十分認識され、高度な専門技術と崇高な看護精神を備えた、人間性豊かな立派な看護師となるために、一所懸命に勉学に励まれますとともに、将来にわたってのよき友人をたくさんつくり、思い出多い、楽しい学園生活を送られますようご期待申し上げます。

終わりに臨み、皆様の本学院へのご入学を重ねてお祝い申し上げ、併せて、ご参会の皆様のご健勝・ご多幸をお祈りしまして、私のお祝いの言葉と致します。

153 花火大会　挨拶

『○○川花火大会』開催にあたり、一言ご挨拶を申し上げます。

本日は、幸い、絶好の花火日和に恵まれ、『○○川花火大会』が開催される運びとなりましたことを心からお喜び申し上げます。

梅雨明けともなれば、○○市（町・村）の夏の行事は、何と言っても、近隣市町村の多くの皆さんにも親しまれ、今回で○○回目を迎える、この○○川の川開きに、まず指を折らねばなりません。

ところで川開きは、元来、納涼期間の始まりを意味しておりましたが、江戸時代の享保十八年（一七三三）、大飢饉《ききん》とコレラが大流行した翌年に、八代将軍吉宗が、両国大川端で悪病退散祈願のため花火を打揚げ、江戸庶民に爆発的な人気を得たと言われます。以来、町人文化に支えられた花火大会が、江戸のほか、三河、近畿、信州、越後、九州などで盛んになり、途中何度か中断されましたが、今日では、日本各地で川開きといえば、納涼花火大会と言われるようになったといわれています。

この意味からも、庶民文化の歴史と伝統に支えられた、この『○○川花火大会』を、ぜひ将来にわたり引き継いでいただきたいと願うものであります。また、花火大会を通じて、多くの市（町・村）民の皆様のふれあいの輪が広がり、伝統文化を守り育てる「心豊かなまち〝○○市（町・村）〟」が実現されれば、その効果、これに過ぎるものはないと存じます。

終わりに臨み、花火大会の実行委員会をはじめ地元町内会の皆様、また警察署、消防関係並びに多くの関係者の方々の並々ならぬご尽力に対し、厚くお礼申し上げまして、簡単ではございますがご挨拶と致します。

154

阿波おどり大会　挨拶

○○商店会連合会主催の『阿波おどり大会』にお招きいただきありがとうございます。一言ご挨拶を申し上げます。

昭和○○年に、○○商店街の活性化を図るために企画・実施されました『阿波おどり大会』も、本年で○○回となりました。

今では、地元の祭りとしてすっかり定着し、夏祭りのフィナーレを飾る一大イベントとして、ますます隆盛を極めておりますことは、誠に喜ばしい限りでございます。

本市の商業は、目まぐるしく変化する社会経済の下で、○○市や△△市など、隣接する各市の商業基盤の整備や、市内における大型店の相次ぐ出店などにより、都市間・地域間における競争が一段と激しさを増しておりますことから、日頃、商店経営に努力されている皆様のご苦労も、さぞやと偲《しの》ばれるところでございます。このような状況の中で、当商店会の皆様におかれまして、協同して「夜店天国」や「ワゴンセール」をはじめ、本日の『阿波おどり大会』など、市民の心に訴える各種イベントを実施して、商店街の活性化を図るほか、英知を結集して不断の経営努力を怠らず、それぞれ繁栄しておられることは、誠にご同慶に堪えません。

本日の『阿波おどり大会』も、皆様の一致団結の結晶であり、今回も「地元阿呆連」をはじめとして、○○の連が参加されたほか、本場、徳島からも応援に駆けつけていただき、このように盛大に行われることに対し、心から敬意と感謝の意を表する次第でございます。

終わりに、『阿波おどり大会』のご盛会と、ご参会の皆様のご健勝並びに当地域のますますのご繁栄をお祈りしまして、ご挨拶と致します。

155 夏のおどり表彰式　祝辞

『夏の○○おどり表彰式』にあたり、一言お祝いの言葉を申し上げます。

今年で○年目を数え、夏の風物詩として、また本○○市（町・村）の夏祭りのメイン・イベントとして、広く市（町・村）民に親しまれております「夏の○○おどり」が、今年も八月○○、○○の両日、天候にも恵まれ、大勢の市（町・村）民とたくさんの連《れん》の参加により、○○街道を踊りの波で埋めつくし、盛会のうちに終了致しました。

これも、ひとえに、毎年ご参加をいただいております皆様のご尽力と、市（町・村）民の皆様の温かいご支援の賜物であり、深く感謝を申し上げる次第であります。

さて、ただいま表彰されました各連の代表者の皆様、受賞誠におめでとうございます。

皆様は、この度の「夏の○○おどり」に参加され、創意工夫を凝《こ》らした素晴らしい踊りを披露されまして、多くの市（町・村）民の方々の称賛と共感を得られました。

受賞された各連の方々に対し、心からお祝い申し上げます。

各連の皆様におかれましては、引き続き入賞を目指して来年の「夏の○○おどり」にも、ぜひ参加されますことをご期待致します。

私どもも、市（町・村）政の活性化に繋がる各種お祭り行事の振興につきまして、一層の努力をしてまいりたいと存じておりますので、今後とも、皆様の力強いご支援・ご協力をお願い申し上げる次第であります。

終わりに臨み、「夏の○○おどり」の一層のご隆盛と、ご参会の皆様のご健勝、ご活躍をお祈りしまして、私の祝辞と致します。

156 夏祭り行事写真コンクール表彰式　祝辞

『○○の夏祭り行事写真コンクール表彰式』にあたり、一言お祝いの言葉を申し上げます。

まずもって、○○の夏祭り行事が、今日の隆盛を見ることができましたことはひとえに多くの市（町・村）民の皆様や関係諸団体の方々の温かいご支援・ご協力によるものでございまして、心から感謝申し上げる次第であります。

○○の夏の風物詩である夏祭り行事は、年々、盛況となり、今年も、七月に、夏の夜空を鮮やかに彩《いろど》った「○○川川開き花火大会」を皮切りに、賑やかなお囃子《はやし》の音とともに○○街道を練《ね》り歩く「時代祭り」が行われました。八月に入ると、○○神社の「御輿《みこし》パレード」が勇壮に繰り広げられたほか、今年から新たに加わった△△、××の三市（町・村）共催による「○○○花火大会」が、○○総合運動公園で華やかに開催され、さらに、恒例の「○○踊り」が、○○街道を踊りの波と観客で埋め尽くして、フィナーレを飾りました。

これら夏祭り行事を、カメラの目を通してとらえ、優秀な作品を本コンクールに応募、見事入賞されました皆様、おめでとうございます。心からお祝いを申し上げます。

本コンクールは、毎年多くの市（町・村）民の方々に応募していただき、○○の夏祭り行事を盛り上げる上で、大きな役割を果たしております。

皆様におかれましては、これからも、夏祭り行事はもちろん、市（町・村）が主催する各種の行事に積極的に参加され、素晴らしい写真を撮り続けられますようお願い致します。

終わりに、本市（町・村）の夏祭り行事のますますの発展と受賞されました皆様のご健勝・ご活躍をお祈り申し上げ、祝辞と致します。

157 女性○○会合同体育祭挨拶

　さわやかな秋晴れの今日、市民の体力づくりの一環として、ここに『女性○○会合同体育祭』が、このように多数の皆さんの参加を得て盛大に開催されますことは、誠にご同慶に堪えません。

　皆様方におかれましては、常日頃から、各地域において、それぞれの立場において、婦人団体相互の緊密な連繫《れんけい》の下に、いろいろな活動を通じて教養を深められておりますことに、まずもって心から敬意を表します。

　さらにまた、青少年の指導・育成や敬老思想の啓発・普及、あるいは消費生活改善運動など、各分野にわたり、多彩な実践活動を幅広く展開され、地域社会の連帯意識の高揚に、真摯《しんし》に取り組まれておられることに対し、厚くお礼を申し上げる次第であります。

　高齢社会の進行をはじめ、社会の高度・複雑化に伴い、このような活動に携《たずさ》わる皆様方には、運動不足とも相まって、いろいろとストレスのたまることも多かろうと存じます。

　体育・スポーツは、健康や体力を保持・増進し、人間性を豊かにするばかりでなく、生活を明るく、生きがいを感じさせる効果も抜群と言われております通り、とかく、ストレスの多い現今社会では、健康で文化的な生活を営む上で、極めて大切であると思います。

　皆様におかれましては、今日、一日、平素のご苦労をひとまずお忘れになり、楽しく、朗《ほが》らかに過ごされ、明日への活力を養われますようお願い申し上げます。

　終わりに、本大会のご盛会並びに皆様方のますますのご健勝とご多幸をお祈りしまして、ご挨拶と致します。

158 町内会運動会　挨拶

皆さん、おはようございます。さわやかな秋晴れのもと、○○地区の『町内運動会』が開催されるにあたり、ご挨拶を申し上げます。

お子さんからお年寄りまで、一緒に集まって楽しめる運動会を通じて、町内の皆さんの親睦を深めようと始められたこの『町内運動会』も、早くも○○回を数え、年々盛んになっておりますことは、誠に喜ばしいことでございます。

『町内運動会』は、学校や会社の運動会と違い、速さや強さを競うのではなく、勝敗は二の次、参加者が、いかに楽しめるかが一番大切であります。

プログラムを拝見しますと、役員の皆さんのご苦労もあって、今年は例年にも増して、老いも若きも、みんなが一緒に楽しめる競技が盛りだくさんのようでございます。走るのが苦手の人も、体力にあまり自信のない人も、安心して参加していただけるのではないかと思います。どうか、存分に楽しんでいただきたいと存じます。

スポーツ音痴《おんち》で、学校や会社の運動会では、いつも最下位だった私ですが、これなら、安心して参加してみたいなと思っているくらいでございます。

『町内運動会』は親睦が第一でございます。中には、この運動会を目指して、練習に励んでこられた方も少なくないかもしれませんが、ほとんどの方は、ぶっつけ本番ではないでしょうか。無理をせず、気楽な気持ちで参加され、くれぐれもお怪我《けが》のないように気をつけてください。

本日は、○○の会のジャズダンス、○○幼稚園児の遊戯やシニアクラブのお達者体操など、いろいろアトラクションもあるようでございます。

どうか秋の一日を、童心に返って、思い切り楽しまれますことを念願して、ご挨拶と致します。

季節的行事等　秋

159 知的障害児（者）スポーツの集い　挨拶

皆さん、おはようございます。

今日は、皆さんが待ちに待った楽しい運動会ですね。こんなに大勢のお友達が、元気一杯に参加されている楽しい運動会にお招きいただきまして、大変嬉《うれ》しく思います。

皆さんが、一所懸命頑張ってきましたので、こんなによい天気になりました。（外は雨ですが、体育館の中は、皆さんの活躍する姿を見ようと、お父さんやお母さん、先生や保育士さん、お友達や親戚の方などでいっぱいです。）

今、皆さんの元気な入場行進を拝見し、大変心強く思いました。日頃、皆さんが勉強に、訓練に、努力された成果でございましょう。自立へ向けて、自信溢《あふ》れる姿を見せていただき誠に感激致しました。

今日は、晴れの運動会です。皆さんは、これからいろいろな種目に参加されますが、肩の力を抜いて、普段鍛えた実力を十分発揮してください。

さて、会場にお越しの、ご家族をはじめ関係職員の皆様。皆様の日頃のご労苦に対し、心から敬意を表します。

「国連障害者の十年」が設けられるなど、障害児（者）対策は、近年、国の内外を通じて著しく充実してきておりますが、まだ理想の姿にはほど遠い実情にあり、皆様のご労苦はまだまだ続くと存じます。

〇〇市（町・村）議会議員として、私も障害児（者）対策について、精一杯頑張らせていただきますが、皆様におかれましては、引き続きご努力・ご健闘を賜わりますようお祈りする次第であります。

終わりに、本日の大会開催に種々ご尽力いただきました各団体並びに関係者の皆様に、心から感謝申し上げますとともに、本大会の成功を心から祈念して、励ましの言葉と致します。

160 ソフトボール大会　祝辞

○○市（町・村）子ども会育成連合会主催による『第○○回ソフトボール大会』開催にあたり、一言お祝いの言葉を申し上げます。

○○回目を迎える本大会に、今年は、市（町・村）内各所から十二に上るいずれ劣らぬ強豪チームが参加し、熱戦が展開されますことは、誠に喜ばしい限りでございます。

毎年、体育の日の前後に実施される本大会は、子ども達が、春に新チームを結成し、夏休みを中心に、鍛えに鍛え抜いた体力と技を披露するとともに、参加した子ども会同士が、互いに親睦《しんぼく》を深め、友好の輪を広げることを目的に開催されるものであります。

各チームの選手諸君は、本日の檜《ひのき》舞台での優勝を夢見て、練習に懸命に取り組んできたことと思いますが、本日は、その成果を十二分に発揮し、晴れの優勝杯を目指して、大いに健闘されるよう希望致すものであります。

ソフトボールは、他の競技と比較して、チームワークを特に大切にするスポーツであり、共に練習を重ねてきた仲間同士が、互いに信頼しあって、初めて所期の目的が達成されるものでございます。

さらに、相手チームを尊重し、フェアプレーの精神で、正々堂々と、プレーに専念するその精神は、どの社会においても最も大切なことであり、ソフトボールを通して学んだ成果は、きっと選手諸君の今後の人生に大いに役立つものと信じます。

本日は、精一杯プレーし、勝っても負けても悔いの残らない、さわやかな試合を展開されるよう、心から期待しております。

終わりに、大会開催にご尽力されました各位に感謝申し上げますとともに、本大会のご成功並びにご参会の皆様のご健勝を祈念して、祝辞と致します。

季節的行事等　秋

161 ゲートボール大会　挨拶

皆さん、おはようございます。『第○回○○市（町・村）親善ゲートボール大会』の開会にあたり、一言ご挨拶を申し上げます。

私は、今、雲一つなく晴れわたった秋空の下、若々しい元気な声を張り上げてゲートボールに興じておられる皆さんのお姿を見て、身にしみて、健康の大切さを痛感しております。

わが国は、今、人生八十年時代の長寿国になり、健康管理の大切さがますます重要視されておりますが、ゲートボールは、多くのご年配の方々に、健康増進のために最適なスポーツとして大変人気があり、親しまれております。

熟年層の手頃なスポーツとして、今後、一層隆盛を極めていくものと思いますが、皆さんも、いつまでも健康で長寿人生を謳歌《おうか》するために、これからもゲートボールを楽しんでいただきたいと存じます。

ただいまから、『○○市（町・村）親善ゲートボール大会』が、市（町・村）内各町（地区）の多くのチームの参加を得て開催されますが、選手の皆さんには、日頃の練習の成果を十二分に発揮され、正々堂々、優勝を目指してご健闘されますようご期待致します。

とは、申しましても、健康が第一であります。怪我にはくれぐれもご注意され、明るく、意義ある大会とされますようお願い申し上げます。

本大会が、選手の皆さんにとって、ゲートボールを通じて、相互に親睦《しんぼく》の輪を広げる機会となりますとともに、ご自身の健康と明るい家庭を築く上での糧《かて》となり、さらに、住んで優しい地域づくりの貢献に役立つものとなれば幸いでございます。

本大会のご成功並びに選手の皆さんのご健勝を心からお祈りして、ご挨拶と致します。

162 ママさん卓球大会　挨拶

『第○回○○市（町・村）ママさん卓球大会』が開催されるにあたり、一言ご挨拶を申し上げます。

一昔前まで、卓球は、若い学生層を中心に大変人気のある激しいスポーツで、限りなく体力と技術を競うものでありました。

その卓球が、今では、若さを保ち、健康を維持するための全身運動のスポーツとして見直され、女性サークルなどを中心に愛好されておりますことは、誠に喜ばしいことであります。

ただいま、選手の皆様の、スマート、かつ凛々《りり》しい勇姿を拝見し、○○市（町・村）において、卓球競技が盛んに行われていることが実感でき、大変嬉しく思っております。

これより、市（町・村）内各町（地区）から多くの強豪チームの参加を得て、熱戦の火蓋《ひぶた》が切られますが、選手の皆様には、日頃の練習の成果を十二分に発揮され、晴れの優勝杯を目指して、ご健闘いただきたいと思います。

また、常にフェアプレーの精神で試合に臨み、心身ともに健全なスポーツとして、卓球の一層の隆盛のために、努めていただければと存じます。

申し上げるまでもなく、本大会は、優勝を競う催しですが、それとともに、卓球を通じて相互に親睦《しんぼく》の輪を広げ、ご自身の健康を保持し、明るい家庭を築いていただくことも目的の一つでございます。

もちろん、勝敗も大事ですが、まず、何よりも健康が第一であります。どうか、くれぐれも怪我のないようご注意の上、ご奮闘されますよう切にご期待申し上げます。

終わりに、本大会のご成功並びに選手の皆様のご健勝・ご多幸を心からお祈りしまして、私のご挨拶と致します。

季節的行事等　秋

163 ママさんバレーボール大会　挨拶

本日ここに、『第○○回○○市（町・村）ママさんバレーボール大会』が開催されるにあたり、一言ご挨拶を申し上げます。

本大会は、今年で○○回を迎えることになりましたが、今回は、市（町・村）内の小・中学校区で構成する十二のママさんチームの参加によりまして、今日・明日の二日間にわたり、熱戦が展開されることになっております。

選手の皆様には、日頃の練習の成果を十二分に発揮され、晴れの優勝を目指して、ご健闘いただきたいと存じます。

また、常にフェアプレーの精神で試合に臨み、これを機会に、心身ともに健全なスポーツとして、バレーボールの一層の隆盛のために、努めていただきたいと存じます。

ご案内の通り、本大会は、トーナメント方式により試合を行い、優勝を競う競技会となっておりますが、優勝杯の争奪と併せて、バレーボールを通じて相互に親睦の輪を広げ、ご自身の健康はもとより、明るい健全な家庭や、地域社会を築いていただく機会となりますことも大きな目的として開催するものであります。

このような趣旨から、まずもって、健康第一でございます。

お怪我のないよう、くれぐれも注意され、名実ともに意義ある大会とされますよう、選手の皆様には、ご自愛の上でのご活躍を、切にお願い申し上げる次第であります。

終わりに、本大会が所期の目的を達成されますよう祈念致しますとともに、ご参会の皆様のご健勝とご多幸を心からお祈りしまして、簡単ではございますが、私のご挨拶と致します。

164 柔道大会　祝辞

本日ここに、『第○回○○市（町・村）柔道大会』が開催されるにあたり、一言お祝いの言葉を申し上げます。

長い伝統を持つ本市（町・村）の柔道は、幾多の諸先輩の弛《たゆ》まぬ努力と関係者諸賢《しょけん》のご尽力により、県下でも、有数の水準を保持し、屈指の普及率を誇《ほこ》るとともに、青少年の健全育成にも大きく寄与しており、誠にご同慶に堪えません。

柔道は、かつて、柔術、あるいは柔《やわら》と言われましたように、力に対するに力をもってせず、相手の力に順応して、これを制することを根本の要素とするものでございます。

非力《ひりき》の者が大力《だいりき》の者に勝ち、体の小さな者が大きい者を制することもできるのが魅力であります。

江戸時代に盛んとなった柔術は、欧米文化の流入とともに衰退しましたが、嘉納治五郎《かのうじごろう》先生が、従来の柔術に、体術として工夫を凝《こ》らしただけでなく、身体の鍛練・精神の修養という、心技《しんぎ》を併せ持った〝道〟を悟るものとして、日本伝講道館柔道を創設、人格の完成を求めるものとして、その普及に努められたことにより復活したものでございます。

戦後、一時期、占領軍により禁止されたこともありましたが、今日、世界に通ずるスポーツとして、オリンピック種目に加えられておりますことは喜ばしい限りであります。

わが市（町・村）の青少年が、この伝統ある柔道を通じ、体と精神を鍛え、明朗・闊達《かったつ》な人格の形成に努められますよう、心から念願するものであります。

終わりに臨み、本大会にご来臨いただきました諸先生に感謝申し上げますとともに、選手の皆様のご健闘を祈念しまして、お祝いの言葉と致します。

季節的行事等　秋

165 スポーツ少年団軟式野球指導者懇親パーティー 挨拶

皆さん、こんばんは。市議会議員の○○でございます。ご指名ですので一言ご挨拶申し上げます。

本日は、○○市（町・村）スポーツ少年団軟式野球大会の指導者懇親パーティーにお招きいただきありがとうございます。

秋の市（町・村）民スポーツ大会を目指して一年間活動されてきました少年団軟式野球も、野球少年諸君に、忘れ得ぬ思い出と数々のドラマを残して、本日、すべての日程を終了されました。

この間、指導者の皆様をはじめ、大会関係者並びに、ご家族の方々の並々ならぬご尽力・ご協力により、多数のチームの参加の下、トーナメント形式により白熱したゲームを展開、盛会のうちに本日の閉会式を迎えられましたことに対し、心から敬意と感謝の意を表する次第であります。

わが国では、昔から、野球は国技と錯覚されるほどに人気があり、またチームプレーを大切にするものだけに、青少年の健全育成にとって最も適したスポーツの一つとなっております。

そこには、フェアプレーの精神をはじめとして、社会生活を健全に営む上での基礎が凝縮《ぎょうしゅく》されていると言っても過言ではありません。このような観点からも、この秋の大会の一層の充実と、さらなるご活躍が期待される次第でございます。

これから、シーズンオフに入りますが、皆様におかれましては、くれぐれも健康にご留意のうえ、来春の新しいシーズンに備え、大いに英気を養われるようお願い申し上げます。

終わりに臨み、軟式野球指導者協議会のますますのご発展と、皆様の一層のご健勝・ご活躍を心からお祈りしまして、私のご挨拶と致します。

166 農業祭式典　祝辞

本日ここに、『第○○回○○市（町・村）農業祭式典』が、ご関係の皆様多数ご参会の下に、かくも盛大に開催されましたことを心からお喜び申し上げます。

皆様には、平素から、本市（町・村）農業の振興に一方ならぬご尽力を賜わり、心から感謝申し上げます。

また、ただいま、本市（町・村）の農業振興に貢献されましたご功績により、表彰をお受けになられました優良農家の皆様、並びに今回の農業祭に農産物等を出品され、見事栄冠を獲得されました皆様、受賞誠におめでとうございます。

さて、○○市（町・村）農業祭も、今回で○○回を数えるまでとなりましたが、これも、ひとえに、皆様方をはじめとする関係各位のご熱意・ご協力の賜物でございまして、この機会に改めて深く敬意を表する次第であります。

本年の農業祭は、去る○○日、○○日の両日、市民広場で開催され、今回も盛会を極めましたが、この催しも年々人気が高まり、すでに、市（町・村）民の間に晩秋の風物詩としての評価も定まった観があります。今後とも、さらなる発展が期待されるところでございます。

近年、わが国の農業を取り巻く環境は誠に厳しく、都市近郊の利点を最大限に生かした、生産性の高い都市型農業を目指しております本市（町・村）におきましては、皆様のご協力がぜひとも必要であり、引き続きご尽力・ご支援賜わりますようお願い致します。

終わりに臨み、本日表彰の栄《えい》に浴されました皆様に重ねてお祝いを申し上げますとともに、ご参会の皆様のご健勝を祈念しまして、祝辞と致します。

167 高等看護学院戴帽式祝辞

本日ここに、『○○市立高等看護学院戴帽式《たいぼうしき》』が開催されるにあたり、市議会を代表して、一言お祝いの言葉を申し上げます。

本日、晴れの戴帽式を迎えられました○○名の皆様、誠におめでとうございます。

今日から皆様は、看護師さんのトレードマークである純白のキャップを被《かぶ》り、実際に患者さんに接することにより、生きた看護業務を学ばれることになります。

これからの臨床実習においては、今まで、本学院で学ばれたことを十分にお役立てになり、看護師が、人間の尊い命を預かる崇高な職業であることを再認識していただき、多くの経験を積まれて、高度な専門技術と尊《たっと》く気高い看護精神を備えた、人間性豊かな立派な看護師になるための素養を積まれますよう、心からご期待申し上げます。

申すまでもなく看護業務は、医療の中で絶対欠かすことのできない大切な業務であり、また大変ご苦労の多い勤務でもあります。

その上、わが国は今、過去に経験したことのない超高齢社会を迎えようとしており、国民の医療政策に対する関心、とりわけ、看護医療に対する期待は年を追って高まっております。

市議会と致しましても、これらのことを十分認識し、今後とも、本市の保健医療行政の推進に一層の努力を傾注する所存でございますが、皆様におかれましても、今後とも、力強いご協力を賜わりますようお願いする次第でございます。

終わりに臨み、本日の戴帽式を、重ねて心からお祝い申し上げますとともに、併せてご参会の皆様のご健勝とご多幸をお祈りしまして、お祝いの言葉と致します。

168 農業委員会忘年会　挨拶

本日は、『農業委員会忘年会』にお招きいただいた上、ご挨拶を申し上げる機会までいただきまして、誠にありがとうございます。

農業委員の皆様をはじめとして、ご関係の皆様方が、慌《あわただ》しい年《とし》の瀬の一時、このように、一堂《いちどう》に会して相互の親睦を図られますことは、誠に喜ばしい限りでございます。

平素、農業委員の皆様には、本市（町・村）の農業生産力の強化並びに農業経営の合理化と農民の地位向上について、多大の貢献をいただいており、感謝に堪えません。

申し上げるまでもなく、わが国の農業を取り巻く内外の環境は、生産緑地法の改正や米の市場開放問題等に端的に現れておりますように、極めて厳しい状況にあり、国においても、二十一世紀における農業政策の方向付けに、苦慮しているような実情にあります。

本市（町・村）におきましても、これらの状況を踏まえながら、農民の皆様が後継者の心配もなく、将来に明るい展望を持つことができることを目標に、地域の特性を最大限に生かした、生産性の高い農業づくりを目指して、懸命に努力をしているところでございます。

皆様方におかれましては、地域における農政のリーダーとして、日々、大変ご苦労をされていることと存じますが、今後とも、本市（町・村）の農業施策の円滑な推進のため、一層のご尽力を賜わりますよう、切にお願い申し上げる次第であります。

本年も、余すところ〇〇日となりました。皆様方におかれましては、時節柄《じせつがら》くれぐれもご自愛の上、輝かしい新年をお迎えいただきますようお願いしまして、ご挨拶と致します。

169 クリスマス・ツリー点灯式　挨拶

○○（地区）の『クリスマス・ツリー点灯式』にお招きいただきましてありがとうございます。一言ご挨拶を申し上げます。

今年も、余すところ○○日となり、各地から雪の便りも届き、年の瀬の慌《あわただ》しさが、そこはかとなく感じられる時節となりました。

さて、本日から○月（日）にわたって、このクリスマス・ツリーに七色の明りが点灯され、○○（地区）が、ひときわ輝きを増すとともに、○○（地区）全体が、メルヘン（お伽話《とぎばなし》）の世界に誘《いざな》われ（生まれ変わり）ます。

木枯しが吹き、枯れ葉の舞うこの厳しい季節に、毎年、道行く人々の心を、温かく和《なご》ませてくれます。このような催しが行われますことは、誠に喜ばしいことであり、私ともども、ご同慶に堪えない次第であります。

このクリスマス・ツリーは市（町・村）民の間でも大変好評で、すでに、冬の風物詩としてすっかり定着し、心から親しまれております。

ご承知のように、本市（町・村）におきましては〝心豊かな明るいまちづくり〟を目指して、皆様方のご協力を得ながら、いろいろな施策を進めておりますが、○○（地区）におきますこの催しが、その有力な一助となりますことを、大いに期待するものでございます。

皆様方におかれましては、今後とも、市（町・村）の施策をご理解いただき、その円滑な推進に、力強いご支援・ご協力を賜わりますよう心からお願い申し上げる次第であります。

終わりに臨み、○○（地区）のますますのご発展と、お集まりの皆様方のご健勝・ご多幸をお祈り致しまして、私のご挨拶と致します。

170 禁煙を考えるシンポジウム　挨拶

○○市（町・村）における禁煙週間の行事の一つとして企画されました『禁煙を考えるシンポジウム』の開催にあたり、一言ご挨拶を申し上げます。

ご承知の通り、五月三十一日は「世界禁煙デー」でございます。「世界禁煙デー」は、〝たばこを吸わないことが一般的な社会習慣となるようさまざまな対策を行おう〟という、ＷＨＯ（世界保健機関）の決議により定められたものでありまして、ＷＨＯでは、年ごとに禁煙のスローガンを掲げ、各国はそれに応じてキャンペーンを行っております。

たばこの害については、肺がんとの関係がよく知られておりますが、そのほかにも、各種のがんや虚血性心臓病、呼吸器疾患など、ほぼ全身の臓器に悪影響を及ぼすことが指摘されております。

さらに問題なのは、自分の意思とは無関係に吸わされるたばこの煙です。

たばこの煙は、喫煙者が吸い込む「主流煙」と、火の付いた部分から立ちのぼる「副流煙」とに区別されますが、副流煙のほうが主流煙よりも刺激性が強く、ニコチン、タール、一酸化炭素など有害成分も多く含まれていると言われるからです。

このように、喫煙は本人だけでなく、周りの吸わない人の健康にも悪影響を及ぼし、日本の喫煙男性の妻の肺腺がんリスクは、夫の喫煙本数が二十本以上だと二・二倍になると指摘されています。

たばこによる健康破壊が、長い間に、じわじわと職場の同僚や家族まで巻き込んでいる実情は、お互いによく認識しなければならないと存じます。

本日のシンポジウムを通じて、市（町・村）民の健康はもとより、環境の保持・向上に素晴らしい成果が得られますことを期待しまして、私のご挨拶と致します。

171 禁煙の集い　挨拶

『禁煙の集い』にお招きいただきありがとうございます。一言ご挨拶を申し上げます。

わが国でも、最近はたばこの健康に及ぼす悪影響、特に非喫煙者に対する受動喫煙をなくさせるための環境づくりに対する認識が高まり、病院や児童福祉施設などの公共の場所での禁煙をはじめ、レストラン等の禁煙席の増加など分煙対策が進められておりますことは喜ばしいことでございます。

しかし、喫煙者の中には未だに喫煙が他人に与える危険に無関心な人や、喫煙を我慢できない体になってしまった人が少なくなく、このため公共の場所や職場で喫煙をめぐるトラブルで、いろいろ問題を起こしております。このような人は、とかく「喫煙は個人の趣味だ。他人にとやかく言われる筋合いのものではない」と申しまして、〃自分の意思で吸っていること〃を強調する人が多いようでございます。

問題は、アメリカの公衆衛生長官が、すでに一九八八年（昭和六十三年）に指摘しておりますように、このような喫煙者の多くが、たばこに含まれるニコチンが、ヘロインやコカインと同様の薬理学的・行動学的なプロセスで、たばこ依存症を引き起こしている、いわゆるニコチン中毒の被害者であるということです。喫煙者の七割もの人が、禁煙を望んでいるのに、実行できないでいるという実情も、これを如実に裏付けていると思われるのであります。

かつての厚生省の「たばこ行動計画検討会」の報告でも、禁煙希望者に対する禁煙のサポートが大きな柱の一つになっているくらいでございます。

本日の集いでは、喫煙者の禁煙への誘《いざな》いとともに、医療機関・保健所などによる禁煙カウンセリングと連携した、効果ある禁煙サポートの在り方についても成果を得られますようご期待致します。

172

自然に親しむ集い　挨拶

皆さん、おはようございます。

皆さんは、これから、〇〇国定公園における自然観察会にお出掛けになるのでありますが、出発にあたり一言ご挨拶を申し上げます。

本日の集いは、学校の夏休みに合わせた「自然に親しむ運動」の一環として、小学校高学年の皆さんを中心にお父さんやお母さんと一緒に〝自然とふれあい、自然に学びながら、心と体の健康を増進しよう〟との趣旨で催されたものでございます。

わが国の国土は豊かな自然と優れた風景に恵まれております。国土の六七％は山地で、その大部分は森林に覆われています。しかもその森林にはさまざまなタイプがあり、美しい風景がいたるところで見られる上、多種多様な動物や植物に満ち溢《あふ》れています。これから訪れる〇〇国定公園も、その点ではわが国で最も優れた公園の一つでありますので、動植物の生態や自然の仕組みをよく観察して、自然の大切さ、自然との付き合い方、さらには人間の生き方についても、よく勉強していただきたいと思います。

ところで、自然と付き合う時に最も注意しなければならないのはマナーです。写真を撮るために立ち入り禁止の柵《さく》を越えて湿原の中に入ったり、空き缶や空き瓶のポイ捨てや貴重な植物の抜き取りなどがよく問題になっていますね。気をつけたいことです。

自然を観察する時は、「野にある野草と会話を楽しめるような広い心が欲しい」と言われます。自然に接する時に、一番大切なのは自然を愛する心であり、そこから本当の自然とのふれあいが生まれてくると思います。

皆さんも、今日の集い・観察会を通じて、自然を愛する心を育てていただくことをお願いして、ご挨拶と致します。

月　月間　週間

173 森林浴を楽しむ集い
挨拶

皆さん、おはようございます。皆さんこれからお揃いで、○○山における「森林浴ツアー」にお出掛けになるのでありますが、出発にあたり一言ご挨拶を申し上げます。

本日の集いは、森を歩き、森の空気に触れ、森で寛《くつろ》ぎながら森林浴をし、心身を鍛《きた》えようとの趣旨で企画されたものでございます。

森林浴が体によいのは、静かで、穏やかな緑に包まれた雰囲気が、人の心に、安らぎと落ち着きを与えてくれるだけではなく、森林の香りの成分が、効果的に働くからだといわれます。

森の中に入って深呼吸をしてみましょう。清々《すがすが》しい香りが漂ってきますが、この香りの主役が、木の葉や幹などから放出される、揮発《きはつ》性のテルペン類です。自分の力では、場所を移動できない植物は、周囲の有害な細菌や虫などから自分の身を守るため、いろいろな物質を放出しておりますが、これらのものを総称して、フィトンチッド（ロシア語由来で他の植物や生物を殺すという意味）と申します。

テルペンは、その中の揮発性フィトンチッドで、実験の結果、人の体に対してよい働きをすることが分かってきました。体が快適になり、運動量が増して食欲が進む、心地よく眠れて疲れが取れる、肝臓の働きが活発になる、自律神経の働きがよくなる、また、不安やいらいらなどの心身症の治療にも効果があるといわれます。

とかく運動不足となり、ストレスの溜《たま》りやすい現代人にとってはまたとない健康法であるわけです。

新緑が薫るこれからは、森林浴に一番適した季節でございます。本日の「森林浴ツアー」が、心身のこよなき糧《かて》となり、明日の皆さんの活性化に役立つことを祈念して、ご挨拶と致します。

174　少年を暴力団等から守る集い　挨拶

○○県防犯協議会連合会主催、○○県警察本部後援の下に『少年を暴力団等から守る集い』が開催されるにあたり、一言ご挨拶を申し上げます。

ご承知の通り、例年、学校の春休み、夏休み明けの時期に合わせて、家出少年の発見と保護の活動を強化しておりますが、本年は、この「家出少年・福祉犯被害少年の発見保護活動強化月間」の運動の一環として、「少年を暴力団等から守る活動」と暴力団排除に重点をおいた補導・取締りが行われております。

○○県におきましても、これに対応してこの期間に県民運動が実施され、大きな成果を挙げておりますことは、ひとえに防犯協議会連合会をはじめ、関係各位のご熱意と県民の皆様のご協力によるものであり、その活動に深く敬意を表するものであります。

暴力団は、少年を組織に引き入れて勢力を拡大し、資金獲得の活動に従事させるほか、少女売春やドラッグ密売などで少年を食い物にして資金を稼ぐなど、少年を標的に魔の手を伸ばしております。

春は、進学や就職・進級などに伴う環境の変化に適応できなかったり、春休みの解放感から、非行に走ったり、家出したりする少年が多くなりますが、こうした少年が、この時期に集中的に暴力団に狙われ、被害にあうことが多いといわれております。

こうした暴力団から少年達を守るためには、警察による取締り・補導だけでなく、家庭や地域が協力して、子ども達が健全に育つ環境をつくっていかなければなりません。

防犯協議会および県民の皆様の一層のご尽力によって、少年を暴力団等から守る活動がさらに徹底し、明るい社会が実現されることを祈念して、ご挨拶と致します。

175 少年を非行から守る集い　挨拶

○○市（町・村）防犯協議会主催、○○警察署後援による『少年を非行から守る集い』が開催されるにあたり、一言ご挨拶を申し上げます。

毎年この時期に、少年を非行から守る運動が行われ、大きな成果を挙げておりますことは、市（町・村）民の会をはじめ関係各位のご熱意と、防犯協議会の皆様のご協力によるものであり、感謝に堪えません。心から敬意を表するものであります。

春は、進学や就職・進級など、子どもの環境に大きな変化が生じる季節ですが、こうした環境の変化に適応できなかったり、春休みの解放感から遊び癖がついてしまって、家出をしたり、非行に走る子どもが多くなります。

少年達が非行に走ったり、家出をする原因としてはいろいろ挙げられますが、何といっても、家庭にその原因のあるケースが最も多いといわれます。

親が子どもの長所を認め、子どもの話に耳を傾け、子どもが何でも話せる温かい家庭であれば、子どもは、それに背《そむ》いて出ていくことはありません。子どもにとっても、安らぎのある家庭の確立が何にも増して望ましいのでございます。

しかしながら、現代は、そうした環境を持てない家庭も少なくありません。また社会のあり方も、子どもの生活に大きな影響を与えております。親の限界を越えた問題も数多くあるのであります。

子育ては、親だけでなく、学校・地域をはじめ、まわりの大人達が、皆一緒になって取り組んでいくことが、ぜひとも必要であると存じます。

防犯協議会のご尽力および市（町・村）民の皆様のご協力により、少年の非行が未然に防止され、明るい○○市（町・村）が実現されることを祈念して、ご挨拶と致します。

176 交通安全協会総会　挨拶

春（秋）の交通安全運動を機会に、『○○市（町・村）交通安全協会総会』が開催されるにあたり、一言ご挨拶を申し上げます。

現在は、「車社会」といわれるように、自動車は市民生活に定着し、車なしの生活は考えられないほどでございます。統計上の数字ではありますが、一例を申し上げますと、東京では、国道および市区町村道の総延長を車の登録台数で割ると、何と一台当たり六・五メートルになるというのです。

つまり、東京都内全部の車が一斉に動いたとすると、道路が車でいっぱいになり、身動きできないことになるわけであります。

このような傾向は、一部を除き、多かれ少なかれ全国的な現象となっており、交通ラッシュ、迷惑駐車等による、市民の生活環境への影響は大きなものとなっております。

特に交通事故は、道路整備の速度を上回る自動車交通量の増加に加え、無謀運転・違法運転が跡《あと》を絶たないことから、文字通り〝交通戦争・交通地獄〟の様相はまったくといってよいほど改善されない実情にあり、交通事故による生命の危険は年々増加するばかりであります。

幸いにして、本市（町・村）においては、ここ数年、事故件数、死者とも僅《わず》かではありますが前年を下回っております。これも、ひとえに、交通安全に日夜献身されております皆様のご尽力の賜物であり、心から感謝の意を表するものでございます。

本日の総会におきまして、交通安全の重要な諸問題について十分ご審議をいただき、市民生活の安全に一層寄与されますようお願い申し上げます。

終わりに、本協会のますますのご発展と皆様のご健勝をお祈り致しまして、ご挨拶と致します。

177 交通安全市民大会　挨拶

本日ここに『交通安全市（町・村）民大会』が挙行されるにあたり、市（町・村）議会を代表して、一言ご挨拶を申し上げます。

私が改めて申し上げるまでもなく、社会経済の発展とともに、交通量は飛躍的に増大し、交通事故による市（町・村）民の生命への危険は、年々増大するばかりであります。

今年の、県内における交通事故の実態を見ましても、死者数はすでに○○○人を突破し、○○年度以降最悪のペースで推移しております。

本市（町・村）におきましても例外ではなく、件数、負傷者数こそ、昨年を若干下回っておりますが、死者数は著しく増大し〝交通戦争・交通地獄〟そのものを現出する、誠に憂慮すべき事態となっております。

申すまでもなく、交通安全対策は、警察や行政の努力のみによって達成されるものではなく、市（町・村）民の皆様の自覚とご協力なしには、成果を上げることはできません。

こうした中にあって開催された本日の市（町・村）民大会は、まさに時宜《じぎ》を得たものであり、この大会を契機として、交通事故撲滅に向けた市（町・村）民運動の、大いなる盛り上がりを期待するものでございます。

これから行楽シーズンを迎えることもあって、交通事故の多発が憂慮されますが、皆様には事故の悲惨な実態を深く認識され、交通安全に一層のご理解・ご協力を賜わりますようお願い申し上げる次第であります。

終わりに臨み、本日の市（町・村）民大会が、所期の目的を十二分に達成されますことを心から祈念しまして、私のご挨拶と致します。

178 交通安全母の会総会祝辞

本日ここに、『○○市（町・村）交通安全母の会総会』が、役員の皆様並びに会員皆様多数ご参会の下に、盛大に開催されましたことを心からお喜び申し上げ、一言お祝いの言葉を申し上げます。

ただいま、すべての議事が円滑かつ、円満のうちに終了し、平成○年度の諸事業が積極的に遂行されることになりましたことは、ご同慶に堪えない次第であります。

さて、「○○市（町・村）交通安全母の会」が、とかく、交通事故の犠牲者になりやすい幼児・児童・生徒・高齢者並びに女性の方々の、交通安全思想の普及を図るために、昭和○○年に設立されて以来、早いもので○○年が経過致しました。

この間、児童・生徒等に対する交通安全教室、会員の研修会等各種事業が積極的に繰り広げられておりますことは、悲惨な交通事故を未然に防止する上で、誠に心強い限りでございまして、皆様のご努力とご熱意に対し、深く敬意と感謝の意を表するものであります。

ご承知の通り、最近の道路交通事故による死傷者の数は、各般の交通安全施策の推進にもかかわらず、年々増加しております。

このような状況を考えます時、交通安全教育は、子どもの時から不断に行われることこそ、最も望ましいことでございます。

皆様におかれましては、今後とも、交通事故をなくして、平和で明るいまちづくりの推進に寄与していただきますよう、格別のご尽力・ご協力をお願い申し上げる次第であります。

終わりに臨み、本会のますますのご発展と、ご参会の皆様のご健勝とご多幸を心からお祈りしまして、お祝いの言葉と致します。

春／秋　夏／冬

179 シニアクラブ交通安全講習会　挨拶

『○○シニアクラブ交通安全講習会』にお招きいただきありがとうございます。ご参会の皆様に、一言ご挨拶を申し上げます。

近年、交通事故の激増ぶりは目にあまるものがありますが、特に、最近は、高齢者の被害が多くなっております。○○年の交通安全白書によりますと、交通事故による死者の数は、昭和四十五年をピークに減る傾向にありましたが、昭和五十年代後半からまた増え始め、昭和五十八年度以降は毎年一万人を突破、その後平成○○年以降減少傾向にあるとはいうものの交通戦争の実態は何ら変わっておりません。

その中でも、六十五歳以上の高齢者の被害が特に増えておりまして、平成○○年では、事故で亡くなった者のうち、高齢者の割合は○○％になっております。つまり、死亡者の○○人に一人はお年寄りなのであります。

これから超高齢社会を迎えるにあたり、このままでは、高齢者の死亡事故はますます増加するのではないかと憂慮せざるを得ません。それだけに高齢者の皆様方の交通安全講習の意義は大きいといえましょう。

交通事故を防ぐためには、車を運転するドライバーのマナーの向上をはじめ、信号灯、道路標識、ガードレールなど、交通施設の整備による安全対策はもちろん大切ですが、高齢者の皆様の場合、まず交通安全の意識やルールを、完全に習得し自らを守ることが最も大事だと思います。

本日の講習会は、交通安全運動の一環として、○○警察署の肝《きも》入りで開かれたものでございますが、皆様におかれましては、これを機会に、交通事故に無縁となりますよう、講習の成果を十分身に付けられますことを祈念して、ご挨拶と致します。

180 交通安全対策協議会委員会　挨拶

『○○市（町・村）交通安全対策協議会委員会』が開催されるにあたり、○○市（町・村）議会を代表して、一言ご挨拶を申し上げます。

ご参会の皆様には、日頃から、○○市（町・村）政の円滑なる推進につきまして、特段のご支援・ご協力を賜わりますとともに、○○市（町・村）交通安全対策協議会委員会委員として、交通安全行政の推進に多大のご尽力をいただいており、心より感謝申し上げます。

当協議会が、昭和○○年に、激しさを増しておりました交通事故の防止と、交通安全に関連する諸問題に対処するため設立されて以来、今日に至るまで、各団体をはじめ、委員の皆様方の積極的なご協力のもとに、市（町・村）民への交通安全思想の普及、交通安全指導などの徹底が図られ、交通事故の防止に大きく寄与されておりますことは、ご同慶に堪えないところでございます。

しかしながら、わが○○市（町・村）におきましても、道路整備を上回る車両保有台数の増加等もあって、交通事故および死亡者の数はなかなか減らない状況にあります。

ご承知のように、本市（町・村）におきましては、交通事故の撲滅を最重要施策の一つに掲げ、交通安全施策の充実と啓発運動を強力に進めておりますが、交通事故の防止には、ご参会の皆様の絶大なるご協力がぜひとも必要でございます。

交通事故のない、平和で、明るいまちづくりのため、今後とも一層のご尽力・ご活躍をお願い申し上げる次第であります。

終わりに、本協議会のますますのご発展と、ご参会の皆様のご健勝・ご多幸を祈念して、私のご挨拶と致します。

春／秋　夏／冬

181 交通安全協会表彰式挨拶

本日ここに、○○市（町・村）交通安全協会主催による、平成○年度交通功労団体、交通功労者および優良運転者の表彰式が行われるにあたり、市（町・村）議会を代表して一言ご挨拶を申し上げます。

○○市（町・村）交通安全協会の皆様には、平素から、市（町・村）民の交通安全の確保のために種々ご尽力を賜わり、感謝に堪えません。本席をお借り致しまして厚くお礼を申し上げます。

また、本日栄《は》えある表彰をお受けになられました皆様、おめでとうございます。

皆様は、昨今の厳しい交通環境の中にあって、常に車の安全運転を心掛けられ、また永年にわたり地域の交通安全に対するご尽力により、顕著なご功績を上げられた方々でありまして、そのご努力に対し、深甚《しんじん》なる敬意を表する次第であります。

市（町・村）内の交通事故の実情から、○○市（町・村）におきましては、ここ数年来交通安全の徹底を重点施策としてとりあげておりますが、市（町・村）議会と致しましても、市当局と力を合わせ、その実現に懸命の努力を傾注する所存でございます。

皆様におかれましては、本日の受賞を契機に、一層ご精進を重ねられ、今後とも、市（町・村）民生活の安全確保のため、交通安全の実《じつ》を挙げられますよう、さらなるご尽力をお願い申し上げます。

ただいま、全国交通安全運動が実施されておりますが、この時期に、交通功労者や優良運転者等の表彰が行われますことは、誠に時宜《じぎ》を得た有意義なものと存じます。

受賞者の皆様に、重ねてお祝いを申し上げますとともに、○○市（町・村）交通安全協会のますますのご発展と、ご参会の皆様のご健勝・ご多幸をお祈りしまして、私のご挨拶と致します。

182 交通安全功労者等表彰式　祝辞

本日ここに、『交通安全功労者及び同団体並びに優良運転者表彰式』が挙行されるにあたり、一言お祝いの言葉を申し上げます。

近年、交通安全に係る施策を強力に推進した結果を反映して、交通事故死者数は平成十二年以降○年連続で減少しているとはいえ、決して交通事故の脅威が消え去ったわけではありません。

本市（町・村）における交通事故の実態を見ましても、皆様方は、ともすれば、全国規模の趨勢《すうせい》からみれば、さほどではないと思いがちのようですが、事故件数、死者、負傷者の数は、短期的に見た場合、小幅な減少にとどまり、本市（町・村）にとっても交通事故は、決して他人ごとではない実情にあります。

こうした中にあって、ただいま表彰されました皆様方が、平素から交通問題に深い関心を寄せられ、人命尊重の見地から、交通事故防止のために多大の貢献をされておりますことに対して、改めて感謝の意を表するものでございます。

申すまでもなく、交通安全対策の円滑な推進は、皆様のような、優秀な交通関係者を中心とした方々のご支援・ご協力なしには、大きな成果を挙げることはできません。

ただいま、行楽シーズンの真っただ中にあり、さらにこれから、海水浴等のシーズンにかけて、交通事故多発時期を迎えることになりますが、皆様方におかれましては、本日の受賞を機会に、本市（町・村）の交通安全のために、より一層のご尽力を賜りますようお願い申し上げる次第であります。

終わりとなりましたが、受賞者並びにご参会の皆様のますますのご健勝をお祈りしまして、私の祝辞と致します。

第3部

式典等・会合等
祝辞・挨拶例文

183 市制施行○○周年記念祝賀式　祝辞

本日ここに、○○市制施行○○周年記念祝賀式が挙行されるにあたり、市議会を代表して、一言お祝いの言葉を申し上げます。

来賓各位におかれましては、ご多用のところご臨席を賜わり、厚くお礼申し上げます。

わが○○市は、去る平成○年○月○日、近隣二町三村が合併し、県北における中核都市を目指して発《ほっ》足《そく》致しました。

以来、市民の皆様のご努力はもとより、関係各方面の格別のご指導・ご支援を賜わり、地方中核都市としての公共施設の整備拡充、幹線道路網の建設、総合都市計画の策定等着々と前進を続けまして、本日、○○周年という大きな節目を迎えたのでありまず。

先人の残された足跡《そくせき》の大きさを、今ここにあらためて感じております。

これからは、全市民を挙げ、独立独歩《どっぽ》の精神をもって、市政の発展に、一層の創意工夫を凝《こ》らして努力していかなければならないと存じます。

さらに、県北全域の発展向上のために、広域市町村圏の中核都市としての使命を果たし、県北市町村圏の全住民の方々が、住んでよかったと本音で言える、豊かで潤《うるお》いのある郷土にしようではありませんか。

市議会と致しましては、市民の皆様との連携を一層密にし、市政の発展のため、さらに努力してまいる所存であります。

今後ともご支援・ご協力を賜わりますようお願い申し上げる次第であります。

終わりに臨み、○○市の限りない発展と来賓各位並びに市民の皆様のご健勝を心からお祈り申し上げまして、祝辞と致します。

184 市制施行○○周年記念式典　祝辞

本日ここに、○○市制施行○○周年記念式典が挙行されるにあたり、市議会を代表して、一言お祝いの言葉を申し上げます。

ただいま、晴れの表彰の栄《えい》に浴されました皆様、誠におめでとうございます。

皆様は、多年にわたり、それぞれの分野におきまして、格別のご尽力を賜わり、本市発展のために大きな貢献をされました。そのご功績に対し、○○万市民とともに心から敬意を表し、感謝を申し上げる次第であります。

顧《かえり》みますと、大正から昭和、そして平成へと続く、文字通り波乱・激動の中を、時には塗炭《とたん》の苦しみを味わい、時には洋々たる前途に心を躍《おど》らせながら、本市は、常に、弛《たゆ》むことなく着実に前進発展を続けてまいりました。

古《いにしえ》から、学問のまちとして栄えた○○市は、今なお、まちのそこかしこに文化の香りが色濃く残っております。

この香り高い文化と豊かな自然は、勤勉な市民性と相まって、明日の○○市への大きな礎《いしずえ》となることと存じます。

私達は、過去と未来を繋《つな》ぐ今を生きながら、同時に大きな使命を担っております。

世代から世代へ、先人の意志を引き継ぎ、新しい○○を創造することが、○○周年という大きな節目を越えようとしている、私達に課せられた命題にほかなりません。

ここに、○○市制施行○○周年を皆様とともに慶祝し、本市発展のためにご指導・ご協力賜わりました関係各位に、深甚《しんじん》なる感謝を申し上げますとともに、併せてご参会の皆様のますますのご活躍を祈念しまして、私の祝辞と致します。

185
○○市市制施行○○周年記念式典　祝辞

本日ここに、○○市市制施行○○周年記念の式典が挙行されるにあたり、一言お祝いの言葉を申し上げます。

市制施行から数えて○○年、○○市は、名実ともに、緑豊かな自然に囲まれた「文化と歴史のまち」として、着実に発展の道を歩んでおり、また、地域の中核都市として、近隣地方自治体の注目を集めております。

○○市の歴史を遡《さかのぼ》りますと、奈良・平安の時代にまでいたり、その当時の記録に当地があらわれた時に始まります。

以来今日まで、それぞれの時代を懸命に生き抜いた先人達の生活を偲《しの》ばせる遺跡や文化遺産は、なお市内各所に数多く残されております。

市制が施行された昭和○○年以前における、○○の産業の基盤は農業でありましたが、昭和○○年代後半からの急激な人口増加とともに、第二次産業の進出が目覚ましく、現在では、産業都市として、また、大都市圏のベッドタウンとしても飛躍的な発展を遂げてこられましたことは、誠に慶賀の至りでございます。

本日ここに、○○市市制施行○○周年記念式典が挙行されましたことを機会に、市民の皆様が、幾多の試練を経て今日の○○市を築かれた先人の偉業に思いを馳《は》せ、将来のまちづくりへの決意を新たにすることは誠に意義深いものがあります。

どうか、新しい時代にふさわしい○○市の発展のため、一層のご精進を賜わりますよう念願する次第であります。

終わりに臨み、「活力とやすらぎのふるさと」建設を目指す○○市のますますのご繁栄と、市民各位のご多幸を祈念して、お祝いの言葉と致します。

186 合併○○周年記念祝賀式　祝辞

本日ここに、○○町合併○○周年記念祝賀式が挙行されるにあたり、一言お祝いの言葉を申し上げます。

まずもって、ご参会の皆様方に、平素○○町の発展と住民福祉の向上のために種々ご協力をいただいておりますことに対し、深く感謝の意を表する次第であります。

また、晴れの表彰の栄に浴されました皆様に対し、心からお祝い申し上げます。

一隅《いちぐう》を照らす者は国の宝と申しますが、皆様の多年にわたるご功績が、今日の○○町の発展をもたらし、支えてきたのであり、衷心《ちゅうしん》から敬意を表しますとともに、今後とも一層のご活躍をお祈り申し上げる次第であります。

本県は首都圏の枢要《すうよう》な地位を占めておりますことから、急激な都市化とともに、質の高い生活環境の整備に対する住民の要求が年々増大し、まちづくり、福祉、医療、教育等生活領域全般にわたり、早急に解決しなければならない課題が山積しておりますが、郡部に位置する当地域も、決してこの例外ではございません。

このような中にあって、○○町のさらなる発展を期するためには、合併○○周年を契機として、なお一層町民のニーズを的確に把握し、増大・多様化する行政需要に適切に対応しつつ、住民福祉の向上と新しい時代の要請に応える、活力ある地域社会の実現を図らなければなりません。

輝かしい未来のために、豊かで潤《うるお》いのある○○町を目指し、○○町長を先頭に、住民の皆様が一致協力してまちづくりに取り組まれることをご期待し、併せてご参会の皆様のますますのご活躍とご健勝をお祈りしまして、私の祝辞と致します。

187 合併○○周年記念・体育館竣工祝い・友好村提携祝賀合同式典　祝辞

本日ここに、○○村の合併○○周年記念と、村民待望の体育館竣工祝い並びに△△県○○村との友好村提携祝賀会が併せて挙行されるにあたり、近隣市町村の議会を代表して、一言お祝いの言葉を申し上げます。

さて、本日の合同式典は、村政興隆の下に、まさに松竹梅ともいうべき慶事が重なり、○○村にとって村政史上最良の日を迎えたと言うべく、誠におめでとうございます。

これは、ひとえに、発足《ほっそく》以来、一貫して真摯《しんし》に村の振興発展に尽くされた村民の皆様のご努力の賜物であり、深く敬意を表する次第であります。

とりわけ、○○村長さんには、平成○○年就任以来、学校施設の整備をはじめ、上下水道施設、防災行政無線の完成など、住民生活の向上に直結する社会資本の整備に力を注がれ、また、文化面においても、村勢要覧の刊行、村史編纂《へんさん》はもとより、本日、竣工式を迎えた村民体育館をはじめ、コミュニティーセンターの開設など、周辺市町村が目を見張るような実績を挙げられ、私どもも、大いに見習わなければならないと存じているところでございます。

また、友好提携を結ぶ△△県○○村は、遠く離れ、住民意識・環境等に大きな差があるものの、同じ名称、同じような地勢のほか、城下町という共通の基盤の下に、ともに、古い歴史とお互いに学ぶべき多くのものを有しております。このような関係の下に、有意義な提携を持たれた○○村長さんの慧眼《けいがん》に、心から敬服する次第であります。

終わりに臨み、本日の記念式典を契機に、○○村がさらに来るべき未来に向かって、希望溢れる村づくりに邁進《まいしん》されますよう激励の言葉を贈り、祝辞と致します。

188 社会福祉協議会○○周年記念式典　祝辞

この度、○○市（町・村）社会福祉協議会が、設立○○周年を迎えられましたことを、心からお祝い申し上げます。

一口に、○○年と申しましてもその道程《みちのり》は長く、さぞ険しいものであったことと存じ、この間における関係各位のご努力に、深甚《しんじん》なる敬意を表する次第であります。

わが国は、国民の真摯《しんし》な努力により、戦後の無残な荒廃から立ち直り、世界の奇跡ともいわれる経済成長を遂げました。

今日、まちには物が溢《あふ》れ、かつての窮乏時代を知る私どもにとって、まさに今昔《こんじゃく》の感に堪えないものがございますが、反面、心の豊かさ、人生の豊かさを実感するには、未だにほど遠い実情にあることも否定できません。

こうした時代にあって、当協議会が、住民福祉のパイオニアとして果たしてきた役割は大きく、誠に意義深いものがございまして、今後とも、一層のご活躍が期待されるところであります。

申すまでもなく、今日の福祉に求められておりますものは、お仕着《しき》せや、与えられるものではなく、ヒューマニティー溢れるものでなくてはならないと存じます。

設立以来、○○年という大きな節目を迎えられた当協議会が、これを機会に、さらに一層飛躍され、名実ともに住民福祉の拠点として、その真価を遺憾なく発揮されますよう、心からご期待申し上げる次第でございます。

終わりに、今日まで、当協議会の運営にご尽力・ご協力を賜わりました関係各位に心から感謝申し上げ、併せて当協議会の一層のご発展を祈念しまして、祝辞と致します。

189 消防団結成○○周年記念式典　祝辞

本日ここに、○○市（町・村）消防団結成○○周年記念式典が挙行されるにあたり、一言お祝いの言葉を申し上げます。

本市（町・村）は、旧街道に沿った宿場町として消防に関する歴史は古く、私どもは、先祖代々その夫役《ふえき》をまっとうし、よき伝統と防火の精神を受け継いでまいりました。

お陰をもちまして、幾多の争乱や災害にもよく耐え、今日まで、全国屈指といわれる町並みが保存されておりますことは、皆様ご承知の通りでございまして、わが市（町・村）の誇りとする最大のものとなっております。

これは、何と申しましても、本日、ご参会の消防団の皆様の献身的なご努力・ご尽力の賜物であり、かつまた、伝統あるこの町並みを中心に〝わがまち○○〟を心から愛する市（町・村）民の皆様の、力強いご支援・ご支持があってのことでございまして、ここに深甚《しんじん》なる敬意を表する次第であります。

消防団は、昭和二十三年に行われました消防制度改革によって警察行政から分かれ、消防本部・消防署とともに、市町村に設置される消防機関となりましたが、昔から、消防の基本の最たるものは、各家庭の〝火の用心〟であり、住民自治の大きな要素でもあったのであります。

幸い、○○市（町・村）では、これまで、これといった災害に見舞われることなく過ごしてまいりましたが、油断は大敵でございます。

消防団の皆様には、災害から市（町・村）民の生命・財産を守り、故郷○○市（町・村）の限りない発展をより強固にするために、輝かしい○○周年を機に、一層のご精進を賜わりますようお願い申し上げまして、ご祝辞と致します。

190 女性防火クラブ連絡協議会○○周年記念大会　祝辞

この度、「○○市（町・村）女性防火クラブ連絡協議会」が創立○○周年を迎え、本日ここに、記念大会が開催されましたことは、誠にご同慶に堪えません。

まずもって、歴代役員さんを中心とする、クラブ員の皆様の永い間のご労苦が実を結び、○○周年を迎えられましたことに対し心から敬意を表します。

近年、住民生活の複雑・多様化、産業活動の活発化などに伴いまして、全国的に大小・多様な火災の発生が年を追って多くなり、尊い人命と貴重な財産が失われておりますことは遺憾に堪えないところであります。

幸い、本市（町・村）におきましては、最近、さしたる大火もなく過ごしておりますが、全国各地の火災発生状況を見ますとき、一層の消防施設の拡充強化とともに、一般市（町・村）民の火災予防に対する意識の徹底が、いかに肝要であるかを痛感する次第でございます。

こうした中にあって、昭和○○年に結成されました「女性防火クラブ連絡協議会」が、これまでに果たした役割は極めて大きく、女性の立場からの防火意識の徹底など、今後とも、その活動に寄せる各方面の期待は、誠に大なるものがあると存じます。

創立以来○○年という一つの節目を迎えられました貴連絡協議会が、今後ますます発展され、「わが家から絶対に火災を出さない」を合い言葉に、火災予防の普及・啓発のため、その真価を遺憾なく発揮されますことを心から念願するものであります。

結びに、今日まで、防火クラブ活動にご尽力・ご協力賜わりました関係各位に、深甚《しんじん》なる感謝の意を表しますとともに、ご参会の皆様のご健勝をお祈り申し上げ、祝辞と致します。

191
交通指導員制度創設〇〇周年記念式典　祝辞

本日ここに、〇〇市（町・村）交通指導員制度創設〇〇周年記念式典が挙行されるにあたり、一言お祝いの言葉を申し上げます。

わが国は、多くの分野で目覚ましい発展を遂げ、とりわけ、経済の分野では世界の一流国となりましたが、その一方で、社会や産業の発展に伴う交通量の増加から、交通事故による生命・財産への脅威は大きな社会問題となっております。

こうした中にあって、創設以来、〇〇周年を迎えられた本市（町・村）交通指導員制度の果たした役割は誠に大きく、この間、皆様には、市（町・村）民の生命・身体を守るため、街頭での直接指導等を通じて、交通安全の推進にご尽力されておりますことに対し、深甚《しんじん》なる敬意を表するとともに、心から感謝申し上げます。

本市（町・村）の交通事故の実態を見ますと、皆様のご尽力により、全体では横ばいないし減少しておりますが、反面、高齢者や子どもの事故は年々増加の傾向を示しており、重要な課題として、高齢者に向けた交通安全対策および幼児・小学生に対する交通安全指導等の充実強化が、強く望まれているところであります。

皆様には、〇〇周年記念式典を契機に、このような実情をご賢察のうえ、交通安全の普及・啓蒙はもとより、街頭等での指導を通して、人間教育の面からも特段のご配慮を賜わり、健康で明るい郷土づくりにご貢献いただきたく、ご期待申し上げる次第でございます。

終わりに、指導員の皆様をはじめ、その陰にあってご労苦を支えてこられましたご家族の皆様に心から敬意を表し、併せてご参会の皆様のご健勝を祈念しまして、祝辞と致します。

192 保護司会創立○○周年記念式典　祝辞

○○市保護司会の創立○○年、おめでとうございます。

保護司の先生方が、犯罪や非行のない社会の実現を目指し、尊い奉仕精神と人間愛をもって更生活動、犯罪防止活動に献身されていることに、また、昭和○○年○○月○○日創立以来、○○年の長きにわたり、先輩保護司を含めて多くの先生方が○○市保護司会の発展のために努力されてきたことに、改めて敬意を表させていただきます。

最近の新聞報道などによりますと、ささいなことで殺人など重大な事件を起こすことが頻発し、社会的な不安が人々の心に暗い影を落としております。

また、青少年を取り巻く状況はさらに混迷をきたしているようです。幼い時から管理され、システマチックに育てられた子ども達は、孤立し無力になっているのではないかと心配です。さらに大人の犯罪が彼らを蝕《むしば》んでもいます。

社会不安、青少年犯罪の凶悪・低年齢化、国際化による外国人犯罪など、犯罪をめぐる環境は厳しい状況ですし、解決はいずれも困難な問題ですが、解決を諦めてはならないことも確かです。皆様方が、対象者の相談にのり、その更生に力を貸し、一緒になって生きる力をつけていく、この地道な尊い努力が、必ずや社会を、青少年を正しい方向に導いていくものと信じております。一層のお骨折《ほねお》りをお願い申し上げます。○○市議会も、皆様方の後押しができるよう努力をしてまいります。

最後になりましたが、歴史と伝統のある○○市保護司会がますます発展することと、皆様方の努力によりまして元気に更生の道を歩んでいる多くの方々のご多幸を祈念いたしまして、お祝いの言葉とさせていただきます。

193 保護観察協会〇〇周年記念式典　祝辞

この度〇〇市保護観察協会が〇〇周年を迎えられますことを、心からお慶び申しあげます。

貴協会は、一貫して明るい社会を築くため、犯罪者の更生・社会復帰の仕事を続けておられる保護司会の支援を通して、その活動を一層活発にする運動を続けてこられました。そうした皆様の献身的な努力に対し、あらためて敬意を表しますとともに、深く感謝申し上げる次第でございます。

さて、最近毎日のように、恐ろしい事件が新聞紙上をにぎわし、なかでも、普段何の問題もない少年が、異常としかいいようのない犯罪を起こすという事件が続いております。これらは犯罪を犯す動機が明確にならないことが多く、それだけその予防が難しいといえましょう。また、こうした背景から、少年法の見直しも議論に上っているところです。

社会が急激に変化し、価値観が多様化している現在、犯罪者の更生を通じて犯罪の再発を防止し、犯罪のない明るい社会づくりを目指す皆様方の保護観察のお仕事は、大変難しい状況にあるといえるのではないかと思います。しかし、保護観察の事業にあたられている皆様の献身的な努力がある限り、犯罪のない明るい社会を築くという私達の願いは、必ずや実を結ぶものと確信致しております。

私達〇〇市議会といたしましても、地域や家庭での教育のさらなる充実とともに、青少年を取り巻く環境の整備を含め、明るい〇〇市のまちづくりに、今後とも重点的に取り組んでいこうと考えているところでございます。

最後に、〇〇市保護観察協会が今後ともさらに発展され、皆様の活動が明るい〇〇市として実を結びますことを祈念し、お祝いの挨拶とさせていただきます。

194 スキー協会創設○○周年記念式典　祝辞

本日ここに、○○市（町・村）スキー協会創設○○周年記念式典が挙行されるにあたり、一言お祝いの言葉を申し上げます。

私達を取り巻く生活環境の変化は誠に目まぐるしく、このために生ずるストレスは、現代病といわれるほど深刻の度を増しております。

この対応策として、スポーツが最も効果があることは、皆様ご承知の通りでございますが、さらに、最近、スポーツは、今や、国民的課題となっているゆとりある生活　を実現するための手段の本命として、「余暇の有効利用」の面からも、その活用が大いに奨励されているところであります。

幸いにして、本市（町・村）におけるスポーツ活動は、体育協会をはじめとする各種団体の普及・啓蒙活動によりまして、まさに、市民皆スポーツといわれるほどに隆盛を極めております。

スポーツの振興は、市民の健康の維持増進に欠くことのできないものであり、長期的展望に立った、地道な活動が必要であることはいうまでもないことでありまして、このような意味から、本スキー協会が果たしてきた役割は誠に大きく、意義深いものがあると存じます。

今般《こんぱん》、貴協会が、創設○○周年という大きな節目を迎えられたことに対し、深甚《しんじん》なる敬意を表するとともに、今後とも、市民スポーツとしてのスキーの普及に努められ、心身両面における市民の健康増進に貢献されますよう念願するものであります。

終わりに臨みまして、今日まで、当協会の発展のためにご尽力されました役員の方々をはじめ、関係各位に対し心から感謝申し上げますとともに、併せてご参会の皆様のますますのご活躍とご健勝をお祈りしまして、私の祝辞と致します。

195

自治会長連絡協議会〇〇周年記念式典　祝辞

本日ここに、〇〇市（町・村）自治会長連絡協議会〇〇周年記念式典が挙行されるにあたり、一言お祝いの言葉を申し上げます。

自治会長在職五年および十年並びに町内功労者として表彰を受けられました皆様、誠におめでとうございます。

受賞されました方々は、自治会長として、多年にわたり、〇〇市（町・村）の発展と、市（町・村）民の幸福を願い、市（町・村）政伸長のためご協力・ご貢献された方々であり、また町内において、住民の福祉の向上に尽力された方々であります。

皆様の献身的なご協力・ご尽力が、今日の〇〇市（町・村）の行政を支えていると申しても過言ではありません。

ここに、深甚《しんじん》なる敬意を表しますとともに、心から感謝申し上げます。

顧《かえり》みますと、昭和〇〇年に、会員相互の親睦と自治会相互の連絡協調を図り、民主的で明朗な町内自治の確立を目的とする自主的組織として発足《ほっそく》して〇〇年、以来貴協議会が、名実ともに、住民自治のパイオニアとして果たしてきた役割は誠に大きく、意義深いものでありましたことは、今さらいうまでもないことであります。

貴協議会が、今後とも、さらに一層の飛躍を遂げられ、住民自治振興の拠点として、その真価を遺憾なく発揮されますことをご期待申し上げる次第でございます。

終わりに臨み、今日まで当協議会の運営にあたり、絶大なるご尽力とご協力を賜わりました関係各位に対し心から感謝申し上げますとともに、ご参会の皆様のご健勝とご多幸を祈念しまして、私の祝辞と致します。

196 郷土文化会○○周年記念式典 祝辞

○○市（町・村）郷土文化会の皆様、本日は発会《はっかい》○○周年記念式典、誠におめでとうございます。一言お祝いの言葉を申し上げます。

志を同じくされる方々が、郷土の歴史の解明や文化遺産の保存を通じて、○○市（町・村）の発展に貢献されてこられたことを、まずもって感謝申し上げます。

郷土に目を向けること、それは、最も単純で素朴なことであるかも知れませんが、すべての出発点になると申しても過言ではありません。

私どもが内外の都市を訪問致しましても、まずご案内いただいたり、資料の提供等を通じて紹介されるものは、その土地の史跡や文化財であります。先人の残したものを誇りに思うのは、住む所は異なっても、あらゆる民族や文化に共通した人間の属性の一つであると存じます。

郷土文化会の皆様には、このことに早くから着目され、着実に実践に移されておられますことに対し、心から敬意を表する次第でございます。

○○市（町・村）には○○をはじめ、国・県・市（町・村）の指定文化財が○○件ございます。

文化財は、まずその価値を見出すことが第一であり、指定された後は、保存・保護施策が欠かせませんが、幸い○○市（町・村）においては、文化財所有者および行政当局の努力によって、円滑に保存事業が進められております。

これも、ひとえに、皆様方、文化財保護の良き理解者がおられて、初めて行われるものと存じます。

郷土文化会の皆様におかれましては、今後とも、文化の香り高い郷土○○の建設のために、一層のご尽力・ご活躍をいただきますようお願い申し上げまして、ご祝辞と致します。

197 県立高等学校創立○○周年記念式典　祝辞

本日ここに、県立○○高等学校創立○○周年記念式典が挙行されるにあたり、一言ご祝辞を申し上げます。

本校は、昭和○年○月、県立○○高等女学校として創立され、爾来幾多《じらいいくた》の変遷を経ながら、戦後の学制改革により、現在の県立○○高等学校と改称され、今日に至っております。

この間、歴代の校長先生をはじめ、教職員各位のご尽力並びにＰＴＡ、同窓会の皆様のご協力により、子弟教育に多大の業績を積み重ねられ、今日に見る、輝かしい歴史と伝統を築かれたことに対し、深甚《しんじん》なる敬意を表する次第であります。

創立から○○年、今日までに、卒業生は○万○千○百余名を数えておりますが、そのいずれの方々も、各界で大いにご活躍になり、母校の名声を高めておられますことは、誠にご同慶に堪えません。

さて、近年、高等学校教育の担う役割はますます重要なものとなっております。

高等学校における教育は、人間性豊かな個性を伸ばし、望ましい目標に向かって個人の可能性を最高度に発揮させ、平和な社会の形成者の育成を目指すものであると存じます。

本県の高等学校教育の最高峰に立っております、本校の関係者各位におかれましては、本日の式典を契機に、新しい時代に即応した教育の推進に、一層のご精進をいただきますとともに、生徒諸君も、建学の精神に徹し、ますます勉学に励まれるよう念願して止みません。

○○周年の輝かしい歴史と伝統に立って、本校がこれからも一層の発展を遂げられますようお祈りするとともに、ご参会の皆様方のご健勝を祈念して、お祝いの言葉と致します。

198 小学校創立○○周年記念式典 祝辞

本日ここに、○○市（町・村）立○○小学校創立○○周年記念式典が挙行されるにあたり、一言お祝いの言葉を申し上げます。

本校は、○○市（町・村）の中心部にほど近い、端正な町並みが続く、緑の多い住宅街の一角にあり、さらに、広い校庭の周辺には、木々の緑や四季折々の草花が咲き誇る公園もあるという、素晴らしい環境の中にあります。

このような中にあって、○○年、今日見られるように、品位と風格を備えた学校として発展することのできましたことは、歴代の校長先生をはじめとする教職員の方々並びに地域住民その他ご関係の皆様の並々ならぬご尽力の賜物であり、心から敬意を表し、感謝申し上げる次第であります。

本校は、輝かしい実績と校風を誇る有数の伝統校であるだけに、地域住民の皆様の学校を愛する心は誠に強く、学校と地域が協力しあい、学童一人ひとりの個性を大切にした教育活動が行われておりますことは、他校の模範となるものと存じます。

このような教育環境の下で、日々、伸び伸びと、明るく、元気に、学習やスポーツに勤《いそ》しんだ子ども達が社会に巣立ち、各分野で活躍されておられますことを思うとき、初等教育における教育環境が、人間形成にとりまして、いかに大切であるかを心から痛感する次第でございます。

創立○○周年を契機に、関係各位におかれましては、心を新たに、明日の社会を背負って立つ子ども達が、健やかに、心豊かに成長できますよう、今後とも温かいご指導を賜わりますようお願い申し上げますとともに、○○小学校のますますのご発展と、ご参会の皆様のご健勝を祈念して、ご祝辞と致します。

199 知的障害者施設○○学園○○周年記念式典　祝辞

本日ここに、社会福祉法人○○学園の○○周年記念式典が挙行されるにあたり、一言お祝いの言葉を申し上げます。

本学園は、知的障害者の幸せを願い、日々の生活指導や職業指導を通じて、社会的自立や参加を促していくことを目的に創設されたものでございますが、歴代理事長さんをはじめ、園長先生、保護者の皆様の深い愛情と熱意により、今日の発展を見ることができましたことに対し、心から敬意を表するものであります。

この素晴らしい建物と近代的な設備を併せもつ園舎の下で、○○人の園生達が、社会的自立を目指して日々訓練に励んでおり、着実に成果を挙げておりますことは、誠に喜びに堪えない次第でございます。

本学園は、知的障害者福祉法に基づく通園更生施設として、平成○○年に認可を受けてから○○年を経過しましたが、その間、ここで指導訓練を受けて社会に巣立った園生は○○○人に達し、そのほとんどの方は就職され、実社会で活躍されていると伺っております。

ここに至るまで、施設経営の諸問題や知的障害者に対する世間の偏見等により、さまざまな曲折《きょくせつ》があったことと存じますが、園生のひたむきな努力と、教職員並びに保護者の皆様のご尽力により、それらを乗り越え、今日の発展を築かれたことを思う時、その不屈の精神に頭の下がる思いが致します。

今後とも、適正な施設運営に努められますとともに、園生に対する適切な指導・訓練にご尽力されますようお願い申し上げます。

終わりに、○○学園のますますのご発展と、園生並びにご参会の皆様のご健勝をお祈りしまして、お祝いの言葉と致します。

200 知的障害者育成会○○会設立○○周年記念式典　祝辞

この度○○会が設立○○周年を迎えられますことに、心よりお慶びを申し上げます。

設立から○○年、現在、○施設、○生活ホーム、それにさわやかワークセンターや喫茶○○、ティーラウンジ○○の事業など、本当に○○会の発展と活躍は目覚ましいものがあります。昭和○○年○○月○○日に知的障害者育成会結成以来、長い間○○作業所などで活動されてきました。その実績がこのような勢いのある、充実した法人となったわけで、育成会の会員の皆様や諸先輩方も、さぞかしお喜びになり、感慨無量のことと存じます。

○○祭、○○福祉園のお祭り、○○福祉園の開所式などにお邪魔しました。その時々に思ったことですが、地元町会自治会、ボランティアの皆さんが大変多く協力し参加してくれている。このような地域と施設との関係は、利用者、施設職員、そしてなにより育成会の親御さんの、日頃からの地域の人達とのお付き合いの持ち方だろうと思います。利用者が地域で愛され、施設が地域に溶け込むことができている。これは○○市の大きな財産です。

もう一つ感心することは、知的障害者やその親御さんが大変明るいことです。障害者の日のつどいで、私が大きな声で挨拶すると、みなさん全員で大きな声と身振りで挨拶を返してくれます。阿波踊りを踊っていると、いつまでも一緒に踊ってくれます。このことは、育成会の存在があり、そこで親御さんたちがスクラムを組み、なんでも話ができる関係にあるからこそだと思います。

○○会がますます発展することを、また、○○市の知的障害者育成の輪がますます結びつきを強めていくことを祈念し、設立○○周年記念のお祝いの言葉とさせていただきます。

201　○○町役場○○駅ビル支所開所式　祝辞

○○町役場○○駅ビル支所開所式にあたり、町議会を代表して一言ご祝辞を申し上げます。

ＪＲ○○駅は、○○町の表玄関であり、住民が最も多く利用する場所として、かねてから、町役場の駅ビル支所設置について、要望されていたところでございます。

町議会と致しましても、住民から出された多くの請願に基づき、実現に努力をして参りましたが、皆様のご支援・ご協力が実り、かつまた、ＪＲの温かいご理解もあって、本日、開所式を迎えることができましたことは、誠にご同慶の至りでございまして、皆様とともに、心から喜びを分かち合いたいと存じます。

従来、町役場まで用を足しにいくには、住民の半数近くの方々が半日がかりとなり、大変不便でございました。

ことに、町役場は、駅から大分離れております。最近は、駅周辺の開発が進むとともに、県営住宅や公社住宅団地が造成され、○○市方面へ通勤される方が急増しておりますが、これらの方々にとっては、支所開設により、納税や各種証明書の取得等が、通勤の行き帰りに、簡単にできるようになるわけでございますから、その便利さは今までとは比べようもないことと存じます。

町議会と致しましても、今後とも○○駅ビル支所の取扱い業務につきまして、さらに充実するよう努力し、住民の皆様のご要望にお応えする所存であります。

○○駅ビル支所の開設を契機に、○○町の行政サービスが一層推進されますとともに、○○町がますます発展することを祈念しまして、お祝いの言葉と致します。

202 特別養護老人ホーム開苑式　祝辞

○○市（町・村）議会を代表して、一言ご挨拶を申し上げます。

この度、特別養護老人ホーム○○苑が関係各位のご尽力により、このように立派に完成し、本日その開苑式が行われるに至りましたことは、誠に慶祝に堪えません。

皆様ご承知の通り、社会環境の急激な変化に伴う世帯の核家族化などの進行により、近年、高齢者の暮らしの上に、いろいろな問題が生じており、高齢者問題は、今や、わが国が当面する最大課題の一つとなっていると言っても過言ではありません。

戦前・戦後の苦しい時代を耐え忍び、困難の中で戦後の復興や経済の発展に貢献された年老いた方々の、長い人生行路に想いを致すとき、平穏な余生を送る環境を求められるのは無理からぬことであり、社会もまた、これに積極的に応えるべきであると存じますが、残念ながら、これら高齢者の福祉施設の需要を満たす施設整備は、なかなか思うに任せないのが実情であります。

特に、老人ホームは、一般住民と適度にコミュニケーションの図れる、適切な場所に建設することが理想ですが、高騰した地価や周辺住民の理解がなかなか得られないケースが少なくないことから、その新規建設は、年を追って困難になっております。

このような中にあって、素晴らしい環境に恵まれたこの地に、○○苑が開苑致しましたことは、行政に携《たずさ》わる私どもにとりましても、これに勝《まさ》る喜びはございません。

○○苑が地域に調和し、明るく親しまれる施設として発展されますことを心から念願し、併せてご参会の皆様の一層のご活躍とご健勝を祈念して、お祝いの言葉と致します。

203 障害者スポーツセンター・心身障害者福祉センター開所式　祝辞

○○県議会を代表して、一言ご挨拶を申し上げます。

△△地域をはじめ、全県民が待望しておりました○○県障害者スポーツセンター・心身障害者福祉センターが完成し、本日、開所式が挙行されるに至りましたことは、誠に慶祝に堪えません。

まずもって、○○県をはじめ、関係当局の並々ならぬご尽力と地元関係各位の絶大なるご協力に対し、衷心《ちゅうしん》より敬意を表します。

最近の、わが国を取り巻く内外の諸情勢は誠に厳しく、福祉国家建設の路線は、財政的事情もあって、その前途は必ずしも楽観を許しませんが、国民挙げての願いである福祉社会の実現は、すべてに優先して着実に推進する必要があると存じます。

とりわけ、障害者福祉の推進・充実は、国・地方を通ずる施策の最重要課題の一つであることは申し上げるまでもありません。

このため、本県におきましても、早くから各般《かくはん》の施策を講じておりますが、なかでも、身体障害者の方々の健康管理と機能回復を増進する施設の早期建設は、関係者はもとより、多くの県民から強く望まれていたところであります。

幸いにして、この度、この恵まれた自然環境の中に、このような、立派な障害者スポーツセンター並びに心身障害者福祉センターが完成致しましたことは、関係者はもとより、△△地域をはじめ、全県民の斉《ひと》しく喜びとするところでございます。

職員の皆様には、入所される心身障害者の身になってセンターの機能を十分発揮され、県民の期待に応えられますよう念願するものであります。

結びに、皆様方のますますのご活躍とご健勝を祈念しまして、お祝いの言葉と致します。

204 訪問看護ステーション開所式　挨拶

○○訪問看護ステーション開所式にあたり、一言ご挨拶を申し上げます。

二十一世紀は、未曾有《みぞう》の超高齢社会になると言われております。そのため、本市におきましては、すべての市民が健康で生きがいを持ち、生涯を通じて心豊かに生活できる「健康長寿のまちづくり」を目指し、諸施策の推進に努めているところであります。

が、最大の関心事であります健康対策、とりわけ医療対策の一つとして、○○訪問看護ステーションが開設されましたことは、誠に意義深く、ご同慶に堪えない次第でございます。

この制度は、病気や怪我《けが》などで医療を受け、自宅で療養に専念されている寝たきり状態にあるお年寄りの方、あるいは、寝たきりになる恐れのある方のお宅に、訪問看護を専門とする看護師等がお伺いし、看護サービスを行おうとする制度であり、例えハンディはあっても、老後は、自宅で家族と一緒に安心した生活を送りたいと思っておられる多くのお年寄りにとって、また、それらの方を介護する家族の方々にとっても、素晴らしい制度が実現したのではないかと思います。

この世に生を享《う》けた者すべて、いつかは老年を迎えます。本来、人生の達人として、心身ともに幸せな時を送るべきはずの老後において、一番障害となるのが健康問題であり、多くのお年寄りが、病気と二人三脚で生活しているのが実態であります。

本制度は、近づく超高齢社会の到来を十分配慮した施策として、今後、本市の高齢者福祉の向上に貢献すること、誠に大なるものがあると存じます。

どうか、本ステーションが、市民の皆様が安心して老後を送るための大きなよりどころとなりますよう念願しまして、私のご挨拶と致します。

205 県立大学開学記念式典

祝辞

光輝ある○○大学開学記念式典にお招きいただき、○○県議会を代表して、一言祝意と所信の一端を述べる機会を得ましたことは、私の最も喜びとするところであります。

本学設立の構想は、皆様すでにご承知の通り、平成○○年○月に発表されました、知事の公約の大きな柱の第一でありまして、県民多数の高まる期待に応えて、その創設が表明されたものであります。

本県における大学教育の振興上、まさに画期的なものであり、県議会におきましても、建学の精神、教育理念、さらには財政的見地など、さまざまな角度から真摯《しんし》な論議がなされ、検討を尽くして本学の創設を決定したものでございます。

知事就任以来、県政の重点施策として着々と準備を進めてまいったところでありまして、予定通り、本年四月一日に、開学の運びとなりましたことは、誠にご同慶に堪えないところであります。

ここに、開学にあたり、設立に大いなる情熱を傾けられました関係各位に対し、深甚《しんじん》なる敬意と感謝の意を表する次第であります。

幸いにして、優れた初代学長並びに先生方にご就任いただきましたことは誠に心強い限りであります。何卒《なにとぞ》特色ある教育研究に努められ、建学の精神にのっとった、真に愛される大学となることをご期待申し上げます。また入学された皆様は、新時代のリーダーとして活躍され、栄《は》えある大学の歴史と伝統の基礎を築いていただきたいと存じます。

終わりに臨み、万般《ばんぱん》のご支援・ご協力をいただいたご列席の諸先生並びに関係各位に衷心《ちゅうしん》から厚くお礼申し上げますとともに、本学が教育・研究に多大なる成果を上げられますことを心から祈念申し上げまして、お祝いの言葉と致します。

206 用水通水式（野火止用水の例）祝辞

本日ここに、野火止《のびどめ》用水通水式が行われるにあたり、一言お祝いの言葉を申し上げます。

野火止用水は、今からおよそ三世紀半前の承応《じょうおう》四（一六五五）年、徳川幕府の老中、松平伊豆守《いずのかみ》信綱が、関東一帯の農民の協力を得て完成させたものと伺っております。

今、この地に立ち、往時《おうじ》の測量技術の水準を考える時、夜間も、提灯など僅《わず》かな明かりをもとに、昼夜兼行《けんこう》で作業したといわれる農民の方々のご苦労のほどが身にしみて偲《しの》ばれる思いであります。

昔から、「一本の川は九里（三十六キロ）四方を潤《うるお》す」と言われますように、野火止用水のできました意義は誠に大きく、爾来《じらい》、流域農民の生活用水・灌漑《かんがい》用水として、重要な役割を果たしてまいったのであります。

その後、昭和三十年代まで、この野火止用水は、蛍の飛び交う清流として、灌漑用水はもとより、流域農家の大切な飲料水として使われてまいりましたが、昭和四十八年に、水事情の悪化に伴い、通水中止のやむなきに至ったものであります。

申すまでもなく、水辺《みずべ》や緑は、そこに住む人々に、心の安らぎを与えるものであり、本日ここに、野火止用水に再び清流が蘇《よみがえ》りましたことは喜ばしい限りでございます。

ご参会の皆様におかれましては、この通水式を契機に、〝ふるさと○○〟のさらなる発展のために、なお一層のご尽力・ご活躍を賜わりますようお願いする次第であります。

終わりに、野火止用水の清流復活にご支援・ご協力をいただきました国土交通省をはじめ、用水沿いの関係各市の皆様方に、心からなる敬意と感謝の意を表し、お祝いの言葉と致します。

207 一般廃棄物ごみ処理施設整備事業起工式　祝辞

○○市一般廃棄物ごみ処理施設整備事業起工式が開催されるにあたり、市議会を代表して、一言お祝いの言葉を申し上げます。

まずもって、本日の起工式にあたりご協力いただきました関係各位に心から感謝申し上げます。

さて、排出ごみの増大等でますます深刻化しております本市のごみ問題の対策として、長い間の懸案でありました○○清掃工場の一般廃棄物ごみ処理施設の改築工事が、ここに、○か年継続事業として実施されることになりましたことは、誠に喜ばしい限りでございます。

私どもと致しましても、新施設の一日も早い完成を念願する次第でありますが、工事の施工にあたります関係者の皆様におかれましては、長期にわたる大工事になりますので、事故にはくれぐれも注意されますようお願い申し上げます。

ごみ問題は、今や、資源保護などの地球環境問題としても、大きくクローズアップされてきております。本市では、これらごみ問題の対策として、処理施設の建設はもちろんでありますが、これと並行して、ごみの減量運動や分別収集の徹底、資源再利用の促進などについて、市民総ぐるみの運動として展開しているところであります。

快適なまちづくりは、市政究極の目的でございます。

市議会と致しましては、今後とも市と一体となって事業の推進に全力を傾注してまいる所存でありますが、皆様におかれましても、引き続いてのご支援・ご協力を切にお願い申し上げる次第であります。

終わりに、本日の起工式を重ねてお喜び申し上げ、併せてご参会の皆様のご健勝・ご多幸をお祈り申し上げまして、お祝いの言葉と致します。

208 し尿処理施設建設工事起工式　祝辞

本日ここに、○○市（町・村）し尿処理施設建設工事の起工式が挙行されるにあたり、市（町・村）議会を代表して、お祝いの言葉を申し上げます。

まずもって、本日の起工式にあたり、ご協力いただきましたご関係の皆様に対し、心から感謝を申し上げます。

清掃行政は、市町村行政における最も重要な施策の一つであり、各市町村においても、その対策に腐心しているところであります。

わが○○市（町・村）議会におきましても、市（町・村）民の要望に応え、し尿処理施設建設の重要性を強く認識しておりましたが、市（町・村）当局において、本市（町・村）の振興計画に基づく将来の需要を慎重に検討した結果、国・県当局や関係団体のご指導も得て、ここにめでたく着工の運びになりましたことは、誠に喜びに堪えない次第でございまして、深甚《しんじん》なる敬意と感謝の意を表するものでございます。

施工にあたる業者の方々におかれましては、これらの実情を十分念頭におかれ、工事に万全《ばんぜん》を期されますよう念願してやみません。

申すまでもなく、し尿の適切な処理は、今や河川の汚濁の防止・水源の確保等、大きな環境問題として、何処《いずこ》においても早急な対策が求められているところであります。

本工事は、平成○○年○○月の完成と伺っております。

完成までには、なお多くの困難があると存じますが、この有意義な工事を計画通り無事達成されますよう、関係当局をはじめ、地元各位の絶大なるご協力を切にお願い申し上げまして、お祝いの言葉と致します。

209 中央幹線改修工事シールド機発進式　祝辞

本日ここに、中央幹線改修工事シールド機発進式が挙行されるにあたり、市議会を代表して、一言ご挨拶を申し上げます。

本日より、○か年事業として施工されます中央幹線改修工事は、長い間の懸案であった○○および△△地区の雨水排水対策のため実施されるものであり、○○小学校南側から○○通りの○○会館までの間、延長○○○メートルを、もぐら式の掘削《くっさく》機・シールド機を使用したシールド工法により、改修工事が進められるものであります。

当地域の一層の発展のためにも、一日も早い完成を念願致すものでありますが、工事の施工にあたる皆様におかれましては、長期にわたる工事となりますので、くれぐれも事故のないよう万全《ばんぜん》のご注意をお願い申し上げます。

ご承知の通り、下水道の整備率は、市民が、快適で、文化的な生活を営む上でのバロメーターといわれます。

本市におきましては、これまでも、下水道の整備につきまして長期整備促進計画を策定し、計画の推進に鋭意努力してまいっておりますが、市議会と致しましても、住民の皆様の生活環境改善の見地から、今後とも、市と一体となって事業の推進のため尽力してまいる所存でございます。

皆様におかれましても、市政の円滑な推進につきまして、引き続いてのご協力を切にお願い申し上げる次第であります。

終わりに臨み、シールド機発進式を重ねてお喜び申し上げ、併せてご参会の皆様のご健勝・ご多幸と当地域のますますのご繁栄を心からお祈り申し上げまして、簡単ではございますが、私のお祝いの言葉と致します。

210 議会新議事堂落成式挨拶

本日ここに、○○市（町・村）議会議事堂の落成式にあたり、議会を代表して、一言ご挨拶を申し上げます。

当市（町・村）は、本県の中核都市、△△市に隣接する地理的条件から、人口の急増はもとより、経済や交通等、各方面で飛躍的に発展成長する途上にあります。

これに伴い、従来の議事堂は年を追って手狭《てぜま》となり、地域住民の複雑多様化する要請に応えにくくなっていたばかりか、住民の皆様にも非常なご不便をおかけしておりました。

このため住民の負託に十分対応し得る議会活動の充実・活発化に資するとともに、住民の皆様に親しまれる議事堂を目指し、議会議事堂建設基本方針に基づいて、平成○○年○月に工事に着手、本日めでたく落成の運びに至った次第でございます。

住民の皆様に、最も身近な市（町・村）議会は、議会制民主主義制度の根幹をなす住民自治の砦《とりで》であり、その健全な発展こそは、地方自治の確立と民主的な平和国家を目指す、わが国の基盤となるものであります。

○○市（町・村）議会に携《たずさ》わるものと致しましては、新議事堂の落成を機会に、改めてその責任の重大さを認識し、全力を挙げて住民の皆様の負託にお応えする所存でございます。

また、工事の施工にご参画《さんかく》いただきました関係各位には、大変な難工事を見事完成され、予期以上の成果を上げていただき、心から感謝の意を表する次第であります。

終わりに、本日ご臨席を賜わりましたご来賓並びにご参列の皆様のご健勝とますますのご活躍を祈念しまして、ご挨拶と致します。

211 市庁舎竣工式典　祝辞

新庁舎の落成おめでとうございます。一言お祝いの言葉を申し上げます。

かねてより建設中でありました○○市役所の新庁舎が、明るい装いの下に完成し、本日、落成式が挙行されるに至りましたことは、慶賀に堪えません。

ご承知のように、○○市の歴史は古く、大正○年に市制を施行し、以来、近隣町村との合併を経て、現在○○万人余の人口を擁《よう》する当地方の中核都市に発展しました。

これを反映して、行政需要は逐年《ちくねん》増大し、また、複雑多様化する市民のニーズに応えるための職員の増加などにより、庁舎は著しく狭隘《きょうあい》となり、行政の効率化のためにも、市民サービスの向上のためにも、新庁舎の建設が強く望まれていたところでありまして、この度、このように立派な庁舎が竣工致しましたことは、誠にご同慶の至りでございます。

市庁舎は、いうまでもなく、市民サービスの確保を第一とし、市民に親しみやすく、そして市の業務が能率的・効率的に運営されるよう、機能的でなければなりません。

この点、新庁舎が、身体の不自由な方への配慮をはじめ、市民広場、談話ロビー、展示コーナーなどを設け、市民が、気軽に来庁できる雰囲気づくりに努めるとともに、災害対策をはじめ、省資源・省エネルギーに対しても数々の工夫を凝《こ》らすなど、細かい配慮を加えて完成されましたことは、市関係者はもとより、地域住民の皆様にとっても誠に喜ばしいことと存じます。

終わりに臨み、新庁舎が、名実ともに市民の庁舎としてその機能を十分発揮されますことを念願致しますとともに、ご参列各位のご健勝を祈念して、お祝いの言葉と致します。

212 町村会館竣工式　祝辞

◯◯県町村会館竣工式にお招きいただきありがとうございます。一言ご祝辞を申し上げます。

◯◯県町村会館は、県都の中枢である県庁に隣接し、県下全町村の政治行政活動の拠点として、最も恵まれたところにありますことは、各町村当局はもとより、関係者にとりましても誠にありがたいことであります。

町村を取り巻く環境は、三大都市圏、あるいは中核都市への人口流出による過疎化や、高齢社会の進行等により、年々厳しさを増しております。

若年層の減少は、町村地域における産業の振興や、バランスのとれた福祉施策の推進を阻《はば》んでいるばかりでなく、緑豊かな森林の維持、都市生活にも欠かせない水資源の確保、潤《うるお》いのある人間性の形成に大切な自然の保護など、国土の健全な保全もままならない状況に追い込んでいると言っても過言ではありません。

私ども、町村自治に携《たずさ》わる者は、総力を挙げて町村の活性化を図り、住民のすべてが、住むことを誇りとする、ふるさとづくりに努めなければならない重要な時期に遭遇していると存じます。

このような時に、◯◯県町村会館が、装いも新たに竣工されましたことは、誠に時宜《じぎ》を得たものというべく、心強い限りであり、議会関係者と致しましても、住民自治の拠点としての議会活動の充実に大いに資するものと、心から感謝申し上げる次第であります。

終わりに臨み、本会館建設にご尽力されました関係各位のご労苦に深甚《しんじん》なる敬意と感謝の意を表しますとともに、ご参会の皆様のご健勝とますますのご活躍をお祈り申し上げまして、私のお祝いの言葉と致します。

213 警察署庁舎落成式　祝辞

○○県警察本部○○警察署庁舎の新築落成式にあたり、県議会を代表して、一言お祝いの言葉を申し上げます。

ご承知のように、本署旧庁舎は、昭和○○年の建設以来、すでに長い年月を経過して建物は老朽化し、加えて署員の増加に伴い、職務の遂行《すいこう》の上にいろいろと不便を生じていたことと思いますが、署員の皆様のご努力により、よく、その使命を果たされてきましたことに、まずもって、敬意と感謝の意を表するものであります。

この度、幸いにも、警察本部をはじめ関係各位のご努力と、地元○○市（町・村）のご協力を得まして、治安の要衝《ようしょう》であるこの地に、近代的な設備を備えた新庁舎が完成致しましたことは、ご同慶に堪えないところであります。

最近の犯罪は、世相《せそう》を反映して、次第に多様化・複雑化の傾向を示し、とりわけ、その犯行は、広域化・スピード化するとともに、巧妙の度を強めており、誠に憂慮に堪えません。

県議会と致しましても、警察行政の推進には、今後とも最善の努力を致す所存でありますが、何と申しましても、治安を維持し、住民生活の安全と平穏を確保するには、直接第一線で、住民と接しておられる皆様のご活躍が頼りでございます。

○○署長をはじめ署員各位におかれましては、新庁舎の落成を契機に、皆様に課せられた職務の重大性を改めて認識され、一層のご努力を賜わり、住民の期待に応えられますよう切望する次第であります。

終わりに臨み、本庁舎建設にご尽力いただきました関係各位に感謝の意を表するとともに、署員の皆様のご健勝とご健闘をお祈りしまして、祝辞と致します。

214 中学校校舎整備竣工式 祝辞

地域の皆様が、かねてから念願しておりました、本校の一連の校舎等整備事業が落成の運びとなり、本日ここに、記念式典が挙行されますことは、誠にご同慶に堪えません。

申すまでもなく、学校教育にとって最も望まれることは、整備された施設と明るい環境の下で、充実した学窓《がくそう》生活を送ることであります。

今日、国をはじめ、各地方公共団体におきましても、教育諸施策の積極的な推進が図られ、教育の機会均等という大きな視野に立って、年々施設の整備・近代化が図られております。

幸い、当市におきましては、主要施策の一つとして教育文化の充実を掲げ、教育施設の整備について、現下の厳しい財政事情にもかかわらず、着々とその成果を挙げておりますことは、皆様ご案内の通りでございます。

市内には多くの中学校がございますが、この度、整備が完了しました本校を拝見致しますと、校舎各階に設けられたステンドグラスや廊下を拡張した多目的スペースの設置など、斬新なアイデアを随所に取り入れた機能的な施設は誠に立派で、通学される生徒はもちろん、先生方並びにご家族の皆様の感慨も一入《ひとしお》深いものがあろうかと存じます。

創立以来、○○有余年の歴史と伝統を誇る当○○中学校が、今後とも、先輩の残された尊い足跡《そくせき》の上に、さらに新しい歴史を創造し、ますます発展されますことを心から念願するものであります。

終わりに臨み、本校の一連の整備のためにご協力・ご支援いただきました地域の皆様をはじめ関係各位に深甚なる敬意を表し、併せてご参会の皆様のご健勝・ご多幸を祈念申し上げまして、お祝いの言葉と致します。

215 中学校格技場落成式祝辞

○○市（町・村）立○○中学校格技場の落成式にあたり、一言ご祝辞を申し上げます。

ご参会の皆様には、平素から、本校および本市（町・村）の教育の振興並びに当地域の教育環境の整備につきまして、ご支援・ご協力を賜わり、誠にありがとうございます。

ご承知の通り、本校は、昭和○○年に開校して以来、歴代の校長先生並びに諸先生方をはじめ、ご関係の皆様の積極的なご努力によりまして、輝かしい実績と校風を誇る市（町・村）内有数の伝統校として、地域の中等教育の推進に大きく寄与致しますとともに、優秀な人材を大勢輩出《はいしゅつ》してきたところであります。

また施設面におきましても、保護者の皆様やご関係の皆様の絶大なるご理解・ご協力により、諸施設の整備が着々と図られ、素晴らしい教育環境が作られております。

このような中で、教育環境の、なお一層の整備を図るため、この度、柔道場と剣道場を併せ備えた格技場が本校に新設されましたことは、柔道部や剣道部の部活動はもとより、体育の授業面におきましても、大きな成果が得られるものと確信するものでございます。

生徒諸君におかれては、これを機会に、なお一層体を鍛え、勉学に勤《いそ》しみ、立派な中学生として成長されるよう期待致します。

また、諸先生並びにご関係の皆様におかれましても、今後とも、本校発展のためにご尽力・ご協力を賜わりますようお願い申し上げます。

終わりに臨み、○○中学校の限りない発展と、ご参会の皆様のますますのご健勝・ご多幸をご祈念申し上げまして、お祝いの言葉と致します。

216 保育園竣工式 祝辞

木々の緑も、ひときわ鮮やかなこの佳《よ》き日に、○○保育園の竣工式が挙行されるにあたり、一言お祝いの言葉を申し上げます。

乳幼児が、生涯にわたる人間形成の基礎を培う極めて重要な時期に、その生活時間の大半を過ごすところが保育園です。

保育園における保育の基本は、家庭や地域社会と連携を図りながら、保護者の協力の下に家庭養育の補完を行い、子どもが健康、安全で情緒の安定した生活ができる環境を用意し、自己を十分に発揮しながら活動できるようにすることであります。

そのために、養護と教育が一体となって、豊かな人間性を持った子どもを育成するところに保育園の特徴があるのです。

また、子どもを取り巻く環境の変化に対応して、保育のノウハウが豊富な保育園には、地域の子育て支援センターとしての機能も期待され、社会的役割がひろがってきています。

かかる観点から、本日、当地にこのように理想的な設備を整えた立派な保育園が完成し、めでたく開園の運びとなりましたことは、誠にご同慶に堪えない次第でございます。

本工事にご尽力・ご協力をいただきました関係各位に対し、ここに、改めて心から敬意と感謝の意を表するものであります。

また、当保育園に勤務される保育士の皆様には、使命の重さに想いを致されまして、子ども達の育成に最大限のご努力を賜わりますようお願い申し上げる次第であります。

終わりに、本保育園のご発展とご参会の皆様のご健勝・ご多幸を祈念申し上げ、はなはだ簡単でありますが、お祝いの言葉と致します。

217

公民館落成式　祝辞

○○市（町・村）立○○公民館落成式にあたり、一言お祝いの言葉を申し上げます。

本日ここに、地域の皆様が長い間待ち望んでおられました○○公民館が、めでたく落成致しましたことを心からお喜び申し上げます。

今日、市（町・村）民の皆様の間では、社会構造の急激な進展・変化に伴って、生涯教育やコミュニティ活動の必要性が強く望まれております。

こうした、皆様のご要望に応えるための一環として、鋭意、建設を進めて参りました当公民館が、この度、完成を見ましたことは、誠にご同慶に堪えない次第でございます。

これからも、社会の変化は、ますます加速度的に進んでいくことは容易に想像されるところでありますが、日頃の市（町・村）民生活の中で、これらにどう対応していくかが、これからの私達に課せられた、極めて重要な課題であると存じます。

本施設は、このような社会状況の中で、地域の住民の方々が、これらの課題を学習活動や文化活動を通じて模索・実践していく場として設立されたものでございまして、施設の中には、講座室、体育室兼ホール、創作室、和室、会議室等の各種施設が設けられております。

市（町・村）民の皆様におかれましては、当施設を教養や交遊を深める場としてはもとより、各人・各様のライフスタイルの創造の場として、大いに活用されますことをご期待申し上げます。

終わりに、本日の落成にあたり、多大なるご支援・ご協力を賜わりました関係者の皆様に対し、心からお礼を申し上げますとともに、ご参会の皆様のますますのご健勝・ご多幸をお祈りしまして、お祝いの言葉と致します。

218 児童館開館式　祝辞

ご紹介いただきました市（町・村）議会議員の〇〇であります。

地域の子どもさんをはじめ、関係者の方々にとって、長い間、待ちに待っておりました〇〇児童館が、本日、〇〇小学校の校庭の一角に設立され、盛大に開館式を迎えられましたことを心からお喜び申し上げます。

ご参会の皆様には、平素から、青少年の健全育成について深いご理解とご協力を賜わり、深く感謝申し上げます。

申すまでもなく、次代を担う青少年を、明るく健やかに、心豊かに育てることは、私ども大人の共通の願いでありますが、青少年を健全に育成するためには、家庭・学校・地域が、それぞれの立場で協力しながら、真剣に取り組んでいかなければならないところであります。

幸いにして、当地域におきましては、以前から〇〇青少年育成会が中心となり、各家庭や学校と協力して、地域児童の健全育成に積極的に取組み、大きな成果を挙げておられますことは、ご同慶の至りでございます。

新しい児童館の完成も、地域の皆様の、青少年に対する深い愛情とご熱意の賜物と存じ、心から敬意を表する次第であります。

どうか、今後とも〇〇児童館が、当地域における子ども達の健全育成のための最良の施設として、大きな役割を果たしますことを、心からご期待申し上げます。

終わりに臨み、本日の開館式を重ねてお喜び申し上げますとともに、ご参会の皆様のますますのご健勝・ご多幸をご祈念申し上げまして、お祝いの言葉と致します。

219

児童公園開園式　祝辞

かねて工事が進められておりました市立○○児童公園が完成し、本日ここに、開園式が挙行されるにあたり、一言お祝いの言葉を申し上げます。

最近の都市化・宅地化の進展の波はわが○○市にも押しよせ、車の交通量の増加と相まって、公園の増設は多くの市民の切実な願いとなっております。

申すまでもなく、公園は、市民の日常生活と密接に結びついて、レクリエーションや運動、行楽のために大いに利用され、その使命は、年々大きくなっておりますが、特に児童公園は、子を持つ親御さんにとって、子ども達が安心して遊べる広場として、何にも増して期待の大きいものでございます。また子ども達にとっても、健全な交友やコミュニケーションの輪を広げる貴重な場所でもあります。

こうした市民の願いに応え、地元有志の方々のお骨折りもあって、この環境のよいところに、このような立派な施設を完備した○○市立児童公園が、開園の運びとなったことはご同慶に堪えません。まずもって、関係各位のこれまでのご尽力に、感謝の意を表する次第であります。

今日は、もう、可愛いお子さん達が数多く集まって、遊びに興《きょう》じておりますが、このように、○○児童公園が見事に完成しましたことは、親御さんにとっても、お子さん達にとっても、さらに、また、広く市民の方々にとっても、誠に喜ばしい限りでございまして、心からお喜び申し上げます。

お子さん達が、安心して、伸び伸び遊べる公園として、また、市民の皆様の憩いの場として、大いに活用されますよう期待するものであります。

終わりに、児童公園の設置にご尽力いただきました関係各位に、深甚なる敬意を表しましてお祝いの言葉と致します。

220 福祉会館落成式　祝辞

〝○○ふれあい館〟の落成式が開催されるにあたり、一言お祝いの言葉を申し上げます。

長い間、福祉会館〝○○ふれあい館〟の設立にご尽力されました皆様、本日の落成式、誠におめでとうございます。

また、設立の趣旨にご理解をいただき、ご協力を賜わりました近隣の皆様方並びに関係方面の方々に対しまして、心から感謝申し上げます。

現在、わが国は、社会構造の変化等から、従来からの核家族化の進行や、人口の一極都市集中等の諸問題に加え、かつて経験したことのない超高齢社会を迎えようとしております。

このため、福祉行政の担う課題は山積《さんせき》しており、本市（町・村）におきましても、福祉のまちづくりに全力を投入しているところであります。

このような時期に、市（町・村）民が生きがいを持ち、心豊かに暮らせるための地域福祉活動の拠点として〝○○ふれあい館〟が完成しましたことは、本市（町・村）の地域福祉事業の推進にとって貢献するところ、誠に大《だい》なるものがあると存じます。

ふれあい館には、ふれあいルーム、シルバーキッチン、展示ホール、点字図書室、各種会議室等が設置されております。

市（町・村）民の皆様が、大いに利用されることをご期待申し上げますとともに、各種相談事業を通じて、高齢者、障害者の方々が、ノーマライゼーションの理念のもとに、社会参加の促進が一層図られれば、これほど喜ばしいことはありません。

終わりに臨み、〝○○ふれあい館〟が、地域福祉推進の拠点として発展致しますことを祈念し、併せてご参会の皆様のますますのご健勝・ご多幸をお祈り申し上げまして、お祝いの言葉と致します。

221 養護老人ホーム改築落成式　祝辞

本日ここに、○○市（町・村）老人ホーム〝○○荘〟の改築落成式が開催されるにあたり、一言お祝いの言葉を申し上げます。

ご参会の皆様には、平素、○○荘並びに本市（町・村）の高齢者福祉の向上に、深いご理解とご協力を賜わり、心から感謝申し上げます。

養護老人ホームである○○荘は、お年寄りが生活する環境としては最適と思われるこの地に、昭和○○年に開設されて以来、長い間、本市（町・村）における高齢者福祉の中核となってまいりましたが、開設後○○年が経過し、施設の老朽化が目立ち始めたため、今回の全面改築となったのであります。

この間、地域の皆様をはじめ、関係各位のご支援・ご協力により順調な運営が図られ、今日に至りましたことは誠にご同慶に堪えません。

この度の全面改築により、お年寄りのニーズを十分に配慮した、近代的な設備を有する施設となり、また、新たに、ショート・ステイやデイ・サービスセンター等の施設を併せ備えましたことは、間近に迫った超高齢社会の到来を予測した施設として、今後、本市（町・村）の高齢者福祉施策の向上に、大きく貢献するものと存じます。

私ども議会と致しましては、今後とも、市（町・村）と一致協力し、新しい時代に即応した福祉施策の充実のため、より一層の努力を傾注してまいる所存でありますので、ご参会の皆様におかれましても、引き続きご支援・ご協力を切にお願い申し上げる次第であります。

終わりに、○○荘のますますのご発展と、入居されておりますお年寄りの方々並びにご参会の皆様のご健勝・ご多幸を心からお祈り申し上げまして、お祝いの言葉と致します。

222 清掃工場落成式　祝辞

○○清掃工場の完成にあたり、一言ご祝辞を申し上げます。

近年、生活水準の向上に伴い、日常生活に直結したごみの量の増大と質の多様化の傾向は著しく、その衛生的かつ合理的な処理は、各都市共通の当面最大の課題となっていると言っても過言ではない状況にあります。

ごみの大部分を、埋め立て処分に頼っておりますわが○○市におきましても、急増するごみ処理対策は、ここ数年来、市政の最優先課題の一つとなっておりましたが、本日ここに、○○清掃工場の落成式を迎えましたことは、誠に意義深いものがあります。

ごみの焼却処理は、廃棄物処理の方法として、衛生的であると同時に、大幅な減量・減容化および安定化を図ることのできる最も効率的な処理方法であり、埋立処分場の確保が非常に困難になっているわが○○市においては、ごみの全量焼却は一日も早く達成する必要があり、清掃工場の建設は、何にも増して急ぐ必要がございます。

しかしながら、地域に密着した清掃施設の建設・整備には、行政側の努力はもとより、まずもって、地元住民の皆様のご理解とご協力なくしては、その解決は困難であります。

当○○清掃工場が落成の運びとなりましたことは、地元住民の方々をはじめ、関係各位の並々ならぬご理解とご協力の賜物であり、衷心《ちゅうしん》より感謝申し上げる次第であります。

工場関係者におかれましては、当工場に寄せられた地元住民の皆様並びに関係各位のご尽力・ご厚意に応え、清潔で、住みよいまちづくりのため万全を期するとともに、効率的な事業執行に努められることをお願いしまして、お祝いの言葉と致します。

223
土地区画整理事業竣工式　祝辞

本日ここに、○○土地区画整理事業が、○○年余の歳月と○○○億円に及ぶ巨費を投じ、この度、竣工の運びとなりましたことは、誠に喜びに堪えない次第であります。市議会を代表して、心からお喜び申し上げます。

本市の区画整理事業の歴史は古く、昭和○年に完成しました○○土地区画整理事業をはじめとして、○○か所、○○○ヘクタールにも及ぶ地域の基盤整備を終了し、市街地づくりの基礎的役割を果たしてきたのであります。

本地区におきましても、健康的で、住みよい環境づくりを目指した区画整理事業が計画されましたが、関係各位には、その必要性を十分にご認識いただき、深いご理解とご協力を賜わり、本日めでたく竣工致しましたことはご同慶に堪えません。

〝○○のまち〟として、早くから栄えた本市は今、さらなる発展を目指し、将来に向け新たな施策を展開中でございまして、平成○○年に策定された第○次振興計画の中でも、都市基盤の整備は、新施策遂行の最重要課題の一つとして提起されているところであります。

国・県当局のご理解・ご支援によりまして、近年では、○○土地区画整理事業をはじめとして○○か所がすでに完成、○か所が施工中と極めて順調、かつ積極的な取組みが行われておりますが、市議会と致しましても、○○市の持つ優れた自然と伝統、歴史と文化財を生かした、健全で、魅力溢《あふ》れる都市づくりを推進してまいる所存であります。

終わりに臨み、本事業の完成のために寄せられました、地権者をはじめとする多くの関係の皆様の深いご理解とご協力に対し、衷心《ちゅうしん》から感謝申し上げ、私のお祝いの言葉と致します。

224 ゴルフ場完成祝賀会祝辞

この度、○○ゴルフ場がめでたく完成し、本日ここに、祝賀会が盛大に開催されるにあたり、一言ご祝辞を申し上げます。

一般にスポーツと申しますと、かつては、柔道や剣道、野球やバスケットボールなど、激しい動きを伴う運動競技を想像し、また、とかく若い人、あるいは特定の人達だけのもののように思われがちでございました。

しかし、近年の社会・経済の進展に伴う生活水準の向上は、余暇を増大させたばかりでなく、健康への関心を大変高めましたことから、若年層から熟年層に至るまで、男女を問わず、スポーツを通じた体力づくりが年々盛んになっております。

ところで、老若男女、誰でもできるスポーツとして、一時期、急速に大衆化したゴルフ人口は、残念ながら最近は低迷しております。しかし、私は、市民の生活向上を目指す上で、最も大切なものは健康であり、「健康で明るいまちづくり」は、すべての行政施策に優先すべき最重要課題であると考えております。

市民の幸せは、一人ひとりの市民が、まず健康であることが前提で、心身ともに健康であってこそ、働き、楽しみ、学び、そこから生きがいが生まれ、活力が湧き出てくるものと存じます。

本日、完成致しました○○ゴルフ場は、まさにこの期待に応え、市民の健康づくりに大きく貢献致すものと確信する次第でございます。

終わりに臨み、本日までの関係者のご努力に対し敬意を表しますとともに、当ゴルフ場の末永いご繁栄と、ご参会の皆様のご健勝を祈念申し上げ、お祝いの言葉と致します。

225 花卉卸売市場竣工式祝辞

本日ここに、花卉《かき》卸売市場竣工式が挙行されるにあたり、一言ご祝辞を申し上げます。

当卸売市場は、○○市が、生鮮食料品の安定供給を通じて市民の生活の安定・向上を図るため、昭和○○年からその業務を開始したものでございます。

以来、現在まで○○年の間、創意工夫に富む斬新な企画と適切・活発な運営により、着々所期の実績を挙げておられますことは、誠にご同慶に堪えないところであります。

今般、当卸売市場では、急速に増大する花卉需要に対応するため、県下で、最初の花卉部を新設されましたが、従来の青果部、水産部と相まって、当○○地区における拠点的卸売市場として、その真価を遺憾なく発揮されるものと、ご期待申し上げる次第であります。

ストレス社会ともいわれます現代を生きる私どもにとって、花は、まさに潤いと安らぎをもたらすものであり、心のオアシスとして、その価値はますます高まり、需要は増大の一途を辿《たど》ると思います。

このようなことから、花卉部の新設は、まさに時宜《じぎ》を得たものでありまして、市民や生産農家の方々の利便の上からも、当花卉部に寄せる期待は、誠に大なるものがあろうかと存ずるのであります。

関係各位におかれましては、本日の竣工式を契機に、市場本来の機能を十二分に発揮され、市民生活の安定・向上はもとより、業界のさらなる発展に貢献されますことを切望するものでございます。

終わりに、花卉部の新設にご尽力されました関係各位のご労苦に深甚《しんじん》なる敬意を表しますとともに、花卉市場のご繁栄と、ご参列の皆様のご健勝・ご活躍を心からお祈り申し上げまして、お祝いの言葉と致します。

226

新道開通式　祝辞

　この度、かねて工事中でありました新道が、いよいよ完成致しましたことにつきまして、かねてよりその実現を熱望しておりました私ども住民一同、心から快哉《かいさい》を叫ぶものであります。一言お祝いの言葉を申し上げます。

　思い返しますと、この新道建設が提案されましたのは、個人的なことになりますが、私が市（町・村）議会議員に当選した翌年であります。

　その後の経緯を具《つぶさ》に見ますとき、私は、この道路建設のために、議会に送られたのではないかと思ったほどであります。

　この道路は、輻輳《ふくそう》する旧道○○号線のバイパスとして、○○工業団地の輸送路にあたり、朝夕の通勤道路としての機能を含めまして、一日も早い開通が期待されていたものでございます。

　社会の進歩・発展に伴う産業・生活活動領域の拡大は目を見張るものがありますが、それを支える基盤の第一は道路にあるといわれており、これなくして、地域の発展は期待できません。

　近代都市建設の基本は道路にあり、最良の方途は、まず道路を完成し、それから町並みの建設に掛かることであるといわれるほどであります。

　本日ここに、新道の開通式を迎えますことは、輸送量の増加による住民の利便の飛躍的増大は申すまでもなく、商業・工業、ひいては地域農業の発展に寄与すること甚大《じんだい》であると存じます。

　着工以来、数々の悪条件に際し、その解決に懸命の努力を惜しまなかった行政や建設会社○○の方々はもとより、ご支援をいただいた△△会社並びに地元住民の各位に対し、深甚《しんじん》なる感謝を捧げるものであります。厚くお礼申し上げます。

　以上、簡単ですが、私の祝辞と致します。

227
道路完成祝賀式　祝辞

町道完成祝賀式が挙行されるにあたり、一言お祝いの言葉を申し上げます。

皆様ご承知の通り、これまで、○○町の住民が△△町に出るためには、□□を迂回《うかい》するしかなく、しかもその道ははなはだ狭い上、崖の縁《ふち》を通るなど危険な場所が多く、台風や大雨などの際には、しばしば通行止めとなるなど、たいへん不便を強いられておりました。

このため、△△町に通ずる町道を開設することは、地元の皆様の長い間の念願でありましたが、本日ここに、このように、立派な道路がめでたく開通し、完成祝賀式が開催されましたことは、誠にご同慶の至りでございます。

昔から、道路を造ってから街《まち》を造れと申します。道路が十分整備されなくては、豊かな社会の実現も、地域の発展・向上も望むべくもないということでありましょう。

文字通りの〝車社会〟となった今日では、地域の発展は、日増しに増大する交通量、輸送量をいかに円滑に処理するかにかかっていると言っても過言ではないと存じます。

この道路の完成によりまして、これからは、○○町と△△町の交通は、天候に左右されることもなく、常に安全に通行できる上、所要時間が○○分も短縮されますので、町民の皆様の生活の利便・向上に大きく寄与することはもちろん、本○○町の産業・商業の発展はもとより、近年、町を挙げて力を入れております観光面の隆盛にも、大きく貢献するものと確信する次第であります。

終わりに、本道の建設に尽力された関係各位に心から敬意を表しますとともに、ご参会の皆様方のご健勝をお祈りしまして、お祝いの言葉と致します。

228 橋梁開通式　祝辞

本日ここに、○○橋開通式が挙行されるにあたり、○○市（町・村）議会を代表して、一言お祝いの言葉を申し上げます。

皆様、ご承知の通り、これまでの○○橋は、○○と△△を結ぶ唯一の橋でありながら、木造の上、架《か》橋《きょう》以来長い年月を経ていたため、相当傷《いた》んでおり、長雨《ながあめ》等のため、ちょっと流量が増しますとしばしば通行が危険にさらされるなど、市（町・村）民の皆様に、多大のご迷惑をお掛けしておりました。

また、路線も回り道をしていたので、交通の便も悪く、地域住民の皆様の改修工事に対する要望は、誠に強いものがありましたので、私ども議会も、その実現に長い間努力してきたところでございます。

これに対し、市（町・村）当局並びに関係各位におかれましては、幾多の障害を乗り越えて、その実現にご尽力され、本日ここに、めでたく開通式を迎えられたことは、誠に喜ばしい限りであり、そのご労苦に対し、衷心《ちゅうしん》から感謝の意を表するものであります。

申すまでもなく、道路・橋梁《きょうりょう》の整備は、住民の生活圏の拡大、産業・文化の発展等地域社会の活性化に欠かすことのできない第一の要件であり、○○橋が、かくも立派に完成したことは、○○市（町・村）の将来にとって、画期的な意義を持つものとして、心から祝福申し上げる次第であります。

橋は、往来のためだけではなく、文化の架け橋、経済の架け橋、さらには、人々の心と心を結ぶ幸いの架け橋となって、初めて、その真価が発揮されると申します。

○○橋が、市（町・村）民の皆様に愛され、真価を十二分に発揮することを祈念致しまして、お祝いの言葉と致します。

229 社会福祉大会祝辞（その一）

第○○回○○県社会福祉大会の開催にあたり、○○県議会を代表して、一言ご祝辞を申し上げます。

まずもって、ご出席の皆様が、日頃から公私ともにご多用の中、社会福祉の各分野において種々ご尽力されていることに対し、厚くお礼を申し上げます。

本日、表彰を受けられました方々は、永年にわたる社会福祉活動への功績が認められたものであり、そのご栄誉に対し、心から敬意と感謝の意を表するものであります。

ご案内のように、行政においては、社会福祉につきまして、あらゆる立場、あらゆる階層、あらゆる地域の人々が、憲法で保障された「健康で文化的な最低限度の生活」を享受できますよう、各種施策を講じているところであります。

しかしながら、これらの施策は、独り行政のみの力で所期の目的を達成できるものではなく、その具体化にあたっては、住民の皆様の協力が必要不可欠でございます。

ことに、都市化が進み、変転目《め》まぐるしい現代社会において、施策の浸透とその定着を図り、きめ細かに対応するためには、地域の方々やボランティアの皆さんの支援と協力はぜひとも必要であります。

それと同時に、住民の皆さん同士による、信頼とふれあいによる相互扶助、相互協力の輪が広がれば、福祉県政を進めるにあたって、これほど心強いことはありません。

社会福祉協議会をはじめ、各福祉団体の皆様並びに各地域の福祉関係の皆様におかれましては、今後とも、変わらぬご支援・ご協力を衷心《ちゅうしん》よりお願いする次第であります。

終わりに臨み、皆様方の一層のご活躍とご健勝を祈念して、お祝いの言葉と致します。

230 社会福祉大会祝辞（その二）

本日ここに、○○市（町・村）社会福祉大会が、関係各位ご参会の下に開催されましたことを心からお喜び申し上げ、市（町・村）議会を代表して、一言お祝いの言葉を申し上げます。

皆様には、日頃から本市（町・村）の福祉行政の推進に温かいご支援・ご協力を賜わり、ありがとうございます。

この席をお借りして、厚く感謝申し上げる次第であります。

また、ただいま、多年にわたり社会福祉の増進に寄与され、そのご功績により表彰されました皆様、誠におめでとうございます。心からお祝い申し上げます。

皆様におかれましては、本日の受賞を契機に、市（町・村）民の福祉増進のため、さらに一層のご尽力をお願い致します。

さて、この二十一世紀は、未曾有《みぞう》の超高齢化社会に入りつつあります。

本市（町・村）におきましても、現在、各般《かくはん》にわたる、福祉施策の充実を中心に、すべての市（町・村）民が健康で生きがいを持ち、生涯を通じて心豊かに生活できる「健康長寿のまちづくり」を目指し、積極的に諸施策の推進に努めているところでございます。

市（町・村）議会と致しましても、新しい時代に適切に対応できる市（町・村）民福祉の充実に、一層の努力を傾注してまいる所存でありますので、今後とも、皆様の力強いご支援・ご協力をお願い申し上げる次第であります。

終わりに臨み、各福祉団体のますますのご発展を祈念致しますとともに、皆様方のご健勝とご活躍をお祈り申し上げまして、お祝いの言葉と致します。

231 社会福祉大会祝辞（その三）

本日ここに、第○○回○○県○○郡社会福祉大会が開催されるにあたり、○○町（村）議会を代表して、一言ご挨拶を申し上げます。

まずもって、永年にわたる社会福祉活動へのご功績が認められ、本日、晴れの表彰をお受けになります方々に対し、心からお祝いを申し上げます。

わが国は今、経済大国として世界に雄飛《ゆうひ》しておりますが、最近は時代の趨勢《すうせい》とはいえ、即物的な思考や利己主義的な傾向が強くなり、ともすれば「自分だけよければ」とか、他人の不幸は、見て見ぬ振りをするといった風潮が目立っております。

そのような中にあって、本日表彰されます方々をはじめご参列の皆様は、他人の痛みを知り、利害を超えて、心豊かな地域社会づくりの底辺を担われてきたのであり、その奉仕の誠心《まごころ》に、衷心《ちゅうしん》より敬意と感謝の意を表するものでございます。

ご案内の通り、近代民主主義の基本理念は、自由・平等・博愛の三点に集約されますが、今の社会では、自由と平等が高く認識されているわりには、博愛がおろそかにされているのではないかと思うのであります。

手を携《たずさ》え、相互に相《あい》補う博愛の精神なくしては、潤《うるお》いのある地域社会は生まれません。

博愛の精神に支えられた社会福祉活動こそ、荒《すさ》んだ社会に、温かいふれあいの心を呼び戻す血液であり、今、最も求められているものと存ずる次第であります。

皆様方におかれましては、本日の大会を契機に、さらに人間性豊かな地域社会づくりのため、一層のご尽力・ご活躍をお願い致しますとともに、ますますのご健勝を心からお祈り申し上げまして、お祝いの言葉と致します。

232 母子・寡婦福祉大会祝辞

母子・寡婦福祉大会が開催されるにあたり、市（町・村）議会を代表して、一言ご挨拶を申し上げます。

皆様方には、今日の激しく変動する社会経済の中にあって、真剣に暮らしを立てておられますご苦労に対しまして、心から賛辞を呈し、敬意を表するものであります。

今日、わが国の経済は目覚ましい飛躍を遂げましたが、未だに社会保障の充実や社会福祉の水準は不十分で、その充実・向上が強く叫ばれております。

国・県はもとより、わが市（町・村）におきましても、逐次《ちくじ》諸制度の整備に務めておりますが、なお深刻な問題があとを絶たない実情にあり、皆様方母子・寡婦家庭におかれても、ご苦労が多く、決して満足のいくものではないと存じます。

特に一家の支柱を失われた母子家庭におかれては、子女を養育されることは容易ではなく、精神的にも、経済的にも、並々ならぬことと拝察する次第であります。

この意味におきましても、先ほど表彰の栄に輝かれた方々は、あらゆる困難を乗り越えて、立派に自立され、さらに更生援護に顕著な功績を立てられた方々でありまして、改めて、本日の栄誉を心からお祝い申し上げます。

私ども市（町・村）議会と致しましても、母子・寡婦福祉増進のため、一層の努力を傾注する所存でありますが、皆様方におかれましても、今日まで努力されましたご経験を最大限に生かされ、今後とも、明るい家庭・明るい社会づくりに励まれますようお願い申し上げる次第であります。

終わりに臨み、皆様方のご多幸とご健勝を祈念しまして、お祝いの言葉と致します。

233 身体障害者福祉会定期総会　祝辞

本日ここに、○○市身体障害者福祉会定期総会が開催されるにあたり、市議会を代表して、一言ご祝辞を申し上げます。

平素、身体障害者福祉会の皆様には、障害者の幸せと福祉の増進のため、大きな成果を挙げておられますことに対し、心から感謝申し上げます。

これも、皆様をはじめとする○○○名の会員の皆様の、温かくかつ固い結束による熱意溢《あふ》れる活動の賜物でございまして、市議会と致しましても、皆様のご尽力に心から敬意を表する次第であります。

ノーマライゼーション、つまり障害を持つ人も、持たない人も、すべての人が一緒に住み、等しく生活、活動、仕事ができるようなノーマル（正常）な社会の一日も早い実現は、皆様が常に念願しているところであると存じます。

ご存じの通り、本市は、そのノーマライゼーションを念頭に「心優しい、福祉のまちづくり」を重点施策のトップに掲げ、身体障害者福祉をはじめとする各種福祉事業の推進など、弱者に優しい〝人間優先都市づくり〟の実現のため、諸施策を強力に展開しているところであります。

市議会と致しましても、身体障害者の皆様の幸せを願い、今後とも福祉の充実に一層の努力を傾注してまいる所存でございます。

皆様におかれましても、本総会を契機としてますます結束を強め、力を合わせて、温かく和《なご》やかに、互いに助け合いつつ福祉活動を展開されますとともに、本市の福祉対策の推進に対しましても、絶大なるご支援・ご協力をお願い申し上げます。

終わりに臨み、○○市身体障害者福祉会のますますのご発展並びにご参会の皆様のご健康とご活躍をお祈り申し上げ、お祝いの言葉と致します。

234 シルバー人材センター定期総会　挨拶

『○○市（町・村）シルバー人材センター定期総会』にお招きいただきありがとうございます。一言ご挨拶を申し上げます。

本日は、元気溢《あふ》れる多数の方々のご参加の下に、かくも盛大に総会が開催され、本シルバー人材センターのますますの発展を目《ま》のあたりにすることができまして、誠に感激に堪えません。心からお喜びを申し上げます。

ご承知の通り、わが国の平均寿命は男女とも世界一となり、目前《もくぜん》に迫った超高齢社会への対応は、豊かでゆとりある二十一世紀を目指す私達にとりまして、何にも増して、緊急かつ重要な課題となっております。

こうした中にあって、昭和○○年設立以来、一貫して高齢者の「社会参加・生きがい提供の場」として、このシルバー人材センターが果たしてきました役割と成果は誠に大きく、たいへん意義深いものがございます。

また、当センターの設立の趣旨と目的をよく理解され、高齢者に適した各種の仕事を提供されるなど、利益は二の次にして、ご協力されてきた企業や市（町・村）民の皆様に対し、改めて敬意を表する次第であります。

本日の総会を契機に、○○市（町・村）シルバー人材センターが、今後ともさらに飛躍され、名実ともに、高齢者雇用対策の拠点として、○○市（町・村）政進展の、重要な一翼《いちよく》を担われますよう期待するものであります。

終わりに、当センターの運営にご尽力・ご協力を賜わりました関係各位に、深甚《しんじん》なる感謝の意を表しますとともに、会員の皆様のご健勝とご多幸をお祈り申し上げ、ご挨拶と致します。

235 消防操法大会　祝辞

『○○市（町・村）消防操法大会』開催にあたり、市（町・村）議会を代表して、一言お祝いの言葉を申し上げます。

本日、ご参集の皆様におかれましては、平素から消防の重責を担われ、火災の消火活動はもちろんのこと、その発生予防、あるいは人命救助など、住民生活の安全確保のため、献身的なご活躍をされており、その並々ならぬご労苦に対し、心から敬意と感謝の意を表するものであります。

近年の消防は、市街化の進展、建築物の高層化はもとより、農村部においても建築資材の多様化、ガスや石油等を燃料とする施設・機器の普及に伴って、高度の知識と技能を要求されるようになっております。

しかし、何と申しましても、消防活動の基本はポンプ操法であり、その基礎訓練が、消防にとって最も重要であることは申すまでもありません。

本日の大会は、皆様が日頃鍛練した、ポンプ操法の技術を住民の前に披露する絶好の機会でもあります。勝敗は度外視して、その成果を十分発揮していただきたいと存じます。

〝自分達のまちは自分達で守る〟という、強い使命感に支えられた皆様の活躍は、住民から常に感謝の的となっております。

議会と致しましても、市民生活の安定のために、防火体制づくりを推進するとともに、消防団の強化拡充、団員の待遇改善等につきまして、今後とも努力してまいる所存でございます。

皆様には、くれぐれも健康にご留意の上、消防団活動に一層ご精進されますようお願い申し上げますとともに、併せてご家業のますますの繁栄を祈念して、祝辞と致します。

236 自衛消防隊ポンプ操法大会 挨拶

本日ここに、『第○○回自衛消防隊ポンプ操法大会』が、市内の事業所から選抜されました○○チームの参加を得まして開催されますことを心からお喜び申し上げます。市議会を代表して、一言ご挨拶を申し上げます。

ただいまから競技会が開催されますが、本日は、自衛消防隊の実力のほどを、市民の前に遺憾なくご披露する絶好の機会でもあると存じます。

選手の皆様におかれましては、日頃の訓練の成果を十二分に発揮され、立派な成績を納められますようご期待申し上げます。

本市における消防・防災体制は、消防当局並びに消防協力団体等のご尽力により、年々充実強化されておりますが、さらに、本日参加されました事業所をはじめ、市内各事業所に立派な自衛消防隊が組織され、両者緊密なる連係の下に、災害に対し万全の体制が整えられておりますことは、誠に喜ばしい限りでございます。

自衛消防隊関係の皆様の日頃のご労苦に対し、深く敬意を表しますとともに、本席をお借り致しまして、市民を代表し、心から感謝申し上げる次第であります。

市議会と致しましては、今後とも、市民生活の安定のために、市民総ぐるみの防火・防災体制づくりの推進に、より一層の努力を傾注してまいる所存でございます。

皆様におかれましても、引き続き、市政の円滑な推進につきまして、格段のご支援・ご協力を賜わりますようお願い申し上げます。

終わりに臨み、本日の会が盛会裡《せいかいり》に進行致しますとともに、ご参会の皆様のますますのご活躍をお祈りしまして、ご挨拶と致します。

237 防火安全協会懇親会挨拶

『○○市（町・村）防火安全協会懇親会』にお招きいただき誠にありがとうございます。一言ご挨拶を申し上げます。

まずもって、先ほど、本協会の役員会が無事終了されましたことを心からお喜び申し上げます。

○○市（町・村）防火安全協会の皆様には、日頃から、危険物の安全管理や防火管理に積極的にご尽力され、住民生活に大きな安心を与えておりますことはもとより、本市（町・村）の消防行政の推進に大きく貢献されており、誠に感謝に堪えません。この席をお借りして、厚くお礼を申し上げます。

近年、わが国における産業構造の著しい変化により、火災をはじめとする各種災害の様相が大規模・複雑化する傾向にあり、大惨事を招く災害が数多く発生しております。

こうした中にあって、防火・防災活動の重要性を認識され、いつ発生するかわからない事故に備えて、日夜ご尽力されております皆様におかれましては、さぞかしご心労の多いことと存じます。

本市（町・村）は今、「市（町・村）民のすべてが住むことを誇りとする活気に満ち溢《あふ》れた、人間優先のまちづくり」を目指し、諸事業の推進に積極的に取り組んでいるところでありますが、市（町・村）議会と致しましても、これら事業を推進していく上で、防災思想の普及・徹底は極めて重要でありますことから、その充実に全力を傾注してまいる所存でございます。

皆様におかれましても、一層のご支援・ご協力を賜わりますようお願い申し上げます。

終わりに臨み、○○市（町・村）防火安全協会のますますのご発展と、ご参会の皆様のご健勝・ご多幸をお祈りしまして、ご挨拶と致します。

238 女性消防隊懇親会　挨拶

本日ここに、『○○市（町・村）女性消防隊懇親会』が開催されますことを、心からお喜び申し上げ、市（町・村）議会を代表して、一言ご挨拶を申し上げます。

日頃、皆様には、一般家庭における出火の防止と、火災時の避難誘導や初期消火の方法など、火災予防思想の普及と高揚のために、地域社会の第一線においてご活躍いただき、誠にありがとうございます。心から感謝申し上げます。

本市（町・村）の女性消防隊は、昭和○○年に、市（町・村）内の二十歳以上の女性により組織された、自発的な民間協力団体であり、現在、○○名の方々が市（町・村）内各所において、積極的な活動を展開されております。

毎年、恒例の出初め式等の市（町・村）の諸行事にも参加されており、市（町・村）の消防行政にとって大変力強い限りでございます。

また、全国女性消防操法大会等各種競技会にも常時出場し、日頃訓練された実力を十二分に発揮され、常に優秀な成績を挙げておられますが、これも、皆様が、常に地域社会のリーダーとしてご活躍されているからにほかなりません。

市（町・村）議会と致しましても、市（町・村）民の生命・財産を守り、生活の安全を確保するために、市（町・村）民総ぐるみの防火体制づくりに、より一層の努力を傾注してまいる所存であります。

皆様におかれましても、今後とも、地域防災思想の普及のために、一層のご尽力を賜わりますようお願い申し上げます。

終わりに、○○市（町・村）女性消防隊ますますのご発展と、ご参会の皆様のご健勝とご活躍を祈念申し上げ、ご挨拶と致します。

239 生涯教育振興大会　祝辞

第○○回○○市（町・村）生涯教育振興大会が挙行されるにあたり、一言お祝いの言葉を申し上げます。

近年、社会構造の急激な変化に伴って、生涯教育の必要性が指摘され、また生涯を通じて何かを学びたいと考えている人々が年々増加しております。

申すまでもなく、教育の目的は、人間の形成と、個人の創意を生かして、豊かな社会生活を送るための能力を啓発することにあります。

しかしながら、戦後におけるわが国の教育は、ともすれば知的教育に偏重《へんちょう》して、人間形成の面がおろそかにされ、これを反映して、若年層を中心に、社会生活における責任と自覚の欠如《けつじょ》が顕著となっております。

このようなことから、とりわけ次代を担う青少年が豊かな情操を持ち、近代社会にふさわしい倫理観と連帯観を備えた国民として成長していくよう、教育面における対応策を講ずることが強く求められております。

このためには、単に学校教育に止《とど》まらず、家庭教育、社会教育によって、生涯を通じて研鑽《けんさん》に努めることが必要であり、この意味において、本大会が大いに成果を挙げられますよう心から期待するものであります。

「今日よりも、明日をより豊かに健康に、より幸福に生きたい」という願望の実現は、すべての市（町・村）民が等しく切望しているところであると存じます。

終わりに臨み、本大会が所期の目的を十分達成できますことを祈念致しますとともに、ご参会の皆様のご健勝とますますのご活躍をお祈り申し上げまして、祝辞と致します。

240 青少年育成会連合会総会　祝辞

本日ここに、○○市青少年育成会連合会の総会が、ご関係の皆様多数ご参会の下に、盛大に開催されますことを心からお慶び申し上げ、市議会を代表して、一言お祝いの言葉を申し上げます。

平素、本連合会の皆様には、青少年の健全育成のため、献身的な活動を展開されておられますとともに、本市における教育の振興に多大のご支援・ご協力をいただいておりますことに対し、心から感謝申し上げます。

申すまでもなく、次代を担う青少年を、明るく、健やかに、心豊かに育てることは、私達の大きな願いであります。

そして、青少年を健全に育成するためには、家庭・学校・地域社会がそれぞれの立場で、真剣に取り組んでいかなければならないことも言をまたないところであります。

このような中において、幸いにして、地域における青少年の健全育成について、中心的役割を果たされている貴連合会が、各種事業を展開されるなど積極的にご尽力され、多大の貢献をされておられますことに対し、深甚《しんじん》なる敬意と感謝の意を表する次第でございます。

市議会と致しましても、日本の将来を担って立つ青少年が、健やかに成長するための明るく健康なまちづくりに、さらに努めていかなければならないと考えており、市当局とともに、関係諸施策の推進に全力を傾注する所存でありますので、ご参会の皆様におかれましても、引き続いてのお力添えを切にお願い申し上げます。

終わりにあたり、本連合会のますますのご発展とご参会の皆様のご健勝・ご多幸を心から祈念しまして、私の祝辞と致します。

241 青少年育成会連絡協議会総会　祝辞

○○市（町・村）青少年育成会連絡協議会総会にお招きいただき、ありがとうございます。一言ご祝辞を申し上げます。

皆様、ご案内の通り、○○市（町・村）青少年育成会の歴史は古く、○年前、創立○○周年という記念すべき年を迎えられましたが、その後も輝かしい実績を踏まえ、名実ともに、青少年の健全育成の拠点としてますます充実・発展を遂げられておりますことは、ご同慶に堪えないところであります。

顧《かえり》みますと、わが国は、敗戦という未曾有《みぞう》の経験をバネに、見事な経済成長を遂げました。そして今、まちにはものが溢《あふ》れ、かつての窮乏の時代を知る私どもにとっては、まさに今昔《こんじゃく》の感に堪えないものがございます。

しかしながら、物の豊かさとは裏腹に、昨今頻発する、心の貧しさが引き起こす凶悪事件には心の痛むものがあります。

これらの事件は、幼児期から少年期における体験が、その後の人格形成に、いかに大きな影響を与えるかを如実《にょじつ》に物語っています。

こうした中にあって、いまや、市（町・村）内全町内に結成されました、青少年育成会の存在意義は誠に大きく、学校教育とは一味違った社会教育実践の場として、その活動に寄せる期待は誠に大きなものがございます。

今後とも、育成活動が、本市（町・村）の将来を担う子ども達の健全育成のため、その真価を遺憾なく発揮されますよう念願するものであります。

終わりに、青少年育成会の活動にご尽力・ご協力賜わりました関係各位に深甚《しんじん》なる謝意を表するとともに、ご参会の皆様方のご多幸とご健勝をお祈り申し上げまして、お祝いの言葉と致します。

242 民生委員・児童委員大会　祝辞

本日、第○○回○○県民生委員・児童委員大会が開催されるにあたり、○○県議会を代表して、一言お祝いの言葉を申し上げます。

日頃、民生委員・児童委員として地域の福祉活動に尽力され、恵まれない人々に対し、親身のお世話をされている皆様のご努力に対し、心から敬意を表する次第でございます。

近年、わが国をめぐる社会経済情勢は、内外ともに多端となっておりますが、県政におきましても、厳しい財政状況の下、住宅、下水道等生活基盤の整備をはじめ、公害防止等の環境問題など、県民の生活や健康に関わるさまざまな課題が山積しております。

県議会では、執行機関と相携《あいたずさ》え、これらの諸問題の解決と県民福祉の増進のために、厳しい財政運営の中にあって各般《かくはん》の対策を立て、その実現に邁進《まいしん》しておりますが、とりわけ、高齢者や心身障害児（者）、児童等に対する施策の充実は、最優先に取り組まなければならない課題として、全力を傾注しているところであります。

しかしながら、県民福祉の増進は、県議会や執行機関の努力のみで解決できるものではありません。民生委員並びに児童委員の皆様をはじめ、県民各位の幅広いご理解とご協力があってこそ、初めて実を結ぶものでございます。

皆様方には、本大会を機会に、改めてその役割の重要性を十分認識され、地域住民の厚い信頼の下に、今後とも、地域福祉の増進に貢献されますようお願い申し上げますとともに、伝統ある民生委員・児童委員制度が、一層充実・発展致しますことを心から念願するものであります。

結びに、皆様のますますのご活躍とご健勝を祈念しまして、祝辞と致します。

243 環境衛生推進協議会総会　祝辞

本日ここに、○○市（町・村）環境衛生推進協議会総会が開催されるにあたり、一言お祝いの言葉を申し上げます。

平素、本協議会の皆様には、明るく住みよいまちづくりのため、地域の生活環境向上に多大のご尽力を賜わりますとともに、本市の環境衛生行政に対しましても、力強いご支援・ご協力をいただき、心から感謝申し上げます。

申すまでもなく、環境衛生の充実向上は、私ども市（町・村）民が、健康で文化的な生活を営む上で欠かすことのできないものであり、関係諸機関の適切な事業の推進とともに、市（町・村）民各位のご理解・ご協力がなければ、万全を期することはできません。

本協議会におかれましては、ゴミ・ゼロ運動や資源再利用の啓蒙《けいもう》運動、地区衛生美化清掃運動など、積極的に諸活動を展開されており、環境衛生思想の普及に大きな成果を挙げ、多大の貢献をされておりますことに対し、敬意と感謝の意を表する次第でございます。

ご案内の通り、本市（町・村）は、市（町・村）民の生活様式がますます多様化する中で、公衆衛生事業の果たす役割を十分認識し、物心ともに豊かな〝人間優先のまちづくり〟を目指して諸施策を進めているところであります。

市（町・村）議会と致しましても、住みよい地域社会実現のため、今後とも、一層の努力を重ねてまいる決意でありますので、皆様におかれましても、さらなるご支援・ご協力をお願い申し上げます。

終わりに臨み、本協議会のますますのご発展とご参会の皆様のご健勝・ご多幸を心から祈念しまして、私の祝辞と致します。

244 商工会議所会員大会祝辞

第○○回を迎えました○○商工会議所会員大会が開催されるにあたり、市議会を代表して、一言ご挨拶を申し上げます。

顧《かえり》みますと○○商工会議所は、昭和○○年に創設されて以来、○○有余年の長きにわたり、幾多の経済界の変遷に対処し、常に商工業者の指導育成のため活動を続けてこられました。

その果たされた多くの業績とともに、輝かしい歴史と伝統に培われた今日の商工会議所の活動ぶりを見るとき、誠に目を見張るものがございます。

ここに改めて、会議所の使命を胸に刻みつつ、事業に邁進《まいしん》された歴代会頭さんをはじめとする役職員の方々のご努力に対し、深く敬意を表する次第であります。

最近の社会経済情勢を見ますと、大きな転換期を迎えております。国際化・情報化の進展、さらには技術の高度化といった潮流《ちょうりゅう》の中で、経済はソフト化・サービス化が進み、産業界においても、新たな時代に即応した構造調整が進められているところであります。

このような状況の下、市議会と致しましても、市民生活の安定と住みよい環境づくりに取り組むとともに経済の活性化を市政の柱として掲げ、市当局とともに、目的達成のため全力を傾注しているところでございます。

この意味からも、当会議所の果たす役割は極めて大きく、市民のその活動に寄せる期待も、また大なるものがあろうかと存じます。

貴会議所におかれましては、この大会を契機にますます充実発展され、その使命達成に邁進されますよう熱望致しますとともに、関係各位のご健勝を祈念して、祝辞と致します。

245 農業委員会・農業者大会　祝辞

第〇〇回〇〇市農業委員会・農業者大会にあたり、一言お祝いの言葉を申し上げます。

農業委員各位をはじめ、ご参会の皆様におかれましては、日頃から〇〇市の農業振興並びに市政の運営に種々ご支援・ご協力を賜わり、この席をお借りしまして厚くお礼を申し上げます。

「農は国の基《もと》なり」と申し、古来《こらい》から、農業は生活の基盤であるとともに、地域社会に非常に深い関わりをもっておりますが、今日の〇〇市では、農地の多くが市街化区域にあり、さらに急速な都市環境の変化に伴い、農地としての生産環境は非常に厳しいものがあります。

しかしながら、他方では、市民に新鮮な農畜産物を供給するとともに、緑の保全や災害時の避難地確保の役割を担った〇〇市の農業は、都市の抱える問題を解決する貴重な存在として、市民生活に大きく寄与していることも事実であり、多くの市民の関心を集めているところでございます。

このような状況の下において、地域住民との共存・共栄による「農業のあるまちづくり」を目指して、新たな農業方策を推進するために「農業委員会・農業者大会」が開催されましたことは、誠に意義あることと存じます。

皆様におかれましては、本日の大会を契機として、今後ともその力を結集され、都市農業の当面する課題の解決と将来の安定的な発展を期するため、より一層のご活躍を賜わりますよう念願してやまない次第であります。

終わりに臨み、本大会のご成功を祈念致しますとともに〇〇市農業委員会のますますのご発展と、ご参会の皆様のご健勝を心からお祈りしまして、私の祝辞と致します。

246 自治会長連絡協議会定期総会 祝辞

本日ここに、〇〇市自治会長連絡協議会定期総会が開催されるにあたり、市議会を代表して、一言お祝いの言葉を申し上げます。

日頃から、皆様には、町内会の自治運営にご尽力され、本市の振興に特段のご協力をいただいておりますことに対し、本席をお借り致しまして厚くお礼を申し上げます。

本市は、厳しい財政状況、経済環境の中にありながらも諸施策が順調に展開されておりますが、これもひとえに市民の皆様、なかんずく町内のリーダー役でございます皆様方、自治会長さんの積極的なご支援・ご協力の賜物であり、深甚《しんじん》なる敬意を表するものであります。

さて、皆様ご案内の通り、本年は、〇〇市市制施行〇〇周年という記念すべき年にあたり、さまざまな記念行事が計画されております。

また、一方で、新しい時代を展望して策定されました第〇次振興計画も、本年が前期五か年計画の最終年次にあたり、本格的な超高齢社会への対応等、目標の達成に大きな成果が期待されているところであります。

私ども市議会と致しましても、快適な市民生活の実現のため、市当局とともに、諸施策の推進に全力を傾注してまいる所存でありますが、常に地域住民と密接な繋がりのある皆様におかれましては、市政の現況について深いご理解をいただき、その円滑な運営に今後とも力強いご支援・ご協力をお願い申し上げる次第であります。

終わりに臨み、本総会のご盛会と、自治会長連絡協議会のますますのご発展並びに皆様方のご健勝とご活躍をお祈り申し上げまして、お祝いの言葉と致します。

247 産業フェスティバル祝辞

○○市（町・村）産業フェスティバル開会にあたり、市（町・村）議会を代表して、一言お祝いの言葉を申し上げます。

本フェスティバルは、市（町・村）内において、商業や工業、並びに農業に携《たずさ》わっている方々と、市（町・村）民の皆様とが、イベント広場で行われる「郷土芸能・カラオケ大会」等の催しや、工業展、植木・農産物の即売会、ワゴンセールなどを通じてお互いの理解が深められ、ひいては、それにより販路の拡張が図られるなど、本市（町・村）の産業の振興に寄与することを願って、○年前から実施されているものでございます。

この催しは、本市（町・村）の経済はもとより、社会活動や文化活動など、いろいろな面での活性化を図る上で、大変重要な役割を果たすものと確信しております。

どうか、ご家族やご近所の方々はもとより、他の市町村にお住まいのご親戚、お知り合いの方々もお誘いになって奮《ふる》って参加され、市（町・村）内の産業について、ご理解を深めていただければ幸いと存じます。

私ども市（町・村）議会と致しましても、今後とも、市（町・村）内における各種産業の振興のため、より、一層の努力を傾注してまいる所存でありますので、ご参会の皆様におかれましても、一層のご支援・ご協力を賜わりますようお願い申し上げる次第であります。

終わりに臨み、本フェスティバルが所期の目的を十二分に達成し、成功裡《り》に終了することをご祈念申し上げますとともに、併せてご参会の皆様のますますのご健勝とご多幸をお祈りしまして、お祝いの言葉と致します。

248 専修学校・各種学校協会総会　祝辞

○○県専修学校・各種学校協会総会にあたり、県議会を代表して、一言ご祝辞を申し上げます。

昭和五十年に行われました学校教育法の改正により、専修学校制度が発足《ほっそく》して、今年で○○年目を迎えておりますが、現在、県内の専修学校・各種学校の数は、○○○校、生徒数は○万人を超えていると伺っております。

このことは、従前の小・中・高・短大・大学という単線型教育に代わって、多様化した実社会の需要に応える技術、技能の専門教育の場としての価値が、各方面に認められてきた結果であるとは存じますが、まずもって、なによりも、協会の皆様の長年にわたるご尽力の賜物と心から敬意を表する次第であります。

申し上げるまでもなく、専修学校・各種学校は、職業や実生活に役立つ技術、技能を習得するとともに、教養の向上を図るため設けられたものでありまして、有能な専門的知識の習得者を養成し、実社会の要求に大きく応えてきております。

また厚生労働省は、昭和五十三年から職業訓練の一部を、専修学校や各種学校に積極的に委託する道を拡大し、官民一体の職業訓練を推進しているところでございます。

県議会と致しましても、各方面からその充実が期待されております専修学校・各種学校の発展に、今後とも、全力を傾注してまいる所存でありますので、皆様方におかれましても、一層のご尽力をお願い申し上げる次第であります。

終わりに臨み、○○県専修学校・各種学校協会の一層のご発展と、関係各位のますますのご活躍並びにご健勝をお祈り致しまして、お祝いの言葉とさせていただきます。

249
ＰＴＡ連合会総会　祝辞

○○市（町・村）ＰＴＡ連合会総会が開催されるにあたり、市（町・村）議会を代表して、一言お祝いの言葉を申し上げます。

ただいま、感謝状をお受けになられました皆様、誠におめでとうございます。

皆様方は、多年にわたりＰＴＡ会長として、また学校長として、本市（町・村）の教育の振興に大きなご功績を残されてきたのでありまして、この間における長年のご労苦に、心から敬意と感謝の意を表します。

ご承知の通り、本市（町・村）は、文教《ぶんきょう》の面においては輝かしい伝統と実績を持ち、近隣市町村にその名を知られておりますが、これも、皆様方をはじめ、ＰＴＡ関係諸先輩の方々のご努力の賜物にほかなりません。

このような伝統の上に立って、○○市（町・村）ＰＴＡ連合会が、会長さんをはじめ、会員皆様の一致協力のもとに、本市（町・村）の一層の発展と、次代を担う児童・生徒の健全育成を目指して、積極的なＰＴＡ活動を展開され、素晴らしい実績を挙げておりますことは、誠にご同慶の至りでございますとともに、そのご尽力に深甚《しんじん》なる敬意を表する次第でございます。

また、本市（町・村）の教育の着実な進展は、教育委員会をはじめ、教育に直接携《たずさ》われている学校長並びに諸先生方の、不断のご努力に負うものでありまして、この機会をお借りして、心から感謝申し上げます。

終わりに臨み、○○市（町・村）ＰＴＡ連合会のますますのご発展と、ご参会の皆様のご健勝・ご多幸を心からご祈念申し上げまして、私の祝辞と致します。

250 高等学校PTA連絡協議会総会　祝辞

本日ここに、○○県高等学校PTA連絡協議会総会が開催されるにあたり、一言お祝いの言葉を申し上げます。

本日ご参会の皆様には、日頃から、生徒のより豊かな人間性を育てるため、格段のご尽力を賜わり、衷心《ちゅうしん》より敬意を表しますとともに、感謝申し上げる次第であります。

教育は、人間性を育み、社会生活を豊かにするものであり、今日の社会の形成には、多年にわたって培われた教育の成果が、大きく寄与していることは申すまでもないところであります。

近年、教育・学問の世界においても、一般社会・経済と同様、多様化と高度化が求められておりますが、最近は、さらに、国際的視野に立つ教育が強く要請されております。

創造性に優れ、人間性豊かな、国際的感覚を持った学生・生徒を育てていくことが望まれているわけですが、これを達成するためには、行政および学校当局のみでなく、それぞれの地域で活動されているPTAの皆様方の、深いご理解と格別なご協力にまつところ極めて大なるものがございます。

本日の総会においては、各分科会に分かれて研究・協議が行われたと伺っておりますが、新時代を展望しての高校教育の在り方など、次代を担う生徒達の健全育成のため、研鑽《けんさん》されることは、誠に意義深いものがあると存じます。

本総会の成果を大いにご期待致しますとともに、ご成功を念願して止《や》みません。

終わりに臨み、本連絡協議会のますますのご発展と、ご参会の皆様方の一層のご活躍並びにご健勝をお祈りして、簡単ではございますが、私のお祝いの言葉と致します。

251 PTA連合会懇親パーティー挨拶

市（町・村）議会議員の○○でございます。一言ご挨拶を申し上げます。

本日、第○○回○○市（町・村）ＰＴＡ連合会研究集会が開催され、教育に関する諸問題について熱心なご討議がなされ、大きな成果を収められましたことを心からお喜び申し上げます。

また、引き続いての懇親パーティーに私までお招きいただき、ご挨拶の機会まで賜わりまして誠にありがとうございます。

皆様には、平素から、児童・生徒の健全育成に深いご理解をいただき、数々の実践活動を通して学校教育の振興並びに発展のためにご貢献を賜わり、心から感謝申し上げます。

本市（町・村）におきましては、市（町・村）民の教育に対する意識は非常に高く、市（町・村）内の各学校からは有為な人材を輩出しております。

これも、教育関係者のみならず、皆様をはじめとするＰＴＡの方々のご協力・ご尽力があればこそであり、深く敬意を表する次第であります。

今日の情勢は、国の内外を問わず、まさに多事多難でありますが、将来の社会を背負い、世界の平和に貢献できる人材は、紛《まぎ》れもなく、皆様が、日頃実践活動を通じて教育に勤《いそ》しんでおられます子ども達でございます。

皆様におかれましては、今後さらに児童・生徒の幸せと、グローバルな視野で物事に対処できる柔軟な考えを持った、豊かな人間性を養う教育の推進のために、一層のご尽力を賜わりますようお願い申し上げる次第であります。

終わりに、本連合会のますますのご発展並びにご参会の皆様のますますのご健勝とご多幸をお祈りしまして、ご挨拶と致します。

252 私立幼稚園ＰＴＡ大会祝辞

○○市（町・村）私立幼稚園ＰＴＡ大会にあたり、一言ご祝辞を申し上げます。

○○市（町・村）私立幼稚園連絡協議会に加盟している、幼稚園の父母並びに関係者の方々が一堂に会して、幼児教育の在り方についての宣言並びに決議を採択されましたことは、誠に意義深いことでございまして、心から敬意を表する次第であります。

申すまでもなく、幼稚園教育は、義務教育前の最も大切な時期にある幼児に対して、適切な環境を与え、心身の健全な発達に資するものでございます。

しかしながら、幼児を取り巻く環境は、社会の進展に伴い複雑に変化しており、総体的には年々改善されておりますものの、一方において多くの問題を引き起こしていることは憂慮に堪えません。

これら諸問題の解決には、行政の努力はもちろんでありますが、父母の方々のご協力・ご支援がぜひとも必要であります。

幸い、本協議会におかれまして、ＰＴＡの使命について討議するため、このように立派な大会を開催され、父母と教職員との間で認識を深めあっておりますことは、誠に適切かつ有意義のことと存じます。

〝三つ子の魂《たましい》百までも〟と申します。人格形成の基礎が、幼児期に定まることを端的に指摘した諺《ことわざ》ですが、幼児教育に携《たずさ》わる先生方はもちろんのこと、父母の皆様におかれましても、本日の大会を契機に、さらに幼児教育の大切さをご認識いただき、子どもの健全育成に一層のご尽力を賜わりますようお願い申し上げます。

終わりに臨み、本大会が盛会裡《せいかいり》に終了することをご祈念申し上げ、併せてご参会の皆様のますますのご健勝とご多幸をお祈りしまして、お祝いの言葉と致します。

253 舞踊芸術協会総会　祝辞

本日ここに、○○市（町・村）舞踊芸術協会の総会が開催されるにあたり、市議会を代表して一言お祝いの言葉を申し上げます。

平素、本協会の皆様には、日本舞踊の普及・向上を通じて、市（町・村）民の芸術文化の発展のためご尽力をいただいているばかりでなく、本市（町・村）の諸行事にも、積極的にご支援・ご協力を賜わり、心から感謝を申し上げます。

特に、毎年、「文化の日」に行われる「○○市（町・村）文化祭」におきまして、絢爛豪華《けんらんごうか》に繰り広げられる日本舞踊の集い「○○会」は、ここにお集まりの各流派の方々が一致協力して、日頃の研鑽《けんさん》の成果と、日本舞踊の神髄《しんずい》をご披露いただく催し物として、市（町・村）民が、大変楽しみにしている行事でございます。

日本舞踊は、日本人の心の糧《かて》として、美しさとともに、日本情緒が見事に表現された芸術であり、わが国の伝統文化を代表するものの一つとして、後世にも、末長く受け継がれていってほしいものであります。

市（町・村）議会と致しましても、本市（町・村）の文化水準の向上のため、今後とも、芸術文化の振興に十全の努力を払う所存であります。

皆様におかれましては、これからも技芸の向上に精進され、世界に誇《ほこ》るわが国伝統文化の粋《すい》である、日本舞踊の普及および伝承にご尽力いただき、併せて、市（町・村）民文化の向上にご協力賜わりますようお願い申し上げます。

終わりに臨み、本総会のご盛会並びに○○市（町・村）舞踊芸術協会のますますのご発展とご参会の皆様のご健勝をお祈りしまして、お祝いの言葉と致します。

254 全国都道府県監査委員協議会連合会総会　祝辞

第○○回全国都道府県監査委員協議会連合会総会の開催にあたり、県議会を代表し、一言お祝いの言葉を申し上げます。

本日ここに、全国からお集まりになられた監査委員並びに事務局職員の皆様方に対し、心から歓迎の意を表しますとともに、平素のご活躍に深く敬意を表するものであります。

地方自治体を取り巻く環境は、人口構成の高齢化、住民意識や価値観の多様化、高度情報社会の到来など、これまでにない変化を見せており、加えて、地方財政は国家財政ともども極めて厳しい状況にあります。

このような情勢の下において、地方自治体が住民の信頼と負託に応えて施策を展開するためには、財政基盤の強化を図ることはもとより、事務・事業の見直しなど内部努力に真剣に取り組み、常に行政運営の簡素・効率化に努める必要があり、この面から、監査委員各位の役割は従前《じゅうぜん》にも増して重要となっております。

ここ数年来、住民監査請求が急増していると聞き及んでおりますが、このことは、とりもなおさず監査委員に対する住民の期待の大きさを示すものでもあります。

こうした時期に、全国の監査委員の皆様が一堂に会し、当面並びに今後の諸問題について協議されることは、監査委員制度の充実強化、ひいては地方自治の健全な発展のために、極めて意義深いものがあると存じます。

本総会が、十分に所期《しょき》の成果を挙げられますとともに、貴連合会のますますのご発展並びにご参会の皆様のご健勝・ご活躍を祈念しまして、お祝いの言葉と致します。

255 市（町・村）政功労者（幹部職員退職者）感謝の集い　挨拶

本日の感謝状贈呈式にあたり、○○市（町・村）議会を代表して、一言感謝とお礼の言葉を申し上げます。

皆様は、長年にわたり、市（町・村）政の発展に尽くされ、特に、幹部職員として在職中は、職員の先頭に立ち、率先して住民サービスに努め、また、多くの後輩職員を指導・育成されるなど、今日まで、市（町・村）政を支え、発展させてこられた功労者であります。

幹部職員である皆様には、在職中、議会や住民の方々の要望に誠実に応え、時代の変化に即して諸施策を進めるなど、日夜、住民福祉増進のため懸命に努力されました。

この間、○○市（町・村）においては、市（町・村）の長期計画およびその具体的実施計画を策定し、新時代を展望した市（町・村）政進展の基礎を固めることができ、福祉○○市（町・村）政の実現に、大きく前進致しました。

このように、発展する○○市（町・村）の基盤は、いわば、皆様方が長年にわたり真摯《しんし》に積み上げてこられた業績の上に築かれたものでございます。

ここに、そのご労苦に対し、改めて心から敬意と感謝の意を表するものであります。

本日、市（町・村）長から贈呈されました感謝状は、ご本人はもとより、皆様の職務に理解を示されたご家族の皆様に対する感謝の気持ちも含まれております。ご家族の皆様にもよろしくお伝え願いたいと存じます。

皆様方におかれましては、今後とも、市（町・村）政のよき理解者としてご協力をいただくとともに、ご健勝・ご多幸を心から念願するものであります。

本当に長い間ご苦労さまでした。

256 永年勤続職員表彰式祝辞（その一）

○○市（町・村）議会を代表して、一言お祝いの言葉を申し上げます。

ただいま、輝かしい表彰の栄誉を受けられました皆様、誠におめでとうございます。

長い間、本当にご苦労さまでございました。この間には、言葉では言い尽くせないさまざまなご苦労もあったことと思います。

皆様は、よくその困難に打ち勝って、終始一貫、誠実に自己の責務を遂行された結果、今日の栄誉に浴されたものでございまして、本日の表彰式にあたり、二十年、三十年、あるいは四十年の過去を顧《かえり》みられ、さぞや、感無量のものがあろうかと存じ上げる次第であります。

また、ご家庭にあって、皆様のお勤めを陰《いん》に陽《よう》に支えて下さったご家族の方々に、ここに改めて深甚《しんじん》なる謝意を表するものであります。

皆様のご努力・ご尽力の甲斐あって、市（町・村）政全般にわたって、内容の充実が着々と図られつつありますことは、誠に喜びに堪えないところでございます。

しかしながら、市（町・村）憲章にも高らかに謳《うた》われておりますように、美しい、希望に満ちた、伸び行く○○市（町・村）を建設するためには、さらに、一層、皆様方のお力添えをいただかなければなりません。

今後とも、市（町・村）の行政、あるいは次代を担う子ども達の教育のために、格段のご努力をお願い申し上げる次第でございます。

終わりに、本日の栄誉を心からお祝い申し上げますとともに、皆様のご多幸と一層のご健闘を祈念しまして、私のお祝いの言葉と致します。

257 永年勤続職員表彰式祝辞（その二）

本日ここに、○○町の町制施行記念日を記念し、町職員表彰式が挙行されるにあたり、町議会を代表して、一言ご祝辞を申し上げます。

ただいま表彰を受けられました方々は、永年勤続功労職員並びに優良職員として、十五年以上の長きにわたって公務に精励《せいれい》され、あるいは、その職務に優れた成果を上げられた方々でありまして、ここに、深甚《しんじん》なる敬意を表しますとともに、心から感謝を申し上げる次第であります。

顧《かえり》みますと、本町の前身である○○町と、△△村が対等合併をしてから今日まで、典型的な過疎町村から脱出するために、それこそ、必死の思いで諸施策を講じてまいりました。

そのかいあって、最近、ようやく人口流出に歯止めがかかり、町勢も安定してまいりましたが、受賞者の皆様は、ちょうどその最も苦しい時期の行財政運営を担ってこられたわけでございます。

幾多の辛苦《しんく》に耐え、各自が、それぞれ職務に創意工夫を凝《こ》らし、町勢の動向に一喜一憂しながら、公私ともに、人知れぬ苦労と困難に打ち勝って、その職責を果たされました結果、今日の栄誉に浴されたのでありまして、その業績は、他の職員はもとより、後輩職員の範となるものであります。

町議会と致しましても、住民の代表として、議会の総意をもって皆様のご功労に対し、深甚なる謝意を表するとともに、ご家庭にあって皆様方を助け、苦労を共にされたご家族の方々に、心から感謝申し上げる次第であります。

表彰されました皆様は、過去を振り返り、さぞ感無量のものがあろうかと存じますが、ご自愛の上、ますますご精進されますよう祈念しまして、お祝いの言葉と致します。

258　永年勤続職員激励会・銀婚祝会　挨拶

本日ここに、○○市職員共済組合と○○市職員互助会共催による、永年勤続職員激励会並びに銀婚祝会が開催されるにあたり、一言ご挨拶を申し上げます。

本日ご参会の皆様は、二十年以上の長きにわたり市職員として職務に精励《せいれい》され、市政進展の原動力となってこられた方々であります。

そのご努力とご労苦に対し、衷心《ちゅうしん》から感謝申し上げますとともに、今後とも一層のご活躍をご期待するものでございます。

また、これら職員の方々を、背後からしっかりと支えてこられたご家族の皆様に対しましても、これまでのご労苦に対しまして、心から敬意と感謝の意を表する次第であります。

さらに、二十五年もの長き道程《みちのり》を共に進まれ、喜びや悲しみを共に分かち合い、今回めでたく銀婚をお迎えになられましたご夫妻に対しましても、心からご祝福致しますとともに、これからもお二人で協力し合い、幸せなご家庭を築かれますようお祈り申し上げます。

本市は今、きたるべき新時代に向けて、明るく、住みよいまちづくりのための諸事業に積極的に取り組んでいるところでございます。

行政の第一線で、これら事業の推進役として活躍されている皆様におかれましては、今後とも、引き続き、これまで蓄積した豊富な知識と経験を遺憾なく発揮されまして、○○市政の輝かしい発展のために、ご支援・ご協力を賜わりますようお願い申し上げる次第であります。

終わりに、職員の皆様並びにご家族の方々のますますのご健勝とご多幸をご祈念申し上げまして、私のご挨拶と致します。

259 警察本部優良職員表彰式　祝辞

本日は、大変意義ある式にお招きいただきありがとうございます。

晴れの表彰の栄に浴された皆様に対し、心よりお喜びを申し上げます。

本日のご栄誉は、警察行政に奉職された皆様が、警察業務を天与の職とし、今日まで寒風《かんぷう》・酷暑に耐え、日夜を分かたず、住民生活の安定と秩序の維持にご精励《せいれい》いただき、明るく、豊かな社会の建設に貢献された積年のご努力が、ここに、実を結んだものでございます。

この道一筋と言いますが、長く波乱の多い生涯を、ただ、ひたすら一筋の道を真摯《しんし》に歩み続けることは、なかなか容易なことではありません。

このためには、ご本人の不撓不屈《ふとうふくつ》の精神はもとよりでありますが、幾年月《いくとしつき》、家庭にあって皆様を助け、励まし、ご苦労を共にされてきたご家族の方々のご理解とご協力があったればこそと思われます。改めて敬意を表する次第であります。

ご承知の通り、近年の急激な都市化の進展は、人々の生活様式や価値観などにさまざまな変化をもたらしておりますが、とりわけ、地域住民の連帯意識が稀薄《きはく》となってきていることなどは、社会の公正な秩序の維持に、大きな障害となるのではないかと懸念《けねん》されるところであります。

このような社会環境の下で、地域の治安を維持し、住民の生命・身体・財産の安全を確保していく使命を担う皆様の職責は、ますます重要の度を加えております。

皆様におかれましては、今後とも警察職員の本分に徹せられ、この上とも、一層ご精励いただき、住民の期待と信頼に応えられますよう、心からお願い申し上げまして、お祝いの言葉と致します。

260 駐留軍従業員永年勤続者表彰式　祝辞

本日の駐留軍従業員永年勤続者表彰式にあたり、○○県議会を代表して、一言お祝いの言葉を申し上げます。

駐留軍従業員の皆様、本日は永年勤続者として表彰を受けられ、誠におめでとうございます。心からお喜び申し上げます。

本日表彰を受けられました皆様は、勤続十年から長い方は三十五年余《あまり》にわたり駐留軍施設に勤務してこられた方々と承っております。

この間、言語・習慣を異にする特殊な職場において、幾多の障害を乗り越えて業務に精励《せいれい》されますとともに、それぞれの分野において日米親善の一翼《いちよく》を担い、あるいは、両国民の相互理解の懸け橋としてご活躍されてこられましたことに対し、心から敬意を表するものであります。

この会場におきまして、皆様と親しくお会いし、この喜びを分かち合うことができましたことを、大変嬉しく存じます。

本日、皆様に贈られました感謝状は、ご本人はもとより、皆様の職務に理解を示された、ご家族の方々に対する感謝の気持ちも含まれております。よろしくお伝え願いたいと存じます。

○○県議会と致しましては、これからも、駐留軍従業員の皆様の生活の安定と福祉の向上のために、できる限りの協力をしてまいる所存であります。

皆様におかれましては、今後とも、健康に十分ご留意の上、永年にわたる豊富な経験と知識を生かして、なお一層、ご活躍されますようご期待申し上げる次第でございます。

終わりに、皆様方はじめご家族の方々のご健康とご繁栄を、心よりお祈り申し上げまして、簡単でございますが祝辞と致します。

261 商工会議所・優良従業員表彰式　祝辞

本日ここに、〇〇市商工会議所・優良従業員表彰式が開催されるにあたり、市議会を代表して、一言お祝いの言葉を申し上げます。

平素、皆様には、本市商工業の振興並びに市政の円滑な推進について、多大なご尽力・ご協力を賜わっており、深く感謝申し上げます。

ただいま、表彰をお受けになられました従業員の皆様、誠におめでとうございます。

皆様方は、各事務所・事業所において優秀な業績を残され、本日表彰の栄誉に浴されました。心からお喜び申し上げますとともに、日頃のご労苦に対し、敬意を表する次第であります。

皆様におかれましては、これを契機として、さらに一層ご精進され、職場のリーダーとして、今後とも企業の繁栄はもとより、地域経済の発展にご尽力賜わりますようお願い申し上げます。

わが国内外の社会・経済情勢は誠に厳しいものがあり、この中にあって活躍される皆様方の日頃のご労苦が偲《しの》ばれるところでございますが、ご承知の通り、本市は、これら諸情勢を踏まえ、商工業の活発なまちづくりを目指し、諸般の施策を展開しているところであります。

市議会と致しましても、市当局と協力し、名実ともに、当地域の中核都市にふさわしい商工業の栄えるまちづくりに、今後とも鋭意努力してまいる所存でございます。

皆様方におかれましては、これまで同様、ご支援・ご協力を賜わりますよう切にお願い申し上げる次第であります。

終わりに、本日の表彰を重ねてお喜び申し上げますとともに、ご参会の皆様のご健勝・ご繁栄を心から祈念して、お祝いの言葉と致します。

262 民生委員・児童委員感謝状贈呈式　挨拶

本日ここに、○○市（町・村）民生委員・児童委員感謝状贈呈式が挙行されるにあたり、一言ご挨拶を申し上げます。

○月○○日をもってご退任になりました、民生委員・児童委員○○名の皆様、大変ご苦労さまでございました。

在任中における皆様の、市（町・村）政に対する絶大なるご支援・ご協力によりまして、この間、本市（町・村）の福祉行政は特段の充実をみることができました。

ご労苦に対し、心から敬意と感謝の意を表する次第であります。

皆様の中には、二十年以上もの長きにわたりご奉仕をいただき、まさに、市（町・村）の福祉行政の歴史とともに歩まれた方も多くおられます。そのご尽力の過程は、社会的弱者とともに歩まれた、皆様の尊い歴史でもあります。

ご承知の通り、わが国の福祉行政は、急速な社会構造の変化に即応して、複雑多様化するとともに、量的にも増加の一途を辿《たど》っております。

本市（町・村）におきましても、このような趨勢《すうせい》に対応するため、福祉施策の充実に努めているところでございますが、特に、今後は、高齢社会の進行とともに、地域福祉・在宅福祉の充実がますます要請されてまいります。

皆様におかれましては、地域福祉活動の専門家として、今後とも、本市（町・村）の社会福祉の向上のために、ご支援・ご協力を賜わりますようお願い申し上げます。

終わりに臨み、皆様方のますますのご活躍と、ご参会の皆様のご健勝・ご多幸を心からお祈り申し上げまして、お礼のご挨拶と致します。

263 納税貯蓄組合表彰式祝辞

本日ここに、○○市（町・村）納税貯蓄組合表彰式が開催されるにあたり、市議会を代表して、一言お祝いの言葉を申し上げます。

平素、皆様には納税につきまして、深いご理解・ご協力を賜わり、感謝申し上げます。

ただいま、栄《は》えある永年表彰並びに優良組合表彰等の栄誉に浴されました、組合長さん並びに役員の皆様、誠におめでとうございます。

皆様方は、永年にわたり、納税貯蓄組合の普及・育成、納税思想の高揚にご尽力され、また組合として優秀な納税成績を挙げられたことにより、表彰されたのでありまして、栄《は》えある受賞に対し、心からお祝い申し上げます。

申すまでもなく、市（町・村）税は、○○市（町・村）における自主財源としての根幹を成すものであり、快適なまちづくりを実現するための基盤整備や福祉の充実、教育の振興等、市（町・村）政各般にわたる諸施策の推進に、欠くことのできない重要な財源であります。

市（町・村）議会と致しましては、納税の重要性に鑑《かんが》み、今後とも、納税率の一層の向上並びに財源の適正使用につきまして、常に意を用いて万全を期し、高齢社会に対応した、快適な環境づくりの実現のために、より、一層努力を傾注してまいる所存であります。

皆様におかれましても、今後とも特段のご支援・ご協力を賜わりますよう、お願い申し上げる次第であります。

終わりに臨み、○○市（町・村）納税貯蓄組合のますますのご発展並びにご参会の皆様のご健勝・ご多幸を心からご祈念申し上げまして、お祝いの言葉と致します。

264 美術展覧会市長賞授与式　祝辞

○○市美術展覧会市長賞授与式が開催されるにあたり、市議会を代表して、一言お祝いの言葉を申し上げます。

関係各位のご尽力により、本展覧会には毎年多数の作品が出展されておりますが、今回も各部門にわたり多くの力作が揃い、会場には連日、大勢の市民の方々が鑑賞に訪れ、盛会のうちに○日間の幕を閉じようとしておりますことは、誠に喜ばしい限りでございます。

今回、出展された作品は、いずれも、甲乙つけがたい出色《しゅっしょく》の出来栄《できば》えでございますが、とりわけ、市長賞を受賞されました皆様の作品は素晴らしく、平素のご精進が十分に拝察でき、心から敬意を表する次第であります。

芸術を愛する市民が、多いか少ないかは、その市の文化水準を示す指標といわれます。皆様におかれましては、今後とも、芸術性高い作品を精力的に制作され、多くの市民を楽しませていただきますようお願い申し上げます。

本市は、きたるべき時代に向けて、自他ともに認める文教・文化都市としての地位をさらに強固なものとするため、各種文化事業を実施しておりますが、市議会と致しましても、市と一致協力して、本市の芸術文化の振興につきまして、全力を傾注する所存でございます。

皆様におかれましても、本市の文化行政発展のために、一層のご支援・ご協力をお願い申し上げる次第であります。

終わりに、本美術展覧会開催にあたりご尽力いただきました各位に対し、心より感謝申し上げますとともに、受賞されました皆様に重ねてお祝い申し上げ、私の祝辞と致します。

265 公民館文部科学大臣表彰受賞記念祝賀会　祝辞

この度、〇〇公民館が栄《は》えある文部科学大臣表彰を受賞され、記念祝賀会が開催されましたことは、誠に喜ばしい限りであります。

この快挙は、地域の皆様のご支援・ご協力と市当局の努力の賜物であり、ご同慶に堪えない次第でございます。

二十一世紀に生きる私達の社会が、今後とも加速度的に変化していくであろうことは容易に想像されるところでありますが、日頃の市民生活の中で、これらの変化にどのように対処していくかは、常に考えていなければならない重要な課題と言えましょう。

公民館は、こうした地域住民の方々の、日常生活に根ざした学習や健康増進を図るレクリエーションの場であり、また、これらの活動を通して、人々が交流するコミュニケーションの場でもあります。

このような役割を持つ公民館が、地域の皆様にとって、欠くことのできないものとして発展するためには、人と人との結び付きを、最も大切にしていかなければならないと思います。

その点、〇〇公民館が、長期間にわたり、生涯教育の拠点として果たした役割は誠に大きく、これからも、その多彩な活動に寄せる期待は、極めて大なるものがあると存じます。

皆様におかれましては、公民館が目標とする、「人間性豊かで連帯感溢れる潤《うるお》いのある地域づくり」のため、一層のご支援・ご協力を切にお願い申し上げる次第であります。

終わりに、当公民館の運営にご尽力いただいた関係各位に、深甚《しんじん》なる敬意を表しますとともに、ご参会の皆様のご健勝・ご多幸をお祈り申し上げまして、祝辞と致します。

266 優良建設業者表彰式祝辞

本日ここに、優良建設業者表彰式が開催されるにあたり、市（町・村）議会を代表して、お祝いの言葉を申し上げます。

ただいま、平成○○年度の本市（町・村）の諸工事において、特に優秀な成績を収められた○○社、○○共同企業体の皆様が表彰されました。

皆様には、日頃から、この複雑多様化する世相の中にあって、誠実かつ適正に、また、技術的にも優れた業績を挙げられまして、本市（町・村）公共事業の遂行に特段のご協力をいただき、誠にありがとうございます。議会と致しましても、深く感謝申し上げますとともに、本日の栄誉を心からお喜び申し上げる次第でございます。

現下の地方財政を取り巻く環境は、バブル経済の崩壊後のながびく不況等から誠に厳しく、新規事業については、真に緊要なものを厳選し、推進しているところであります。

ご関係の業界におかれましても、流動する今日の経済動向の下において、大変ご苦労の多いことと存じますが、本市（町・村）と致しましては、公共事業の円滑な推進のため、皆様方の優秀な技術と、そのご熱意に期待するところ極めて大なるものがあります。

皆様方におかれましては、業界一丸となって、さらに一層の技術向上に努められ、今後とも本市（町・村）発展のため、市の事業の円滑な推進に、特段のご理解とご協力を賜わりますようお願い申し上げる次第でございます。

終わりに臨み、本日、受賞の栄《えい》に浴されました皆様に心から敬意を表しますとともに、併せて業界の一層のご繁栄を祈念しまして、お祝いの言葉と致します。

267 産業振興貢献企業賞贈呈式　祝辞

本日ここに、第○○回○○市産業振興貢献企業賞贈呈式が挙行されるにあたり、市議会を代表して、一言お祝いの言葉を申し上げます。

ご案内の通り、この産業振興貢献企業賞は、本市内で製造業を営む企業との取引きを通じて、本市の産業振興に貢献されました、市外の皆様を表彰するものでございまして、本市の産業振興の観点から、誠に意義深い制度でありますが、今回は特別表彰○社、一般表彰○○社の方々が、その栄誉に浴されました。

戦後、諸外国が目を見張るほどの高度成長を遂げたわが国の経済も、最近は環境問題や貿易摩擦等もあって、低成長へと転換を余儀なくされておりますが、こうした中にあって、本市の産業が活路《かつろ》を求めて繁栄していくためには、業界がより一層の結束を図り、困難を克服していかなければなりません。

本市は、各種の統計から見ても、そのほとんどが中小企業であり、言うなれば、中小企業によって発展してきたまちでありますことから、特にこの感を深くするものであります。

幸い、本日顕彰されました○○社の皆様方は、本市の中小企業と密接な関係にあり、しかも、多額の取引きを通じて、本市の産業振興に大きく寄与されたご功績は極めて大きく、心から敬意と感謝の意を表する次第でございます。

皆様方におかれましては、今後とも本市の企業に対し、絶大なるご支援とご協力をいただけますよう念願するものであります。

終わりに、受賞されました各企業のますますのご隆盛を心より祈念致しますとともに、ご参会の皆様のご健勝をお祈り申し上げ、祝辞と致します。

268 交通安全協会長藍綬褒章受章祝賀会　祝辞

本日、○○先生の藍綬褒章《らんじゅほうしょう》受章祝賀会にお招きをいただいた上、お祝いの言葉を申し上げる機会まで賜わりまして、誠に光栄に存じます。

○○先生、藍綬褒章の受章、誠におめでとうございます。この度の受章は、昨今の厳しい交通事情の中にあって、常に車の安全運転に意を用いられ、また悲惨な交通事故をなくすために、長年にわたり、交通安全思想の普及にご尽力されてこられましたご功績が評価されたものでありまして、心から敬意を表する次第であります。

すでに、お集まりの皆様にはご承知の通り、○○先生は、本市（町・村）において○○業を営むかたわら、○○県交通安全協会の評議員、同副会長並びに○○市（町・村）交通安全協会副会長等数々の要職を勤められ、現在は、○○市（町・村）交通安全協会の会長として、本市（町・村）における交通安全思想の普及および交通事故防止のためにご活躍をいただいております。

厳しい交通戦争の中にあって、先生の真摯《しんし》なご努力は、誠にもって、他の模範とするところであり、私と致しましても、心からご尊敬申し上げる次第であります。

先生の受章は、ご自身、ご一家は申すに及ばず、本市（町・村）の誇りでございます。

先生には、これからもご自愛くださるとともに、本日の受章を契機に一層ご精進され、市（町・村）民生活の安全を守るために、ご尽力賜わりますようお願い申し上げます。

終わりに、先生のご多幸とますますのご活躍をお祈り申し上げ、併せて○○市（町・村）交通安全協会のご発展と、ご参会の皆様のご健勝を祈念して、お祝いの言葉と致します。

表彰・祝賀会

269 産業功労者叙勲祝賀会
祝辞

この度、産業功労者として勲○等○○章の栄に浴されました○○○○さん、誠におめでとうございます。一言お祝いの言葉を申し上げます。

先ほどから○○さんの輝かしい業績、足跡《そくせき》等がご披露されておりますが、この度の受章は、その優れた識見、卓越した指導力をもって、長い間、産業の振興に尽力されたことが高く評価されたものでありまして、ご功績に深甚《しんじん》なる敬意を表しますとともに、この度の受章を、心からお喜び申し上げます。

本市（町・村）を取り巻く諸情勢は、変転誠に目まぐるしく、まさに激動の時代となっております。

地域経済の活性化はもとより、超高齢社会への対応など行政課題は山積し、未来への道程《みちのり》は決して平坦ではありません。

今こそ、我々の英知と情熱を結集し、市（町・村）民挙《こぞ》って、理想の郷土建設に邁進《まいしん》しなければならない時であると存じます。

このような時代にあって、○○さんが、常に使命感に燃え、自らの信ずる道を貫き、産業の振興に数々の功績を残され、受章の栄誉に輝かれましたことは、私どもが進むべき道を照らす、一筋《ひとすじ》の光明《こうみょう》であると言えましょう。

○○さんにおかれましては、これまでの貴重な経験をもとに、いよいよご壮健にて本市（町・村）発展のために、一層のご尽力を賜わりますようお願い申し上げる次第であります。

終わりとなりましたが、○○さんの栄《は》えある叙勲の陰にあって、今日まで、ひたすらご労苦を支えてこられましたご家族の皆様に対し、心から敬意を表しますとともに、ご参会の皆様のますますのご健勝・ご多幸を祈念申し上げまして、私のお祝いの言葉と致します。

270 地方教育行政文部科学大臣表彰祝賀会　祝辞

本日ここに、○○市（町・村）教育長○○さんの地方教育行政文部科学大臣表彰祝賀会が開催されるにあたり、一言お祝いの言葉を申し上げます。

この度、永年にわたる教育行政の功労により、栄《は》えある文部科学大臣表彰をお受けになられました○○さん、受章誠におめでとうございます。

○○さんは、昭和○○年、○○師範学校を卒業し、地元の○○小・中学校の教諭を歴任の後、昭和○○年に本市（町・村）に赴任され、名門○○小学校で○年間にわたり教鞭《きょうべん》をとられました。

体育を専門とされておりますだけに、その外連《けれん》のないキビキビとした元気溢《あふ》れる情熱的な授業は、生徒に大変人気があり、また父母の間でも高く評価されておりました。

その後、○○小学校の教頭を経て、昭和○○年に指導課長補佐として教育委員会に入られ、保健体育課長、総務課長、教育次長、○○小学校校長、学校教育部長と各要職を歴任され、平成○○年に教育長にご就任、今日に至っております。

このように、二十年以上の長きにわたり、教育委員会に籍を置き、本市（町・村）教育行政の推進に尽力されたのでありますが、○○さんのように教育行政一筋の教育長は過去に例がなく、その知識と体験に裏打ちされた冷静な判断力と実行力により、数多くの事業を企画・実施されましたことは、すでに皆様ご承知の通りでございます。

この度の受章に輝くその事績《じせき》は、即、本市（町・村）の教育史であると言っても過言ではありません。ここに、永年のご功労を称《たた》え、今回の栄誉を心からお喜び申し上げます。

終わりに、○○さんのご多幸とますますのご活躍を祈念申し上げ、お祝いの言葉と致します。

271

新任議長就任　祝辞

発言の機会を得ましたので、〇〇党議員会を代表しまして、議長に就任されました〇〇〇〇議員に、一言お祝いの言葉を申し上げます。

ただいまの就任のご挨拶にもありましたが、現在の〇〇市（町・村）政を取り巻く環境は、誠に厳しく、前途多難であります。

目前に迫った超高齢社会への対応はもとより、行財政改革、経済の活性化は焦眉《しょうび》の急務となっております。

このように、市（町・村）政誠に厳しい時に、議長に就任されました〇〇さんには、複雑多岐にわたる市（町・村）民の要望を、公正、かつ厳粛に受け止められ、真に市（町・村）民の負託に応える議会の代表者として、責務を完遂《かんすい》されますよう、ご期待するものであります。

〇〇議長におかれましては、昭和〇〇年の初当選以来、〇度、市（町・村）民の信任を得られ、この間〇〇〇〇、△△△の各常任委員長等の要職を歴任され、また一方では、平成〇〇年から〇〇年まで、〇〇市（町・村）農業委員会会長として、本市（町・村）の農業対策推進の中心的役割を担われたことは、記憶に新しいところであります。

その卓越した手腕と統率力は、衆目《しゅうもく》の一致するところであり、栄《は》えある第〇〇期〇〇市（町・村）議会の、初頭を飾るにふさわしい議長であると確信を致しておるところでございます。

これからは、議会の代表者として、議会の円滑な運営と、魅力ある〇〇市（町・村）の建設のため、より一層のご尽力を期待するものであります。

最後となりましたが、健康にはくれぐれも留意され、今後ますますご活躍されますようお祈り申し上げ、私のお祝いの言葉と致します。

272 有志による議長就任祝賀会　挨拶

開会にあたり、主催者を代表して、一言ご挨拶を申し上げます。

本日は、○○さんの○○町議会議長就任をお祝いして、有志による祝賀の宴を催しましたところ、かくも多数の方々のご参会を賜わり、誠に感謝に堪えないところであります。

さて、この度の○○町議会における議長選任の結果、圧倒的多数のご支持を得て、わが○○議長が誕生致しました。

顧《かえり》みますと、○○議長は、昭和○○年に町議会に初めて議席を得られましてから○○年、この間、優れた政治的感覚と抜群の行動力をもちまして、日夜、町政の発展のためご尽力されましたが、その献身的な態度は、町の者誰もが熟知しているところでありまして、私ども住民にとって、これほど頼りがいのある人物は、他に類を見ないと言っても過言ではございません。

○○議長のこれまでの業績は、皆様ご承知の通り△△橋の新設、○○道の改良のほか、□□福祉施設の設置場所選定の調整にあたってのご尽力等、数多くございますが、常に住民の声を具《つぶさ》に聞き、その立場に立って、大所高所《たいしょこうしょ》から行動されておられるところであります。

このように、常に、事にあたって公正無私、かつ実行力に富み、明朗闊達《かったつ》な○○議長は、誠にもって○○町における町政の意思決定機関である議会の議長に選ばれるにふさわしい人物であると、本日ご参会の皆様方挙《こぞ》って感じておられることと存じます。

○○議長には、ご自愛の上、今後とも、住民の立場に立って、町政の一層の発展のためにご尽力賜わりますようお願い申し上げまして、開会の言葉と致します。

273
議員当選祝賀会　祝辞

○○さんの町議会議員ご当選、誠におめでとうございます。こうして、○○さんを支持した方々が多数集い、祝賀の会が設けられたことは、喜ばしい限りであります。

この度の○○町議会議員選挙は、ご承知の通り、○○問題をめぐり、住民の目が、かつてなく町政に向けられたこともあって、最後まで予断を許さない激戦となりましたので、私も、随分と気を揉《も》んだところであります。

しかも、最年少で初出馬という、大きなハンディを背負っての戦いでございました。

それにもかかわらず、並み居る歴戦の強者《つわもの》に伍《ご》して、上位当選を勝ち得ましたことは、ご家族はじめ、後援会の皆様のご努力はもとよりでありますが、何よりもまず、○○さんのお人柄と、若さ溢《あふ》れる情熱が、多くの住民の方々の心を動かした結果であると思います。

○○さんご自身のお喜びはもとより、この希望溢れる青年議員の誕生に、陰に陽に終始一体となってご奮闘された、運動員の皆さんや支持者の方々、ご家族の皆様のお喜びは、いかばかりかと拝察致すところでございます。

私は、長い間、○○さんのお人柄に接して参りましたが、その町政に対する限りない情熱と、若さに似ない沈着《ちんちゃく》で、緻密《ちみつ》な企画力と実行力に、常々敬意を抱いております。

これからは、○○町の発展のために、十分にその手腕を振るっていただくよう、ご期待申し上げることはもちろんでありますが、今後とも、一層研鑽《けんさん》を積まれ、将来さらに大きな政治家として大成されますよう心からお祈りしまして、お祝いの言葉と致します。

274 藍綬褒章受章記念祝賀会　祝辞

○○先生、この度は、藍綬褒章《らんじゅほうしょう》受章おめでとうございます。

僭越《せんえつ》ではございますが、ご指名でありますので○○町議会議員を代表して、一言お祝いの言葉を申し上げます。

○○先生が、永年にわたり、地方自治に貢献されたご功績により、藍綬褒章受章の栄誉に浴されましたことは、ご本人はもとより、私達○○町民にとりましても大きな誇りであります。

○○先生の温厚篤実《とくじつ》なお人柄と、英邁《えいまい》な識見、抜群の行動力は、早くから衆人の期待するところとなり、昭和○○年の町議会議員選挙に地域住民に推《お》されて立候補、初当選されましたが、以来今日まで、○○年の長きにわたり、本町の振興発展にご尽力されてきたのであります。

この間、○○委員会並びに△△委員会の委員長、副議長、議長の要職を歴任、本町議会の審議の充実と権威の向上にご尽力されたほか、町政の振興に大いに寄与されました。

特に、高齢者や身体障害者対策等、住民福祉の向上に果たされた業績と、産業の振興、なかんずく地域特産物の振興に払われた、並々ならぬご努力は特筆に値するものであります。

また、その広範な知識と優れた政治力を高く評価されまして、平成○○年○月、○○県町村議会議長会会長に推され、二期、四年にわたり、本県各町村の向上発展と、地方自治の健全育成にご尽力されたところであります。

○○先生におかれましては、この度のご栄誉を機会に、今後ともご自愛の上、本町発展のため、一層ご活躍されますようお祈り申し上げ、藍綬褒章受章のお祝いの言葉と致します。

275 古希祝賀会　挨拶

　本日は、○○議員が、めでたく古稀を迎えられた祝賀の会にご参会いただきありがとうございます。発起人を代表して、一言ご挨拶申し上げます。
　○○議員は、○○町議会はいうに及ばず、県下の議員仲間においても、重鎮中の重鎮でございます。だからといって奢《おご》り高ぶるところもなく、寡黙《かもく》、謙虚、常日頃はことさら目立つ存在ではありません。しかしながら、この爺《じい》さん……。失礼、議会では親しみを込めてこう呼んでおりますので、つい口癖が出てしまいましたが……。まあ、本日のところは、この愛称で呼ばせていただきましょう。で、この爺さん、ここ一番というときには快打一発、必ず目を見張る決定打を飛ばすのであります。
　先頃も議会が紛糾《ふんきゅう》を重ね、議長の私も如何《いかん》ともしがたく、収拾に音《ね》を上げた事態がございましたが、この際も、頃合いを見計らった爺さんの一言で、瞬時に収まってしまいました。○○町議会にとっては、時によってはご意見番、また場合によっては〝時の氏神〟ともなり、刺身のわさびのように、なくてはならぬ貴重な存在でございます。

　彼《か》の忠臣蔵の名場面、高田の馬場の決闘で名を挙げた堀部安兵衛、その舅《しゅうと》の堀部弥兵衛は、七十数歳にして若い義士に劣らぬ活躍をし、天晴《あっぱ》れ、討ち入りを果たしました。

　それと比べれば、○○議員は七十を出たばかり。まだまだ○○町議会の長老として、その壮者《そうしゃ》を凌《しの》ぐ気迫で、今後とも町政発展に一層のご尽力をいただけるものと信じて疑いません。

　過去の追憶に浸るような古希なら祝う必要はありません。常に前進と飛躍を秘めた長寿の第一関門に達した○○議員の古稀を心からお祝いして、ご挨拶と致します。

276 弔辞

本日ここに、○○市（町・村）議会議員○○○○さんの葬送の儀にあたり、謹んでお別れの言葉を申し上げます。

今、あなたの霊前に立ち、幽明境《ゆうめいさかい》を異《こと》にして、立ち篭《こも》る香煙《こうえん》の中に、呼べども答えぬあなたに、悲しき告別の辞を申し上げることになろうとは、私の夢想だにしなかったところであります。

あなたの訃報《ふほう》に接し、言いようのない驚きと悲しみの中で、もはやあなたとこの世で再びお目にかかれないという事実を、自らの心に言い聞かせる時、運命のあまりの厳しさに、心打ちひしがれる思いでございます。

あなたは、昭和○○年に初当選以来、常任委員長、監査委員をはじめ、市（町・村）議会議長、自民党議員会長など、常に、市（町・村）議会のリーダーとしてご活躍され、そのご功績は誠に顕著なものがありました。

そのあなたが、昨年○月、体の不調を訴えられて○○病院に入院、一時は、快方に向かっていると伺っていたのでありますが、ご家族の渾身《こんしん》の看護もかいなく、ついに不帰《ふき》の客となられましたことは痛惜《つうせき》の極みでございます。

生者必滅会者定離《しょうじゃひつめつえしゃじょうり》の理《ことわり》とは申せ、未だ春秋《しゅんじゅう》に富むあなたの急逝《きゅうせい》は、今もって実感となり得ず、余りにもはかない、人生の無常を嘆かざるを得ません。

再びあなたと相見《まみ》えることは叶いませんが、あなたのご遺徳と幾多のご功績は、永久《とわ》に本市（町・村）政に携《たずさ》わる者並びに市（町・村）民の胸に生き、長く称《たた》えられることでありましょう。

申し上げれば限りもなく、惜別《せきべつ》の情は尽きませんが、ここに慎んで哀悼の意を表し、衷心《ちゅうしん》よりご冥福をお祈り申し上げ、弔辞と致します。

277

追悼の言葉

ここに、私は、皆様のお許しを得て、○○議員の御霊《みたま》に対し、謹んで哀悼の言葉を申し上げたいと存じます。

○○議員は、昭和○年○月、当町屈指の旧家の三男として生を享《う》けられました。

若き日の○○議員は、明朗闊達《かったつ》で衆望厚く、常にリーダーとして、周囲の者を統率する指導力にことのほか優れておりました。

戦争によって、二人の兄を亡くされてからは、文字通り旧家の当主として、家の再建に努められ、現在見られるような、家業の繁栄を成し遂げられたのであります。

その卓越した経営手腕と指導力等優れた資質は、高い人望と相まって、地域住民はもとより、広く町民の支持を得るところとなり、昭和○年○月に行われた町議会議員選挙において、弱冠○○歳にして見事当選され、以来○期連続して今日まで町政の発展に貢献されました。

その広い交遊と政治的手腕は、衆目の一致して認めるところであり、○○常任委員会並びに△△常任委員会の委員長、副議長等の要職を歴任された後、昭和○○年には、○○町議会第○代議長に選出されたのであります。

また、外にあっては、文化財保護、人権擁護、土地改良事業等、そのご活躍の足跡は枚挙《まいきょ》にいとまがありません。

このような幾多のご功績は、必ずや永く後世に語り継がれるものと信じております。

ここに、心からご冥福をお祈りするとともに、残された私達は、○○議員のご遺志を体《たい》し、○○町の発展のため、全力を傾注することをお誓い申し上げ、追悼の言葉と致します。

278 議員親善野球大会　挨拶

本日、第○○回○○県南五市議員親善野球大会を私どもが当番市として開催致しましたところ、皆様方には、早朝より多数ご参加いただきまして、誠にありがとうございます。

また、各市の市長さん、並びに助役さん方には、公務何かとご繁多のところ、ご来席いただきありがとうございます。

本大会も、回を重ねること○○回を数えますが、大会の目的であります、議員相互の親睦と地方行政の円滑なる進展について、皆様方のご努力により、毎年、大きな成果を収めておられますことは、誠にご同慶に堪えないところであります。

さて、○○回という、長い年輪を重ねた本大会には、それこそ、涙と感動に彩《いろど》られた幾多のドラマと歴史がございますが、また、ユーモア溢れるエピソードも少なくありません。

今年もまた、選手各位はもとより、観戦される応援の方々も、手に汗握る熱戦が展開されると思いますが、一面、ゆとりを持った風格のある好試合もご期待申し上げる次第であります。

親善が目的といっても、やはり勝負であります。選手各位には、日頃鍛えた成果を十二分に発揮され、優勝を目指して大いに頑張っていただきたいと存じます。

なお、本大会開催にあたり、私ども、準備等には細心の注意を払ったつもりでありますが、不行き届きの点もあろうかと存じます。お気付きの際には、ご遠慮なく係りの者にお申し付け下さるようお願い申し上げます。

終わりに、各チームのご健闘を祈念し、併せてご参加各位のご健勝をお祈りしまして、開会のご挨拶と致します。

279 子ども議会　挨拶

本日ここに、子ども議会が開催されるにあたり、一言ご挨拶を申し上げます。

本日の子ども議会が、○○青年会議所主催により、市内の小学校から選抜されました子ども議員○○人の出席により、さらに傍聴席には担任の先生をはじめ、保護者の方々、子ども議会開催のためにお骨折りをいただきました関係者の皆様、多数ご出席になり、盛大、かつ厳粛に開催されましたことを、心からお喜び申し上げます。

二十一世紀を担う子ども達、つまり、ここにお集まりの皆さんが、選挙で選出されました市議会議員と同じ場所、同じ方法で、○○市の将来について夢を語り合い、また身近な地域社会の諸問題について討論することは、誠に意義深いことであると存じます。

市民の皆様の願いである「誰もが住むことを誇りに思える快適なまち○○」を実現するために、皆さんがこの場所で市長さんから提案されましたいろいろな施策について慎重に審議し、議決されましたことは、市長さんをはじめとする各部署において実施に移され、学校の建設や道路の整備、お年寄りの対策などとなって現れるのであります。

本日は模擬議会ということで、市議会と同じ方法で議会が運営されます。市内小学校の代表として選出された皆さんには、日頃君たちの目を通して感じたこと、思っていることを率直にお話になり、子ども議会を盛り上げていただくようお願い致します。

未来を担う子ども議員の皆さんには、本日の貴重な体験をもとに、○○市議会や○○市役所の仕事を十分理解していただき、明日の○○市についての関心を深め、将来、○○市の発展のために、ご協力いただきますことを心からご期待申し上げ、私のご挨拶と致します。

ま　行

や　行

ら　行

た　行

な　行

は　行

さ　行

【さ行－し】

【さ行－す】

【さ行－せ】

行事索引（第1部・第2部）

★太字は例文がある頁。

あ 行

か 行

【か行－き】

【か行－く】

【か行－け】

【か行－こ】

地方議員あいさつ例文集　第１次改訂版

平成19年６月25日　初版発行
平成28年７月22日　第１次改訂版発行
令和２年３月30日　第１次改訂版３刷発行

著　者　地方議会例文研究会
発行者　佐久間重嘉
発行所　学 陽 書 房
〒102-0072　東京都千代田区飯田橋１-９-３
営業部　TEL 03-3261-1111　FAX 03-5211-3300
編集部　TEL 03-3261-1112　FAX 03-5211-3301
振　替　00170-4-84240
装　丁／佐藤　博
本文 DTP／メルシング　岸　博久
印刷・製本／加藤文明社
http://www.gakuyo.co.jp/

© 地方議会例文研究会　2016, Printed in Japan
ISBN978-4-313-18051-2　C2000

※乱丁・落丁本は、送料小社負担にてお取替え致します。

実例でわかる！ すぐ使える！
公務員の議会答弁の書き方

田中　富雄 著

A５判・160頁　定価＝本体2,200円＋税

◎一般質問でよくあるテーマに対して、その答弁のポイント、関連質問、想定質問などをまとめた、議会答弁の書き方がわかる本。はじめて答弁を任された方がすぐに知りたい、実際の答弁、外してはいけないポイントがよくわかる！

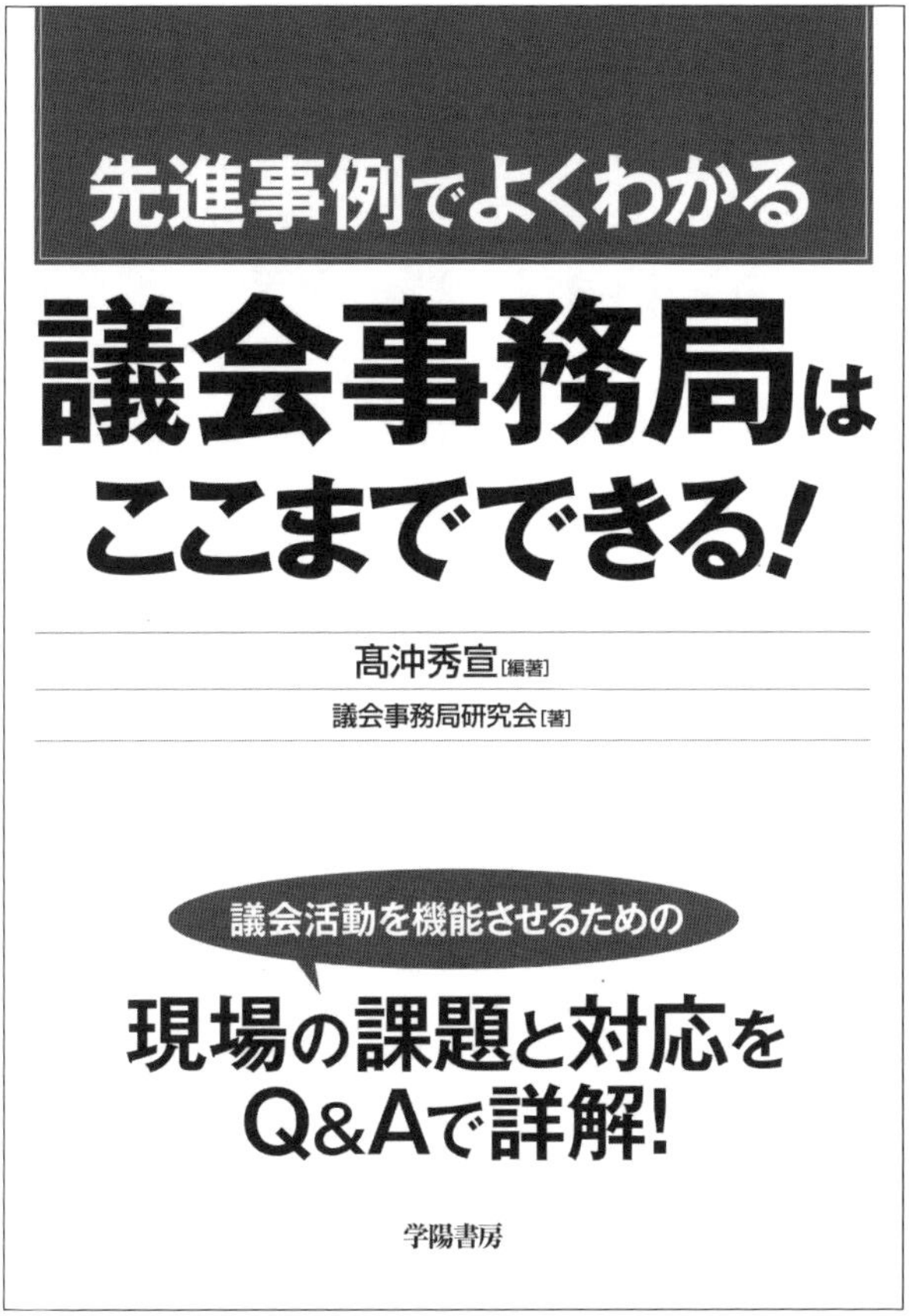

先進事例でよくわかる
議会事務局はここまでできる！

髙沖　秀宣 編著／議会事務局研究会 著

Ａ５判・184頁　定価＝本体2,500円＋税

◎議会の現場に携わってきた現職職員のメンバーと気鋭の研究者が、議会事務局の仕事、そのあり方と役割についてＱ＆Ａで整理し、さまざまな事例を取り入れて詳細に解説。
◎事務局共通の課題である「議会事務局改革」「事務局職員のモチベーション」についても正面から向き合い、答えた。

式辞あいさつ公用実例集

〈第１次改訂版〉

地方自治公用文例研究会 編

Ａ５判・368頁　定価＝本体3,000円＋税

◎自治体行事のあらゆる場面で使える約300の文例を収録した、あいさつ集。 議会人や首長が発する式辞・祝辞、就退任等の書簡文、決議・声明等の文例を項目別に配列。

◎地域環境行事、体育大会・運動会等の健康関連イベント、高齢者福祉に係る行事も充実！